Cloud verstehen und nutzen 2025

Ralf-Peter Kleinert

Der Autor:

Ralf-Peter Kleinert, geboren im Januar 1981 in Hennigsdorf bei Berlin, ein echter DDR-Bürger. Seit es den Commodore C64 gibt, lernte ich alles über Computer, was ich in die Finger bekommen konnte. Das Schöne daran war, dass ich die gesamte Entwicklung miterleben durfte – von der lahmen Klapperkiste bis zur Höllenmaschine, die heute unter meinem Schreibtisch steht. Ein Handy zum Beispiel übertrifft heute alle Computer von damals. Das Wissen über Rechner und der Drang zu lernen führten mich immer tiefer in die Materie.

Nun blogge ich einen Teil meines Wissens auf Webseiten und schreibe dieses Buch. Die Programme wurden besser, und das Internet kam auf. Heute nutze ich es vor allem als Social Media Manager. Als IT- und Computerexperte seit Windows 95 kann ich auf viele Jahre voller "Computerprobleme" zurückblicken. Ich glaube, dass gerade wegen der Probleme, die Computer verursachen, überhaupt erst die Experten heranwachsen. Als Social Networking im Web 2.0 begann, hatte all das Lernen plötzlich einen tieferen Sinn. Alleine im Zimmer zu sitzen war seitdem vorbei. Auf einmal wurden Computer vernetzt und die Kommunikation mit Menschen begann, statt nur mit einem Diskettenstapel zu hantieren. Ob es viele Gleichgesinnte gab, wusste ich vorher kaum. Zunächst trafen sich aber nur Nerds im Netz, und diese wurden teils belächelt oder auch gehänselt. Heute ist Networking normal, weil quasi jeder online ist.

Von 2010 bis 2012 absolvierte ich meine Wunsch-Ausbildung zum Mediengestalter beim Silicon Studio Berlin. Hier durfte ich mein Wissen festigen und ausbauen. Da ich auch Erfahrung in der Fotografie hatte, absolvierte ich zusätzlich ein Praktikum bei „One I A Fotostudio". Das Fotografieren ist ein wichtiger Bestandteil des Social Media Managements und hat meine Fähigkeiten in diesem Bereich weiter vertieft.

Cloud verstehen und nutzen 2025

Cloud-Dienste und Cloud im Alltag

von

Ralf-Peter Kleinert

https://ralf-peter-kleinert.de
https://hilfe-vom-admin.de
kontakt@ralf-peter-kleinert.de
ralf-peter-kleinert@proton.me

ISBN: 9798306068558

Inhaltsverzeichnis

1. Einleitung

Hallo und schön, dass Sie mein Buch heruntergeladen haben! Jeden Tag sehe ich, wie schwer sich Menschen und vor allem kleine Unternehmen damit tun, ihre IT-Sicherheit in die eigenen Hände zu nehmen. Es fehlt oft an klaren Informationen und einem Weg, der verständlich und machbar ist. Genau deswegen schreibe ich dieses Buch. Ich möchte die wichtigsten Dienste und Anbieter vorstellen, die die Sicherheit in der digitalen Welt spürbar erhöhen können. Dabei nenne ich nur Lösungen, die ich selbst ausgiebig getestet habe oder aktiv nutze.

Ich lege großen Wert darauf, dass die Unternehmen, die ich vorstelle, in der EU ansässig sind oder zumindest streng nach den Regeln der DSGVO handeln. Der Schutz Ihrer Daten steht dabei immer an erster Stelle, und die Sicherheitsvorkehrungen dieser Anbieter müssen höchsten Standards entsprechen. Heutzutage geht fast nichts mehr ohne Clouddienste, sei es das E-Mail-Postfach oder der Speicherplatz für Dateien. Um es verständlich zu sagen: Ein E-Mail-Postfach bei einem Anbieter ist nichts anderes als ein Clouddienst – ein Dienst, der auf einem entfernten Server läuft und für Sie die Arbeit im Hintergrund erledigt. Und genau da setzt die Frage der Sicherheit an. Wer hat Zugriff? Wo liegen die Daten? Wie gut werden sie geschützt?

In diesem Buch werde ich Ihnen zeigen, wie Sie sich und Ihr Unternehmen mit den richtigen Diensten optimal absichern können. Es gibt einfache Wege, die oft nur wenig Aufwand erfordern, aber eine große Wirkung haben. Lassen Sie uns gemeinsam dafür sorgen, dass Ihre Daten in sicheren Händen sind. Dieses Buch richtet sich nicht nur an kleine Unternehmen, sondern an jeden, der wichtige Daten in einem IT-System verarbeitet und speichert, sei es auf einem Computer, Handy oder Tablet. Die Art der Daten spielt dabei keine Rolle – ob es sich um persönliche Fotos, Videos, Briefe, Bankunterlagen, Versicherungsdokumente oder geschäftliche Informationen wie Kunden- und Firmendaten handelt. All diese Daten haben eines gemeinsam: Sie dürfen weder verloren gehen noch in die Hände Dritter geraten, die kein Recht haben, sie zu sehen.

In einer Zeit, in der digitale Geräte unsere wichtigsten Informationen speichern und verwalten, ist es entscheidend, zu wissen, wie man diese Daten vor Verlust, Diebstahl oder unberechtigtem Zugriff schützt. Die Sicherheitsvorkehrungen, die wir treffen, sollten nicht nur auf Firmenin-

I

terna abzielen, sondern auch auf die persönlichen und alltäglichen Daten, die genauso wertvoll sind. Deshalb ist dieses Buch für alle, die sicherstellen wollen, dass ihre Daten geschützt und nur für die Augen sichtbar sind, die dazu berechtigt sind. Egal, ob es sich um private oder berufliche Informationen handelt, der Schutz dieser Daten sollte immer an erster Stelle stehen.

Ich hoffe, dass ich Ihnen mit diesem Buch Wege aufzeigen kann, wie Sie Ihre Daten effektiv und einfach besser schützen können. Sicherheit muss kein Hexenwerk sein – mit den richtigen Tools und einem grundlegenden Verständnis können Sie viel erreichen, um Ihre digitalen Informationen vor Verlust und unerwünschten Blicken zu bewahren. Egal ob im privaten oder geschäftlichen Bereich, der Schutz Ihrer Daten ist nicht nur wichtig, sondern in der heutigen Zeit unerlässlich. Lassen Sie uns gemeinsam sicherstellen, dass Sie die Kontrolle über Ihre digitalen Schätze behalten.

Wiederholungen

In all meinen IT-Büchern gibt es Inhalte, die wiederholt vorkommen. Das bleibt auch nicht unbemerkt, und es gibt Kritiker, die genau das bemängeln. Manche sagen sogar, ich würde meine Bücher künstlich aufblähen. Nun ja, wenn sie das so sehen, kann ich damit leben. Doch an dieser Stelle möchte ich erklären, warum ich bestimmte Punkte und Aussagen in meinen Büchern wiederhole – und warum das aus meiner Sicht notwendig ist.

Meine Bücher sind klar strukturiert und kapitelweise gegliedert. Jedes Kapitel behandelt ein spezifisches Thema und soll eigenständig alle relevanten Informationen liefern, die die Leserin oder der Leser erwartet. Wenn Sie mein Buch aufschlagen, das Inhaltsverzeichnis lesen und direkt zu einem Kapitel springen, dann sollen Sie sicher sein, dort alles zu finden, was Sie zu diesem Thema wissen möchten. Ich möchte, dass Sie sich auf meine Bücher verlassen können, ohne ständig zurückblättern zu müssen, oder in einem E-Book zwischen Kapiteln hin- und herzuklicken, weil eine wichtige Aussage schon mal an einer anderen Stelle gemacht wurde. Ich schreibe keine Romane, bei denen der Leser von der ersten bis zur letzten Seite geführt wird. Ich schreibe IT-Bücher – Nachschlagewerke, die Ihnen dabei helfen sollen, bestimmte Themen zu verstehen und umzusetzen. Jedes Kapitel muss daher in sich vollständig sein. Wenn das bedeutet, dass sich gewisse Aussagen wiederholen, nehme ich das in

Kauf. Denn am Ende geht es darum, dass Sie als Leser die Informationen so kompakt und übersichtlich wie möglich finden – genau dort, wo Sie sie erwarten.

2. Warum dieses Buch?

Stellen Sie sich folgendes Szenario vor: Sie sitzen zu Hause, Ihr Laptop läuft, und plötzlich – alles steht. Der Bildschirm bleibt schwarz, und mit ihm verschwinden Jahre voller Erinnerungen, wichtige Projekte und vertrauliche Daten. Was nun? Für viele Menschen endet hier der Traum von einer digitalen Organisation – zumindest, bis sie feststellen, dass all das vermeidbar gewesen wäre. Genau hier setzt mein Buch an. Es zeigt Ihnen, wie Sie Ihre Daten in der Cloud Sichern und schützen können, und zwar so, dass selbst bei einem Komplettausfall Ihrer Geräte nichts verloren geht. Aber das ist nur die halbe Wahrheit. Die andere Hälfte? Datenschutz. Denn wer möchte schon, dass seine Dokumente und Bilder auf Servern landen, die in Ländern mit fragwürdigen Gesetzen stehen? Die Cloud ist nicht per se unsicher – sie wird nur oft falsch genutzt.

Und jetzt mal ehrlich: Wollen wir uns wirklich allein auf Anbieter wie Google Drive oder Dropbox verlassen, deren Geschäftsmodell aus Daten besteht? Europäische Cloud-Anbieter bieten Alternativen, die genauso gut – wenn nicht sogar besser – sind. Dienste wie IONOS, Strato HiDrive oder pCloud halten sich an strenge europäische Datenschutzstandards, die Ihnen als Nutzer eine Sicherheit bieten, die Sie woanders oft nicht finden. Dieses Buch ist für alle, die keine Lust mehr auf Halbwissen und leere Versprechen haben. Privatpersonen erfahren, wie sie Fotos, Dokumente und andere Daten vor Verlust schützen können, ohne dabei den Überblick zu verlieren. Unternehmen – besonders kleine und mittlere – lernen, wie sie mit der Cloud nicht nur Kosten sparen, sondern auch Sicherheitslücken schließen. Und das Beste: Sie müssen dafür kein IT-Experte sein. Ich nehme Sie Schritt für Schritt mit und zeige Ihnen praxisnah, wie es geht. Einfach, verständlich und mit klarem Fokus. Warum jetzt? Weil die digitale Welt sich rasend schnell verändert. Was heute als sicher gilt, kann morgen schon veraltet sein. Es reicht nicht mehr, nur ein Passwort zu setzen. Wir müssen verstehen, wie die Technik hinter der Cloud funktioniert, um sie zu unserem Vorteil zu nutzen. Mit diesem Buch legen Sie den Grundstein dafür.

Also nehmen Sie sich die Zeit – Ihre Daten sind es wert. Und keine Sorge, ich verspreche Ihnen, wir halten es pragmatisch. Lassen Sie uns gemeinsam Ihre persönliche Cyberfestung bauen. Legen wir los.

3. Die Bedeutung der Cloud im Jahr 2025

Wer hätte vor ein paar Jahren gedacht, dass wir unsere gesamte digitale Welt in einer sogenannten »Cloud« speichern könnten? Damals klang das wie eine Spielerei für Tech-Freaks oder Unternehmen mit zu viel Geld. Heute? Heute ist die Cloud aus unserem Alltag nicht mehr wegzudenken. Sie ist nicht nur ein Speicherort, sondern eine ganze Infrastruktur, die unser Leben erleichtert – wenn wir sie richtig nutzen. Im Jahr 2025 hat die Cloud eine neue Rolle eingenommen. Sie ist nicht mehr nur ein Ort, an dem wir unsere Fotos oder Arbeitsdokumente ablegen. Sie ist der Dreh- und Angelpunkt für alles, was wir digital tun. Ihre Bedeutung wächst in drei wesentlichen Bereichen: Datensicherung, Zusammenarbeit und Flexibilität. Aber fangen wir vorne an.

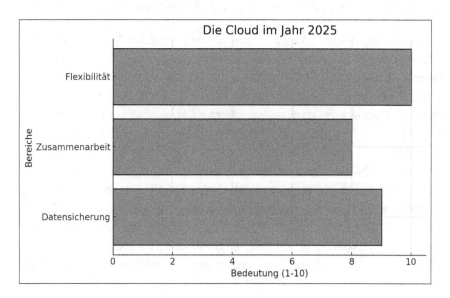

Die Cloud als Schutzengel für Ihre Daten

Wer schon mal eine Festplatte ins Jenseits geschickt hat, weiß, wie schmerzhaft Datenverlust sein kann. Private Fotos? Weg. Wichtige Steuerunterlagen? Nicht mehr zu finden. Unternehmen stehen da vor noch größeren Problemen – Datenverlust kann schnell existenzbedrohend werden. Hier springt die Cloud ein. Stellen Sie sich die Cloud wie ein riesiges digitales Schließfach vor. Ihre Daten sind dort nicht nur sicher, sondern auch jederzeit verfügbar, selbst wenn Ihr Laptop mal den Geist aufgibt. Und durch moderne Verschlüsselungstechniken bleiben Ihre Daten auch für neugierige Augen unlesbar – zumindest bei seriösen Anbietern. Das Stichwort hier: europäische Cloud-Dienste. Sie halten sich an die DSGVO und machen klar, dass der Schutz Ihrer Daten Priorität hat. Und Hand aufs Herz: Wer will schon, dass seine sensiblen Daten in irgendeiner Serverfarm in Übersee rumschwirren?

Zusammenarbeit neu gedacht

Die Art, wie wir arbeiten, hat sich in den letzten Jahren radikal verändert. Remote-Arbeit ist mittlerweile Standard. Teams sind über Städte, Länder und manchmal Kontinente hinweg verteilt. Ohne Cloud-Dienste wäre das alles nicht möglich. Dokumente in Echtzeit bearbeiten, Dateien sicher austauschen, Meetings mit einem Klick organisieren – die Cloud macht das alles möglich. Und das Schöne daran: Es ist so einfach, dass selbst techikscheue Kolleginnen und Kollegen mitziehen. Dienste wie pCloud oder Strato HiDrive bieten nicht nur Sicherheit, sondern auch Tools, die die Zusammenarbeit erleichtern, ohne dass man ein Informatikstudium braucht.

Die nächste Grafik zeigt deutlich, dass die Cloud-Technologie eine Schlüsselrolle in der modernen Arbeitswelt spielt. Remote-Arbeit ist weltweit fest etabliert, mit Spitzenwerten wie 1,7 Tagen Homeoffice pro Woche in Kanada und einem durchschnittlichen Tag in Deutschland. Dies verdeutlicht, wie sehr sich die Arbeitsweise in den letzten Jahren verändert hat. Gleichzeitig dominieren große Anbieter wie Amazon Web Services (AWS) mit über 30 Prozent Marktanteil den Bereich Cloud-Computing, gefolgt von Microsoft Azure mit etwa 20 Prozent. Diese Marktverteilung unterstreicht die Bedeutung führender Unternehmen bei der Bereitstellung der notwendigen Infrastruktur für digitale Zusammenarbeit.

Zudem wird erkennbar, dass die Nutzung von Cloud-Diensten auch in Europa stetig wächst. Bereits 41 Prozent der Unternehmen in der EU setzen auf Cloud-Lösungen, was den klaren Trend hin zur Digitalisierung und Effizienzsteigerung in der Arbeitswelt widerspiegelt. Die Grafik verdeutlicht damit den untrennbaren Zusammenhang zwischen technologischen Fortschritten und den neuen Arbeitsformen, die heute selbstverständlich geworden sind.

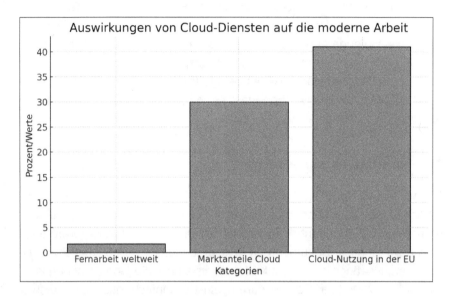

Flexibilität für den Alltag und das Büro

Ein weiterer Gamechanger der Cloud im Jahr 2025 ist ihre Flexibilität. Egal ob Sie zu Hause am Rechner sitzen, unterwegs mit dem Tablet arbeiten oder auf dem Smartphone schnell eine Datei abrufen – die Cloud sorgt dafür, dass Ihre Daten überall verfügbar sind. Für Unternehmen bedeutet das: weniger starre IT-Strukturen, mehr Mobilität und vor allem: Kosteneinsparungen. Doch Vorsicht: Flexibilität darf nicht auf Kosten der Sicherheit gehen. Es ist wichtig, dass Sie Ihre Zugänge im Griff haben und nicht einfach jedes Gerät auf Ihre Daten zugreifen kann. Zwei-Faktor-Authentifizierung und sichere Passwörter sind hier ein Muss – aber keine Sorge, darauf kommen wir später noch ausführlich zurück.

Die Cloud ist gekommen, um zu bleiben

Die Bedeutung der Cloud im Jahr 2025 zeigt sich in ihrer Vielseitigkeit. Sie ist nicht nur ein Speicherort, sondern ein unverzichtbares Werkzeug für unseren Alltag. Von der sicheren Datensicherung über effiziente Zusammenarbeit bis hin zu mehr Flexibilität – die Cloud hat sich in fast alle Bereiche unseres Lebens integriert. Aber, und das ist der Knackpunkt: Diese Möglichkeiten bringen auch Verantwortung mit sich. Es reicht nicht, einfach blind einem Anbieter zu vertrauen. Sie müssen wissen, worauf Sie sich einlassen, welche Anbieter zu Ihnen passen und wie Sie die Cloud sicher nutzen können. Genau das werden wir in diesem Buch gemeinsam herausfinden.

Denn eins ist sicher: Die Cloud wird uns auch in den nächsten Jahren begleiten – vielleicht sogar noch intensiver, als wir es uns heute vorstellen können. Die Frage ist nur, wie wir sie für uns arbeiten lassen. Und darauf gibt es Antworten.

Aber Achtung! Cloud richtig nutzen

Die Cloud spart nur dann Kosten, wenn sie gut überlegt und sinnvoll eingesetzt wird. Einfach alles in die Cloud auszulagern, ohne darüber nachzudenken, wie man das macht oder welcher Anbieter wirklich passt, kann gewaltig nach hinten losgehen. Es reicht eben nicht, blind auf »Speichern in der Cloud« zu klicken und zu hoffen, dass alles gut läuft. Wer planlos Daten hochlädt, riskiert unnötige Kosten, Sicherheitslücken und ein organisatorisches Chaos, bei dem am Ende niemand mehr durchblickt. Gerade kleine und mittlere Unternehmen tappen hier oft in eine Falle. Die Idee, alles schnell in die Cloud zu verschieben, klingt im ersten Moment praktisch, wird aber schnell zur Kostenfalle, wenn nicht klar ist, welche Daten wirklich in die Cloud gehören und wie man sie dort verwaltet. Ähnlich sieht es bei Privatpersonen aus, die oft gar nicht wissen, welche Daten sie hochladen und ob diese überhaupt ausreichend geschützt sind. Der Gedanke »Die Cloud regelt das schon« funktioniert nicht, wenn man die Grundlagen nicht versteht.

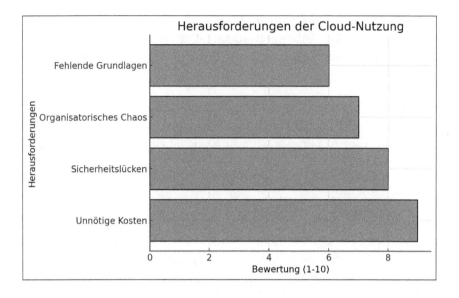

Deshalb gibt es diesen Ratgeber, dieses Buch. Es soll Ihnen helfen, die richtigen Entscheidungen zu treffen. Nicht mit komplizierten IT-Fachbegriffen oder abstrakten Konzepten, sondern mit klaren, verständlichen Anleitungen und Beispielen, die Sie direkt umsetzen können. Wir schauen uns an, welche Daten in die Cloud gehören, welche Anbieter sicher und zuverlässig sind, und wie Sie die Cloud so nutzen, dass sie Ihnen wirklich Zeit, Geld und Nerven spart. Es geht darum, aus der Cloud ein Werkzeug zu machen, das Ihnen hilft – statt Sie in eine Abhängigkeit oder ein Chaos zu stürzen. Denn am Ende wollen wir alle dasselbe: eine sichere, einfache und kosteneffiziente Lösung für unsere Daten. Und mit diesem Buch legen wir genau den Grundstein dafür.

Zielgruppen: Privatpersonen und KMUs

Die Cloud ist so vielseitig wie ein Schweizer Taschenmesser – aber sie funktioniert nur richtig, wenn man sie passend zur eigenen Situation einsetzt. Das bedeutet, dass die Anforderungen von Privatpersonen und kleinen bis mittleren Unternehmen (KMUs) zwar oft ähnlich klingen, in der Praxis aber völlig unterschiedlich sind. Dieses Buch richtet sich deshalb an beide Zielgruppen und zeigt Ihnen jeweils, wie Sie die Cloud optimal nutzen können.

Privatpersonen: Schutz für Erinnerungen

Für Privatpersonen ist die Cloud in erster Linie ein sicherer Hafen für Erinnerungen und wichtige Dokumente. Denken wir an all die Fotos von Familienfeiern, Urlaubsreisen und besonderen Momenten. Oder an digitale Unterlagen wie Steuererklärungen, Versicherungspolicen oder die Lieblingsplaylist, die man über Jahre zusammengestellt hat. Ein einziger Festplattenschaden – und all das könnte auf Nimmerwiedersehen verschwinden. Die Cloud schützt Sie davor. Aber es geht nicht nur um Datensicherung. Die Cloud macht den Alltag einfacher. Sie können Ihre Daten auf dem Smartphone, Tablet und Computer synchronisieren, sodass alles immer verfügbar ist – egal, ob Sie zu Hause auf dem Sofa sitzen oder unterwegs sind. Die Zeiten, in denen man einen USB-Stick herumgetragen hat, sind vorbei. Doch damit das alles reibungslos funktioniert, müssen Sie wissen, worauf es ankommt: Welche Cloud-Dienste sind sicher? Wie verschlüsseln Sie Ihre Daten? Und wie stellen Sie sicher, dass Ihre Passwörter nicht in falsche Hände geraten? Dieses Buch gibt Ihnen die Antworten.

KMUs: Flexibilität und Effizienz

Für kleine und mittlere Unternehmen ist die Cloud längst mehr als nur ein Speicherplatz. Sie ist ein Werkzeug, um effizienter zu arbeiten und Kosten zu sparen. Denken Sie an ein Architekturbüro, das große Baupläne sicher mit Kunden und Partnern teilen muss. Oder an einen Handwerksbetrieb, der mit digitalen Zeiterfassungstools arbeitet und diese Daten in der Cloud zentral speichert. Die Cloud eröffnet hier Möglichkeiten, die vor ein paar Jahren undenkbar waren. Aber – und das ist der entscheidende Punkt – die Cloud bringt auch Verantwortung mit sich. KMUs müssen darauf achten, dass sensible Daten ihrer Kunden sicher sind und die Vorgaben der DSGVO eingehalten werden. Ein Datenleck kann schnell den Ruf eines Unternehmens ruinieren und teure rechtliche Konsequenzen nach sich ziehen. Hier setzt dieses Buch an: Es zeigt Ihnen, wie Sie die Cloud nicht nur sicher nutzen, sondern auch in Ihre Geschäftsprozesse integrieren. Egal, ob es um sichere Backups, die Zusammenarbeit im Team oder den Schutz sensibler Kundendaten geht – wir decken alles ab.

Gemeinsamkeiten und Unterschiede

Was Privatpersonen und KMUs verbindet, ist der Wunsch nach Sicherheit und Einfachheit. Niemand möchte stundenlang Anleitungen wälzen oder sich mit technischen Details herumärgern. Die Cloud soll funktionieren, ohne dass man ständig daran denken muss. Hier kommt dieses Buch ins Spiel: Es hilft Ihnen, die richtigen Entscheidungen zu treffen, ohne Sie mit unnötigen Informationen zu überfrachten. Der Unterschied liegt in den Prioritäten. Während Privatpersonen oft Wert auf Komfort und den Schutz persönlicher Erinnerungen legen, stehen bei KMUs Effizienz und rechtliche Sicherheit im Vordergrund. Dieses Buch trägt beiden Ansprüchen Rechnung und zeigt Ihnen Lösungen, die zu Ihrer Situation passen.

Warum sich die Cloud für beide lohnt

Egal, ob Sie Ihre Urlaubsfotos sichern oder sensible Geschäftsdaten verwalten wollen – die Cloud kann Ihnen das Leben erheblich erleichtern. Aber sie funktioniert nur dann gut, wenn Sie wissen, was Sie tun. Mit den richtigen Tools und einem klaren Verständnis der Grundlagen wird die Cloud zu einem echten Gamechanger – für Privatpersonen genauso wie für Unternehmen. Dieses Buch ist Ihr Begleiter auf diesem Weg. Es gibt Ihnen das Wissen, um die Cloud sicher und effektiv zu nutzen. Egal, ob Sie als Privatperson Ihre persönlichen Daten schützen oder als KMU Ihren Betrieb modernisieren möchten – hier finden Sie die passenden Antworten. Denn am Ende zählt nur eines: dass die Cloud für Sie arbeitet und nicht umgekehrt.

4. Was ist die Cloud?

Den Begriff »Cloud« haben Sie ganz bestimmt schon einmal gehört. Doch was genau steckt dahinter? Eine echte Wolke ist hier natürlich nicht gemeint, auch wenn die Vorstellung reizvoll klingt – Daten, die sanft wie in einer Wattewolke um uns schweben. In Wirklichkeit ist die Cloud ein sehr handfestes Konzept, nur eben nicht so sichtbar wie die Festplatte in Ihrem Computer. Einfach gesagt, ist die Cloud ein Speicherort, der nicht bei Ihnen zu Hause oder im Büro steht, sondern auf Servern irgendwo auf der Welt. Diese Server gehören großen Unternehmen, die uns ihre Rechenleistung und ihren Speicherplatz zur Verfügung stellen – gegen

Bezahlung oder manchmal sogar kostenlos. Der Clou: Sie können von überall auf diese Daten zugreifen, solange Sie eine Internetverbindung haben. Egal, ob Sie mit dem Smartphone am Strand sitzen oder im Büro am Rechner arbeiten. Das klingt jetzt schon mal ziemlich praktisch, oder? Aber die Cloud kann mehr als nur Daten speichern. Sie ermöglicht es Ihnen, Dateien zu synchronisieren, gemeinsam an Projekten zu arbeiten oder Anwendungen zu nutzen, ohne dass diese direkt auf Ihrem Gerät installiert sein müssen. Das alles passiert im Hintergrund, ohne dass Sie sich darum kümmern müssen, wo genau Ihre Daten gespeichert sind. Und genau das macht die Cloud für viele so attraktiv. Jetzt fragen Sie sich vielleicht: Wenn die Cloud nicht wirklich in einer Wolke ist, wo sind meine Daten dann? Gute Frage. Ihre Daten werden in riesigen Rechenzentren gespeichert, die so gebaut sind, dass sie möglichst sicher, stabil und schnell arbeiten. Doch genau hier wird es spannend: Nicht alle Clouds sind gleich. Manche Anbieter speichern Ihre Daten auf Servern, die sich in Ländern mit strengen Datenschutzgesetzen befinden, andere nicht. Und hier kommt der Vorteil europäischer Anbieter ins Spiel, die sich an die DSGVO halten und Ihre Daten schützen.

Doch bevor wir tiefer einsteigen, nehmen Sie sich einen Moment und stellen Sie sich die Cloud einfach wie ein riesiges, digitales Schließfach vor. Sie packen Ihre Sachen rein, verschließen die Tür, und egal, wo Sie gerade sind, Sie können jederzeit darauf zugreifen – solange Sie den Schlüssel haben. In den kommenden Kapiteln erkläre ich Ihnen, wie Sie diesen Schlüssel sicher verwahren und die Cloud zu Ihrem Vorteil nutzen können. Denn eines ist klar: Die Cloud ist keine futuristische Spielerei. Sie ist schon jetzt ein fester Bestandteil unseres digitalen Alltags und wird in Zukunft nur noch wichtiger werden. Es ist an der Zeit, dass Sie genau wissen, was Sie mit ihr alles erreichen können. Doch die Cloud ist mehr als nur ein Speicherort. Sie ist auch ein Service. Neben der Datenspeicherung bietet die Cloud viele weitere Funktionen. Sie können Anwendungen direkt aus der Cloud nutzen, ohne sie auf Ihrem Gerät installieren zu müssen – ein Konzept, das als »Software as a Service« (SaaS) bekannt ist. Außerdem ermöglicht die Cloud, dass mehrere Personen gleichzeitig an denselben Dateien arbeiten können, egal, wo sie sich befinden. Das macht sie besonders für Unternehmen interessant.

Die 3 Cloudarten

Public Cloud: Öffentliche Cloud-Dienste wie Google Drive oder Dropbox, die jeder nutzen kann. Diese sind oft günstig oder sogar kostenlos, dafür liegen die Daten meist auf Servern, die in verschiedenen Ländern verteilt sind.

Private Cloud: Hier wird die Cloud nur für eine bestimmte Person oder Organisation betrieben. Sie bietet mehr Kontrolle und Sicherheit, erfordert aber eine eigene Infrastruktur.

Hybrid Cloud: Eine Mischung aus beiden, bei der sensible Daten in einer privaten Cloud gespeichert werden und weniger kritische Anwendungen in einer öffentlichen Cloud laufen.

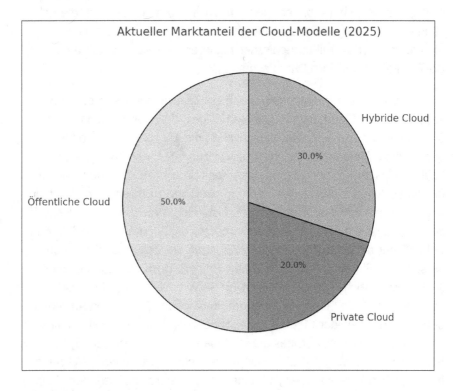

Aktueller Marktanteil der Cloud-Modelle (2025)

5. Entwicklung der Cloud 2005 bis 2024

Die Reise des Cloud Computing von 2005 bis 2024 war ein Weg voller Innovationen, Herausforderungen und weltweiter Akzeptanz. Von ersten

Ideen bis zur unverzichtbaren Infrastruktur in der heutigen Wirtschaft hat die Cloud-Technologie unsere digitale Welt revolutioniert.

Die Anfänge (2005–2010)

In den frühen Jahren legten Unternehmen wie Amazon und Google die Grundsteine für das, was wir heute als Cloud Computing kennen. Amazon-Web-Services (AWS) brachte 2006 mit dem Simple Storage Service (S3) und Elastic Compute Cloud (EC2) die ersten marktfähigen Cloud-Angebote heraus. Diese Dienste ermöglichten es, Daten zentral zu speichern und flexibel Rechenleistung zu mieten. Gleichzeitig etablierte sich Google mit Google Docs, das als Vorreiter von Software-as-a-Service (SaaS) galt. Die Basis war gelegt: Speicherplatz, Rechenleistung und Anwendungen wurden unabhängig von physischen Geräten verfügbar.

Expansion und Diversifikation (2010–2015)

Mit dem Einstieg von weiteren Technologieriesen erlebte Cloud Computing eine neue Dynamik. Microsoft führte 2010 Azure ein und betrat damit das Spielfeld von Cloud-Diensten. IBM folgte 2011 mit seiner SmartCloud und zeigte, dass die Cloud mehr als ein Trend war. Diese Zeit war geprägt von einer wachsenden Vielfalt an Dienstleistungen – von Plattform-as-a-Service (PaaS) bis hin zu hybriden Cloud-Modellen, die lokale Server mit der Cloud verbanden. Unternehmen begannen, diese Technologien zu nutzen, um ihre IT-Infrastruktur zu modernisieren und Skalierung zu vereinfachen.

Standardisierung und Wachstum (2015–2020)

In diesen Jahren wurde die Cloud zur Norm. Unternehmen, die zuvor zögerten, begannen, auf Cloud-Technologien umzustellen. Hybride und Multi-Cloud-Strategien wurden beliebter, da sie Flexibilität und Ausfallsicherheit boten. Open-Source-Technologien wie Kubernetes, das 2014 von Google ins Leben gerufen wurde, revolutionierten die Verwaltung von containerisierten Anwendungen in der Cloud. Organisationen konnten so effizienter arbeiten und ihre IT-Ressourcen optimieren. Die wachsende Abhängigkeit von Cloud-Lösungen führte auch zu einer stärkeren Fokussierung auf Sicherheit und Datenschutz.

Trends und Innovationen (2020–2024)

Die Pandemie brachte eine neue Dringlichkeit in die Cloud-Adoption. Unternehmen waren gezwungen, Remote-Arbeit zu ermöglichen, und die Cloud erwies sich als Schlüsseltechnologie. Laut aktuellen Berichten nutzen mittlerweile 81 % der deutschen Unternehmen Cloud Computing, wobei Public-Cloud-Lösungen dominieren. Die globalen Ausgaben für Cloud-Infrastruktur stiegen im Jahr 2024 auf etwa 78 Milliarden US-Dollar im Quartal – ein deutlicher Beweis für das Wachstum. Künstliche Intelligenz und Edge Computing spielten in den letzten Jahren eine immer wichtigere Rolle. KI wurde in die Cloud integriert, um Automatisierung und Datenanalysen zu ermöglichen. Gleichzeitig brachte Edge Computing die Verarbeitung von Daten näher an deren Entstehungsorte, um Latenzen zu minimieren. Diese Fortschritte veränderten die Art und Weise, wie Unternehmen Technologien einsetzen, um effizienter und agiler zu sein.

Cloud-Adoption beschreibt den Prozess, bei dem Einzelpersonen, Unternehmen oder Organisationen Cloud-Technologien und -Dienste in ihre Arbeitsweise integrieren. Statt auf lokale Server, Hardware oder Software zu setzen, wird auf Cloud-Lösungen zurückgegriffen, die über das Internet zugänglich sind. Das kann Speicherplatz, Rechenleistung oder auch Anwendungen umfassen.

Die Cloud-Adoption spiegelt, wie stark Cloud-Dienste in der Gesellschaft und Wirtschaft etabliert sind. Sie zeigt an, welcher Anteil von Organisationen oder Menschen Cloud-Technologien aktiv nutzt, um Aufgaben effizienter, skalierbarer oder kostengünstiger zu gestalten.

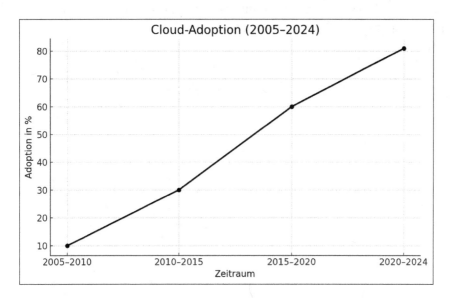

Globale Cloud-Ausgaben: In dieser Grafik sehen Sie, dass die globalen Ausgaben für Cloud-Dienste seit 2005 stetig gestiegen sind. Während in den frühen Jahren die Investitionen noch gering waren, begannen ab 2010 deutliche Steigerungen, als mehr Anbieter wie Microsoft Azure und IBM in den Markt eintraten. Unternehmen erkannten zunehmend die Vorteile von Cloud-Technologien, etwa Kosteneinsparungen, Skalierbarkeit und Effizienz.

Ab 2015 wurden Cloud-Lösungen zum Standard, und die Ausgaben stiegen weiter an, da hybride und Multi-Cloud-Modelle beliebter wurden. Besonders auffällig ist der sprunghafte Anstieg ab 2020, ausgelöst durch die COVID-19-Pandemie, die digitale Transformation und Remote-Arbeit beschleunigte. Bis 2024 erreichten die Investitionen etwa 78 Milliarden US-Dollar pro Quartal.

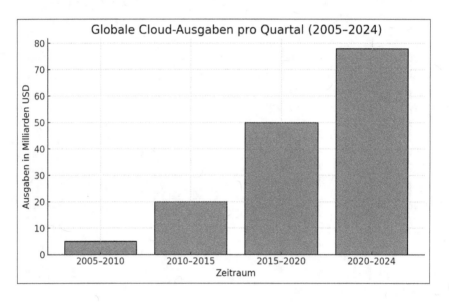

Wichtige Cloud-Trends: Hier sehen Sie, dass sich die zentralen Trends der Cloud-Technologie in den letzten Jahren deutlich weiterentwickelt haben. In der frühen Phase von 2005 bis 2010 dominierten grundlegende Dienste wie Speicherlösungen und erste Anwendungen, die den Weg für die Cloud geebnet haben. Zwischen 2010 und 2015 verlagerte sich der Fokus auf die Expansion, wobei Anbieter wie Microsoft Azure und IBM SmartCloud die Landschaft prägten.

Von 2015 bis 2020 erlebte die Cloud eine Phase der Standardisierung, in der hybride und Multi-Cloud-Modelle sowie Technologien wie Kubernetes die Art der Nutzung revolutionierten. Ab 2020 trieben die Pandemie und die fortschreitende Integration von Künstlicher Intelligenz sowie Edge Computing die Bedeutung der Cloud noch weiter voran.

Die Trends zeigen deutlich, wie flexibel sich die Cloud an neue Anforderungen anpasst und Innovationen vorantreibt, während sie gleichzeitig die Grundlage für die digitale Transformation vieler Unternehmen bildet.

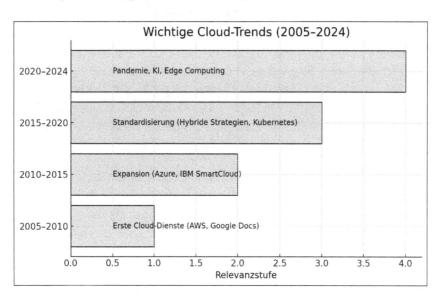

Wichtige Cloud-Trends (2005–2024)

6. Vorteile und Risiken der Cloud-Nutzung

Die Cloud wird oft als die perfekte Lösung für alle digitalen Probleme verkauft. Daten immer und überall verfügbar, keine teure Hardware vor Ort, alles läuft wie von Zauberhand. Klingt fast zu schön, um wahr zu sein, oder? Die Wahrheit liegt, wie so oft, irgendwo dazwischen. Die Cloud bietet tatsächlich enorme Vorteile, aber eben auch Risiken, die man nicht ignorieren sollte. Schauen wir uns beides genauer an.

Die Vorteile der Cloud-Nutzung

Der größte Vorteil der Cloud ist ihre Flexibilität. Egal, ob Sie zu Hause am Schreibtisch sitzen, unterwegs im Zug arbeiten oder in einem Café eine Präsentation fertigstellen möchten – mit der Cloud sind Ihre Daten immer griffbereit. Alles, was Sie brauchen, ist eine Internetverbindung. Das ist besonders für Menschen, die viel unterwegs sind, oder für Teams, die an verschiedenen Standorten arbeiten, ein echter Gamechanger. Ein weiterer großer Pluspunkt ist die Sicherheit – zumindest auf den ersten Blick. Professionelle Cloud-Anbieter investieren Millionen in die Absicherung ihrer Rechenzentren. Ihre Daten sind dort in der Regel besser geschützt als auf einem veralteten Laptop zu Hause, der schon seit Jahren kein Update mehr gesehen hat. Moderne Verschlüsselungstechniken sorgen dafür, dass Ihre Daten für Außenstehende unlesbar bleiben – vorausgesetzt, Sie wählen einen vertrauenswürdigen Anbieter.

Dann ist da noch der Kostenfaktor. Mit der Cloud sparen Sie sich teure Hardware-Anschaffungen und den Aufwand, eigene Server zu betreiben. Stattdessen zahlen Sie nur für den Speicherplatz oder die Dienste, die Sie tatsächlich nutzen. Gerade für kleine Unternehmen kann das eine erhebliche Entlastung sein. Und für Privatpersonen? Viele Anbieter bieten kostenlose Einstiegspakete an, die für den Alltag oft schon ausreichen. Schließlich bringt die Cloud noch etwas mit, das man erst merkt, wenn man es einmal gebraucht hat: Schutz vor Datenverlust. Wenn Ihr Laptop ausfällt oder die Festplatte den Geist aufgibt, sind Ihre Daten in der Cloud weiterhin sicher. Sie können einfach auf ein anderes Gerät zugreifen und nahtlos weiterarbeiten. Ein beruhigendes Gefühl, oder?

Vorteile der Cloud-Nutzung: Die Grafik zeigt, wie stark die Cloud in den Bereichen Flexibilität, Sicherheit, Kostenersparnis und Schutz vor Datenverlust punktet:

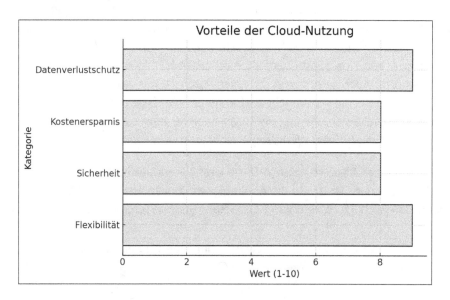

Die Risiken der Cloud-Nutzung

Aber – und das ist ein großes Aber – die Cloud ist kein Allheilmittel. Der erste große Risikofaktor ist die Abhängigkeit von der Internetverbindung. Ohne Zugang zum Netz sind Ihre Daten unerreichbar. Das mag im Alltag selten vorkommen, kann aber in kritischen Momenten für Probleme sorgen, besonders wenn Sie auf dem Land mit schwachem Netz unterwegs sind. Ein weiteres Risiko ist die Datensicherheit. Ja, viele Anbieter verschlüsseln Ihre Daten, aber die Sicherheit endet dort, wo Sie als Nutzer nachlässig werden. Schwache Passwörter, unachtsamer Umgang mit Zugangsdaten oder die Nutzung unsicherer Geräte können dafür sorgen, dass fremde Zugriff auf Ihre Daten bekommen. Und das kann sowohl für Privatpersonen als auch für Unternehmen verheerend sein.

Auch der Datenschutz ist ein heißes Thema. Viele große Anbieter speichern Ihre Daten auf Servern in Ländern mit weniger strengen Datenschutzgesetzen als in der EU. Was passiert mit Ihren Daten, wenn diese von Dritten ausgewertet oder weiterverkauft werden? Genau hier punkten europäische Anbieter, die sich an die DSGVO halten müssen. Doch auch hier sollten Sie genau hinschauen, bevor Sie einem Anbieter vertrauen.

Und dann wäre da noch die Kostenfalle. Klingt paradox, oder? Aber die Cloud spart nur dann Geld, wenn Sie sie bewusst und effizient nutzen. Wer unüberlegt Datenmengen hochlädt oder Dienste bucht, die er eigentlich nicht braucht, kann schnell auf einer unerwartet hohen Rechnung sitzen. Gerade bei Unternehmen passiert das häufiger, als man denkt. Die Cloud ist zweifellos eine der nützlichsten Technologien unserer Zeit. Ihre Vorteile – von Flexibilität über Datensicherheit bis hin zu Kosteneffizienz – sind enorm. Aber sie entfaltet ihr volles Potenzial nur dann, wenn Sie wissen, wie Sie mit ihr umgehen. Und genau hier liegt der Schlüssel: Informieren Sie sich, wählen Sie Ihren Anbieter bewusst aus, und machen Sie die Cloud zu Ihrem Werkzeug – nicht zu Ihrem Risiko.

Risiken der Cloud-Nutzung: Diese Grafik verdeutlicht die potenziellen Schwächen der Cloud, wie die Abhängigkeit vom Internet, Sicherheitsrisiken, Datenschutzprobleme und die Gefahr unerwarteter Kosten:

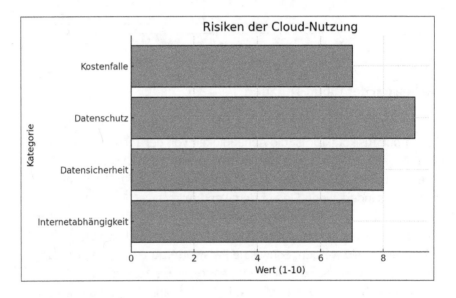

7. Datenschutz und Datensicherheit

Datenschutz und Datensicherheit sind zwei Begriffe, die oft in einem Atemzug genannt werden, obwohl sie unterschiedliche Dinge beschreiben. Während Datenschutz sich darauf konzentriert, wie persönliche Daten verarbeitet, gespeichert und genutzt werden dürfen, geht es bei der Datensicherheit darum, wie diese Daten vor Verlust, Diebstahl oder unbefugtem Zugriff geschützt werden können. Und genau hier wird es in der Cloud spannend. Die Cloud bringt unbestreitbare Vorteile mit sich, doch sie ist auch ein besonders sensibler Bereich, wenn es um den Schutz von Daten geht. Schließlich werden Ihre Informationen auf Servern gespeichert, die Sie nicht selbst kontrollieren. Sie wissen oft nicht einmal, wo genau diese Server stehen. Trotzdem gibt es keinen Grund zur Panik – wenn man versteht, wie die Cloud funktioniert und wie man sie sicher nutzen kann.

Ein zentrales Element der Datensicherheit in der Cloud ist die Verschlüsselung. Stellen Sie sich vor, Ihre Daten sind in einer Art digitalem Tresor verschlossen. Nur mit dem richtigen Schlüssel – in der Regel Ihrem Passwort – können sie wieder geöffnet werden. Moderne Cloud-Anbieter setzen auf starke Verschlüsselungstechniken, um sicherzustellen, dass Ihre Daten auch dann geschützt bleiben, wenn jemand versuchen sollte, sie abzufangen. Doch die Verschlüsselung ist nur ein Teil der Lösung. Mindestens genauso wichtig ist, wie der Anbieter mit Ihren Daten umgeht. Manche Anbieter speichern Ihre Daten so, dass nur Sie den Schlüssel haben – ein Ansatz, der als »Zero-Knowledge-Prinzip« bezeichnet wird. Das bedeutet, dass selbst der Anbieter nicht in der Lage ist, Ihre Daten einzusehen. Dienste wie pCloud oder Tresorit bieten genau diese Art von Schutz an.

Ein weiterer Punkt, den Sie im Hinterkopf behalten sollten, ist die physische Sicherheit der Server, auf denen Ihre Daten liegen. Professionelle Rechenzentren sind oft besser gesichert, als es ein normaler Computer zu Hause je sein könnte. Die Anlagen sind gegen Einbrüche, Feuer und andere Gefahren geschützt, und die Betreiber haben strenge Protokolle, um sicherzustellen, dass nur autorisierte Personen Zugang zu den Servern haben. Trotzdem – und das sollte klar sein – die beste Technologie kann nur so sicher sein wie ihr schwächstes Glied. Und oft ist das nicht die Cloud selbst, sondern der Nutzer. Ein unachtsam gewähltes Passwort oder der Verzicht auf zusätzliche Sicherheitsmaßnahmen wie die Zwei-Faktor-Authentifizierung können alle Schutzmaßnahmen des Anbieters zunichtemachen. Aber darauf kommen wir später noch ausführlich zurück.

Am Ende des Tages bietet die Cloud viele Möglichkeiten, Ihre Daten sicher zu speichern – wenn Sie die Grundlagen verstehen. Es ist wichtig, sich nicht blind auf Versprechungen der Anbieter zu verlassen, sondern selbst aktiv zu werden und die richtigen Entscheidungen zu treffen. In den nächsten Kapiteln werden wir uns genau anschauen, wie Sie die Cloud sicher und datenschutzkonform nutzen können. Denn eins ist sicher: Datenschutz und Datensicherheit beginnen nicht in der Cloud, sondern bei Ihnen.

Bedeutung DSGVO für Cloud-Dienste

Die Datenschutz-Grundverordnung, kurz DSGVO, ist eines der bekanntesten Schlagworte, wenn es um Datenschutz in Europa geht. Sie ist nicht nur ein juristisches Regelwerk, sondern der Maßstab dafür, wie Unternehmen mit den Daten ihrer Nutzer umgehen müssen. Für Cloud-Dienste ist die DSGVO kein optionaler Leitfaden, sondern eine verpflichtende Grundlage, die sie einhalten müssen – zumindest, wenn sie auf dem europäischen Markt tätig sind. Die DSGVO wurde eingeführt, um den Datenschutz für alle Bürgerinnen und Bürger in der Europäischen Union zu stärken. Ihr Ziel ist es, sicherzustellen, dass persönliche Daten nicht unkontrolliert verarbeitet, weitergegeben oder missbraucht werden. Das betrifft alles: von der Speicherung einfacher Kontaktinformationen bis hin zu sensiblen Daten wie Gesundheitsinformationen oder Finanzunterlagen.

Für Cloud-Dienste bedeutet das vor allem eines: Transparenz und Verantwortung. Anbieter müssen genau erklären, was mit den Daten ihrer Nutzer passiert, wo diese gespeichert werden und wie sie geschützt werden. Wer also einen Cloud-Dienst nutzt, sollte darauf achten, dass dieser Anbieter DSGVO-konform arbeitet. Das ist nicht nur ein Zeichen für Seriosität, sondern auch ein Schutz für Sie als Nutzer. Ein zentraler Punkt der DSGVO ist das Prinzip der Datenminimierung. Cloud-Anbieter dürfen nur die Daten verarbeiten, die wirklich notwendig sind, um ihre Dienste anzubieten. Das klingt selbstverständlich, ist es aber nicht. Viele internationale Anbieter sammeln weit mehr Informationen, als sie eigentlich brauchen. Europäische Anbieter, die der DSGVO unterliegen, sind hier klar in Ihrem Vorteil, weil sie sich an diese Regeln halten müssen.

Ein weiteres wichtiges Prinzip ist die Datenhoheit. Das bedeutet, dass Sie als Nutzer jederzeit das Recht haben, zu wissen, welche Daten über Sie gespeichert sind, diese Daten korrigieren zu lassen oder sie komplett löschen zu lassen. Ein DSGVO-konformer Cloud-Anbieter muss Ihnen diese Rechte ermöglichen – und das, ohne dass Sie durch bürokratische Hürden springen müssen. Besonders wichtig ist die DSGVO auch für Unternehmen, die Cloud-Dienste nutzen. Hier geht es nicht nur um die eigenen Daten, sondern oft auch um Kundendaten, die verarbeitet und gespeichert werden. Wenn ein Unternehmen gegen die DSGVO verstößt, sei es durch einen unsicheren Cloud-Anbieter oder durch eigene Nachlässigkeit, drohen hohe Geldstrafen. Die Wahl eines DSGVO-konformen Anbieters ist also nicht nur eine Frage der Sicherheit, sondern auch der rechtlichen Absicherung.

Natürlich gibt es Kritiker, die sagen, dass die DSGVO den Cloud-Markt komplizierter macht. Und ja, es gibt strengere Anforderungen und mehr Pflichten, die Anbieter erfüllen müssen. Aber genau das ist der Punkt: Diese Regeln sorgen dafür, dass Ihre Daten nicht zum Spielball von Unternehmen werden, die in erster Linie an ihren eigenen Profit denken. Sie geben Ihnen als Nutzer Kontrolle und schützen Ihre Privatsphäre. Die DSGVO ist also mehr als nur ein Gesetzestext. Sie ist der Grund, warum europäische Cloud-Dienste oft eine bessere Wahl sind, besonders wenn Ihnen der Schutz Ihrer Daten wichtig ist. Sie legt die Spielregeln fest und sorgt dafür, dass Anbieter sich nicht einfach über Ihre Privatsphäre hinwegsetzen können.

Missverständnisse über Datensicherheit

Datensicherheit ist ein Thema, bei dem viele meinen, alles im Griff zu haben – bis sie genauer hinschauen. Besonders bei der Nutzung von Cloud-Diensten gibt es eine Menge Missverständnisse, die dafür sorgen, dass Daten nicht so sicher sind, wie man glaubt. Lassen Sie uns die häufigsten Irrtümer aufklären, bevor sie zur bösen Überraschung werden.

Missverständnis 1: »Der Anbieter kümmert sich um alles«
Viele Nutzer gehen davon aus, dass der Cloud-Anbieter die gesamte Verantwortung für die Sicherheit ihrer Daten übernimmt. Das ist ein gefährlicher Irrtum. Natürlich haben seriöse Anbieter robuste Sicherheitsmaßnahmen, verschlüsselte Datenübertragungen und gesicherte Rechenzentren. Aber diese Maßnahmen greifen nur bis zu einem bestimmten Punkt. Was innerhalb Ihres Accounts passiert – schwache Passwörter, nicht aktivierte Zwei-Faktor-Authentifizierung oder Zugriffe von unsicheren Geräten – liegt allein in Ihrer Hand. Der Anbieter liefert die Werkzeuge, aber Sie müssen sie auch richtig einsetzen.

Missverständnis 2: »Meine Daten sind unwichtig, niemand interessiert sich dafür«
Ein Klassiker. Viele denken, ihre Daten wären für Hacker oder Unternehmen uninteressant. Doch genau dieses Denken macht solche Nutzer

zur leichten Beute. Cyberkriminelle haben oft kein spezielles Ziel – sie suchen nach Schwachstellen, egal, ob es sich um die Daten eines Unternehmens oder die Fotos einer Privatperson handelt. Persönliche Daten lassen sich beispielsweise für Identitätsdiebstahl nutzen, und sensible Dokumente können unter Umständen sogar erpresst werden. Ihre Daten mögen für Sie nicht wertvoll erscheinen, aber für andere können sie genau das sein.

Missverständnis 3: »Ein starkes Passwort reicht aus«
Ein starkes Passwort ist wichtig, aber es allein reicht längst nicht mehr aus. Angriffe wie Phishing oder Malware können sogar das beste Passwort nutzlos machen, wenn Sie auf einen falschen Link klicken oder eine infizierte Datei öffnen. Zwei-Faktor-Authentifizierung, die einen zusätzlichen Code oder eine App wie Authenticator verwendet, ist hier der nächste Schritt, um Ihre Cloud wirklich abzusichern.

Missverständnis 4: »Kostenlose Dienste sind genauso sicher wie kostenpflichtige«
Natürlich gibt es viele kostenlose Cloud-Dienste, die verlockend klingen. Doch oft gibt es bei Gratis-Angeboten Kompromisse – sei es bei der Verschlüsselung, der Verfügbarkeit oder dem Support. Manche kostenlose Dienste finanzieren sich durch Datenanalysen oder Werbung, was bedeutet, dass Ihre Daten möglicherweise nicht so privat bleiben, wie Sie denken. Kostenpflichtige Dienste investieren in der Regel mehr in Sicherheit und bieten Ihnen zusätzliche Funktionen wie Ende-zu-Ende-Verschlüsselung, die Ihre Daten schützen.

Missverständnis 5: »Ein Backup in der Cloud ist automatisch sicher«
Die Cloud ist eine großartige Backup-Lösung, aber nur, wenn sie richtig genutzt wird. Einfach Daten in die Cloud hochladen und sich sicher fühlen? Das funktioniert nicht. Sie müssen sicherstellen, dass Ihre Daten verschlüsselt gespeichert werden – am besten schon, bevor sie die Cloud überhaupt erreichen. Außerdem sollten Sie darauf achten, dass Ihr Backup regelmäßig aktualisiert wird und dass wichtige Dateien nicht versehentlich gelöscht werden. Denn ein Backup, das nicht gepflegt wird, ist im Ernstfall wertlos.

Missverständnis 6: »Meine Daten sind in der Cloud vor allem geschützt«

Auch wenn Cloud-Anbieter viel in Sicherheit investieren, ist die Cloud nicht immun gegen Ausfälle, Datenlecks oder sogar Angriffe. Die Server von Anbietern können gehackt werden, und obwohl solche Vorfälle selten sind, ist es wichtig, vorbereitet zu sein. Eine einfache Regel lautet: Speichern Sie keine Daten in der Cloud, die Sie sich nicht leisten können, zu verlieren. Und noch besser: Ergänzen Sie Ihre Cloud-Nutzung mit einer lokalen Sicherung auf einer externen Festplatte oder einem NAS-Gerät.

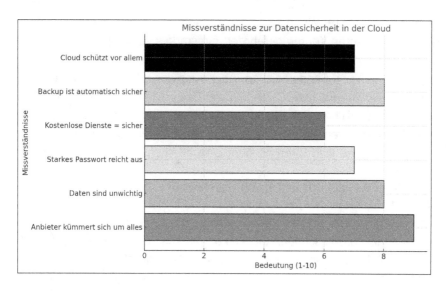

Die Cloud bietet viele Vorteile, aber sie ist keine schlüsselfertige Lösung, die alle Risiken eliminiert. Viele Missverständnisse rund um die Datensicherheit entstehen aus einem falschen Sicherheitsgefühl. Dieses Buch soll Ihnen helfen, die Stolperfallen zu erkennen und die richtigen Maßnahmen zu ergreifen. Denn Datensicherheit in der Cloud beginnt nicht beim Anbieter – sie beginnt bei Ihnen.

Die Verantwortung von Nutzern

Wenn es um die Nutzung der Cloud geht, liegt ein entscheidender Teil der Verantwortung nicht beim Anbieter, sondern bei Ihnen als Nutzer. Das mag zunächst überraschend klingen, denn schließlich zahlen Sie doch dafür, dass Ihre Daten sicher gespeichert werden, oder? Ja, das tun Sie –

aber Sicherheit ist niemals eine Einbahnstraße. Die besten Schutzmaßnahmen und Technologien sind nutzlos, wenn sie von Ihrer Seite aus
nicht richtig angewendet werden. Genau hier beginnt Ihre Verantwortung.

1. Der richtige Umgang mit Zugangsdaten

Ihr Passwort ist der Schlüssel zu Ihrer Cloud. Es ist Ihr persönlicher
Schutzwall, der sicherstellt, dass niemand außer Ihnen Zugriff auf Ihre
Daten hat. Doch hier beginnt schon oft das Problem: Schwache Passwörter wie »123456« oder »Passwort« sind immer noch weit verbreitet.
Noch schlimmer: Viele Menschen verwenden ein und dasselbe Passwort
für mehrere Dienste. Wenn eines dieser Passwörter gehackt wird, ist der
Zugang zu all Ihren Konten gefährdet. Ein starkes Passwort besteht aus
mindestens 18 Zeichen, einer Kombination aus Groß- und Kleinbuchstaben, Zahlen und Sonderzeichen. Aber auch das reicht heutzutage nicht
mehr aus. Nutzen Sie unbedingt die Zwei-Faktor-Authentifizierung (2FA),
die einen zusätzlichen Sicherheitscode benötigt – sei es per App oder
SMS. Damit schaffen Sie eine zusätzliche Barriere, die es Angreifern
erheblich erschwert, in Ihren Account einzubrechen.

2. Bewusste Auswahl des Cloud-Anbieters

Nicht jeder Anbieter hält, was er verspricht. Als Nutzer tragen Sie die Verantwortung, sich im Vorfeld gut zu informieren. Lesen Sie die Datenschutzrichtlinien und schauen Sie sich an, wo die Server des Anbieters
stehen. Anbieter, die ihre Server in Ländern mit schwachen Datenschutzgesetzen betreiben, könnten ein Risiko für Ihre Daten darstellen. Europäische Anbieter, die der DSGVO unterliegen, bieten hier oft mehr Sicherheit und Transparenz. Die Wahl eines Anbieters sollte nicht nur auf dem
Preis basieren. Kostenlose Dienste mögen verlockend sein, aber oft gehen
sie mit Einschränkungen oder sogar versteckten Risiken einher. Fragen
Sie sich: Warum ist der Dienst kostenlos? Und was passiert mit meinen
Daten? Die Verantwortung liegt bei Ihnen, den Anbieter zu prüfen und
eine bewusste Entscheidung zu treffen.

3. Der Schutz Ihrer Geräte

Die Cloud selbst mag sicher sein, aber der Zugriff darauf erfolgt über Ihre
Geräte – und hier lauern Gefahren. Ein unsicherer Laptop, ein Smartphone ohne PIN-Sperre oder ein veraltetes Betriebssystem sind Einfalls-
tore für Angreifer. Als Nutzer tragen Sie die Verantwortung, Ihre Geräte
sicher zu halten. Installieren Sie regelmäßig Updates, verwenden Sie Anti-
virensoftware und achten Sie darauf, dass Ihre Geräte verschlüsselt sind.

Auch öffentliche WLAN-Netzwerke können ein Risiko darstellen. Wenn Sie in einem Café oder am Flughafen auf Ihre Cloud zugreifen, nutzen Sie unbedingt eine VPN-Verbindung, um Ihre Daten zu schützen. Ein ungeschützter Zugriff über unsichere Netzwerke kann dazu führen, dass Angreifer Ihre Zugangsdaten abfangen.

4. Die Art der gespeicherten Daten
Nicht alle Daten gehören in die Cloud. Besonders sensible Informationen wie Passwörter, private Gesundheitsdaten oder Finanzunterlagen sollten entweder stark verschlüsselt oder überhaupt nicht in der Cloud gespeichert werden. Hier liegt es an Ihnen, zu entscheiden, welche Daten Sie hochladen und wie Sie diese schützen. Ein weiterer Punkt: Überlegen Sie, ob Sie von allen Dateien eine Sicherungskopie an einem anderen Ort benötigen. Eine externe Festplatte oder ein NAS-System zu Hause kann eine gute Ergänzung sein. So behalten Sie die Kontrolle über besonders wichtige Daten.

5. Aufmerksamkeit gegenüber Phishing und Social Engineering
Eine der größten Gefahren für Ihre Cloud-Sicherheit sind nicht technische Schwachstellen, sondern Sie selbst – oder genauer gesagt, Ihre Gutgläubigkeit. Phishing-Angriffe, bei denen Sie aufgefordert werden, Ihre Zugangsdaten auf einer gefälschten Website einzugeben, sind weit verbreitet. Ebenso gibt es Social-Engineering-Methoden, bei denen Angreifer versuchen, Sie dazu zu bringen, sensible Informationen preiszugeben. Hier ist Ihre Wachsamkeit gefragt. Klicken Sie niemals auf Links in E-Mails, die verdächtig wirken, und geben Sie Ihre Zugangsdaten nur auf der offiziellen Website des Anbieters ein. Prüfen Sie bei jeder Anfrage genau, ob sie legitim ist. Ein gesundes Maß an Skepsis kann Ihnen viel Ärger ersparen.

6. Regelmäßige Überprüfung Ihrer Cloud-Nutzung
Cloud-Dienste entwickeln sich ständig weiter, und manchmal ändern sich auch die Bedingungen des Anbieters. Es liegt an Ihnen, regelmäßig zu überprüfen, ob der von Ihnen gewählte Dienst noch Ihren Anforderungen entspricht. Schauen Sie sich die aktuellen Sicherheitsrichtlinien des Anbieters an, prüfen Sie Ihre gespeicherten Daten und räumen Sie ungenutzte Dateien auf. Auch das Löschen alter, nicht mehr benötigter Daten gehört zu Ihrer Verantwortung. Die Verantwortung für Datensicherheit in der Cloud kann nicht allein auf den Anbieter abgeschoben werden. Sie als Nutzer spielen eine entscheidende Rolle, indem Sie Ihre Zugangsdaten

schützen, Ihre Geräte absichern und bewusste Entscheidungen treffen. Die Cloud ist ein leistungsstarkes Werkzeug, aber wie jedes Werkzeug funktioniert sie nur so gut, wie sie genutzt wird. Mit den richtigen Maßnahmen können Sie sicherstellen, dass Ihre Daten in der Cloud nicht nur praktisch, sondern auch sicher aufgehoben sind. Dieses Buch wird Ihnen dabei helfen, die richtigen Schritte zu gehen – denn am Ende beginnt Sicherheit immer bei Ihnen.

8. Europäische Cloud-Dienste im Überblick

Die Entscheidung für einen Cloud-Dienst ist keine Kleinigkeit. Es geht nicht nur um Speicherplatz oder Funktionen, sondern vor allem um Vertrauen. Wo liegen meine Daten? Wer kann darauf zugreifen? Und wie sieht es mit dem rechtlichen Schutz aus? Genau hier kommen europäische Cloud-Dienste ins Spiel. Sie bieten eine Alternative zu den großen internationalen Anbietern und punkten dabei vor allem in einem Bereich: Datenschutz und Datensicherheit.

Warum europäische Anbieter?

Der Hauptgrund, warum immer mehr Nutzer auf europäische Cloud-Dienste setzen, ist die Datenschutz-Grundverordnung (DSGVO). Diese europäischen Richtlinien gehören zu den strengsten Datenschutzgesetzen weltweit und gelten für alle Unternehmen, die in der EU tätig sind – einschließlich Cloud-Anbietern. Das bedeutet, dass europäische Dienste strenge Regeln befolgen müssen, um die Privatsphäre ihrer Nutzer zu schützen. Diese Regelungen schaffen eine klare Basis des Vertrauens, die bei Anbietern aus anderen Regionen oft fehlt.

Ein weiterer Vorteil europäischer Cloud-Dienste liegt in ihrer Transparenz. Viele internationale Anbieter speichern Ihre Daten an mehreren Standorten weltweit, was für Nutzer kaum nachvollziehbar ist. Europäische Anbieter hingegen legen oft großen Wert darauf, ihre Rechenzentren in Europa zu betreiben und klar zu kommunizieren, wo Ihre Daten liegen. Das macht es einfacher, den Überblick zu behalten und sicherzustellen, dass Ihre Informationen nicht in Ländern landen, die für schwache Datenschutzstandards bekannt sind.

Datensicherheit und die europäische Haltung

Europäische Cloud-Dienste setzen meist auf eine Sicherheitsphilosophie, die stark auf Verschlüsselung und Benutzerkontrolle setzt. Das sogenannte Zero-Knowledge-Prinzip, bei dem selbst der Anbieter keinen Zugriff auf Ihre Daten hat, ist bei vielen europäischen Diensten ein Standard oder zumindest eine verfügbare Option. Dieses Prinzip gibt Ihnen als Nutzer die Gewissheit, dass niemand – weder der Anbieter noch Dritte – Ihre Daten einsehen kann, solange Sie Ihren Zugang schützen.

Darüber hinaus investieren europäische Anbieter stark in die physische und digitale Sicherheit ihrer Rechenzentren. Diese werden regelmäßig auditiert, um sicherzustellen, dass sie den höchsten Standards entsprechen. Vom Schutz gegen Cyberangriffe bis hin zu robusten Maßnahmen gegen physische Gefahren wie Feuer oder Stromausfälle – europäische Anbieter arbeiten daran, Ihre Daten bestmöglich zu schützen.

Rechtliche Absicherung durch die DSGVO

Ein weiterer Punkt, der europäische Cloud-Dienste besonders attraktiv macht, ist die rechtliche Absicherung. Die DSGVO gibt Ihnen als Nutzer umfassende Rechte, darunter das Recht auf Auskunft, Berichtigung und Löschung Ihrer Daten. Wenn Sie mit einem Anbieter Probleme haben, stehen Ihnen rechtliche Mittel zur Verfügung, die Sie in anderen Teilen der Welt möglicherweise nicht hätten. Und da die Anbieter diese Regeln einhalten müssen, sind auch die Prozesse oft transparenter und kundenfreundlicher gestaltet.

Regionale Nähe und Vertrauen

Die Nähe zu europäischen Anbietern schafft zudem ein Gefühl der Verlässlichkeit. Sie wissen, dass Ihre Daten nicht auf einem Server in einem weit entfernten Land gespeichert werden, sondern in einem Rechenzentrum, das den gleichen rechtlichen und kulturellen Standards unterliegt, die auch in Ihrem Alltag gelten. Diese regionale Nähe bedeutet oft auch besseren Support. Viele europäische Anbieter bieten Unterstützung in der Landessprache an und sind besser erreichbar als große, internationale Konzerne.

Internationalen Abhängigkeiten

Ein nicht zu unterschätzender Aspekt ist die Frage der Abhängigkeit von internationalen Anbietern, insbesondere aus den USA oder anderen Regionen mit weniger strikten Datenschutzregeln. Europäische Anbieter bieten hier eine Möglichkeit, die Kontrolle über Ihre Daten zu behalten und gleichzeitig einen Beitrag zur Stärkung des europäischen Datenschutzgedankens zu leisten. Gerade in einer Zeit, in der Daten zunehmend als Währung gesehen werden, gewinnt diese Unabhängigkeit an Bedeutung.

Für wen sind europäische Anbieter richtig?

Europäische Cloud-Dienste sind nicht nur für Datenschutz-Enthusiasten interessant. Sie sind eine sinnvolle Option für alle, die Wert auf Sicherheit, Transparenz und Rechtskonformität legen. Besonders Unternehmen, die mit sensiblen Daten arbeiten, profitieren von den klaren Regeln und Standards, die europäische Anbieter bieten. Aber auch Privatpersonen, die ihre Daten nicht in einem rechtlichen Graubereich wissen möchten, können hier auf eine solide Lösung setzen.

Die Wahl eines europäischen Cloud-Anbieters ist nicht nur eine Frage des Datenschutzes, sondern auch eine Entscheidung für Sicherheit, Transparenz und regionale Nähe. Sie bieten Nutzern eine klare Alternative zu internationalen Diensten, bei denen Datenschutz und Datenhoheit oft weniger Priorität haben. Wenn Sie die Kontrolle über Ihre Daten behalten und gleichzeitig von den Vorteilen der Cloud profitieren möchten, sind europäische Anbieter eine Überlegung wert. In den nächsten Kapiteln schauen wir uns an, wie Sie diese Dienste effektiv nutzen können, um Ihre Daten sicher und DSGVO-konform zu verwalten. Denn Sicherheit beginnt mit der richtigen Wahl.

Empfohlene Anbieter

Ich zeige Ihnen in den nächsten Kapiteln europäische Anbieter, die ich selbst seit Jahren nutze. Diese Dienste habe ich nicht einfach ausgewählt, weil sie gut klingen oder mit attraktiven Werbeversprechen locken. Nein, ich habe sie über Jahre hinweg getestet, im Alltag genutzt und dabei ganz genau hingeschaut, was sie können – und wo ihre Grenzen liegen. Natürlich vertraue ich diesen Anbietern nicht blind. Das kann ich nicht einmal bei meiner eigenen Festplatte, die hier zu Hause liegt. Schließlich weiß ich aus eigener Erfahrung, wie schnell ein Speichermedium ausfallen oder ein Problem auftreten kann. Aber ich vertraue diesen Anbietern so weit, dass ich meine Daten dort speichere und verwalte.

Was gibt mir dieses Vertrauen? Zunächst einmal der Standort. Alle Anbieter, die ich Ihnen vorstelle, haben ihren Sitz in Europa, der Schweiz oder Deutschland. Das mag auf den ersten Blick nebensächlich erscheinen, ist aber ein entscheidender Faktor. Warum? Weil diese Länder strengen Datenschutzgesetzen unterliegen, allen voran der DSGVO. Diese rechtlichen Rahmenbedingungen verpflichten die Anbieter, Ihre Daten mit größter Sorgfalt zu behandeln. Schon allein diese Grundlage sorgt dafür, dass Ihre Daten deutlich besser geschützt sind, als es bei vielen internationalen Anbietern der Fall wäre. Kein Anbieter darf hier einfach Ihre Daten weitergeben oder analysieren, ohne dass Sie vorher Ihre Zustimmung gegeben haben. Das schafft eine Basis, auf der ich aufbauen kann.

Doch der Standort allein reicht mir nicht. Diese Unternehmen haben sich über die Jahre hinweg einen sehr guten Ruf erarbeitet und genießen allgemein ein hohes Vertrauen – und das nicht nur bei mir, sondern auch bei vielen anderen Nutzern. Sie investieren kontinuierlich in Sicherheitstechnologien, verbessern ihre Dienste und kommunizieren offen über ihre Maßnahmen. Das alles sind Zeichen dafür, dass diese Anbieter es ernst meinen und nicht nur versuchen, mit der Cloud Geld zu verdienen, ohne Rücksicht auf die Privatsphäre ihrer Kunden.

Und wie gesagt – ich nutze diese Dienste seit vielen Jahren. Das heißt, ich habe nicht nur die Werbung gelesen oder Testberichte angeschaut, sondern die Anbieter im echten Leben ausprobiert. Von der Anmeldung über die tägliche Nutzung bis hin zu Support-Anfragen habe ich so ziemlich alles durch. Und was soll ich sagen? Die Probleme, die ich dabei erlebt habe, waren marginal. Natürlich läuft auch hier nicht immer alles perfekt – kein System ist unfehlbar. Aber die positiven Erfahrungen überwiegen bei weitem.

Warum erzähle ich Ihnen das? Weil ich möchte, dass Sie wissen, dass ich nicht einfach Namen nenne, die gerade populär sind. Ich stelle Ihnen in den nächsten Kapiteln Anbieter vor, die ich aus erster Hand kenne, die sich in meinem Alltag bewährt haben und denen ich meine Daten anvertraue. Und ich zeige Ihnen, warum ich mich für sie entschieden habe, welche Vor- und Nachteile sie haben und wie Sie sie optimal nutzen können. Denn wenn es um Ihre Daten geht, sollten Sie nichts dem Zufall überlassen – und mit den richtigen Anbietern an Ihrer Seite sind Sie auf einem guten Weg.

9. pCloud der sichere Dienst aus der Schweiz

Ich habe ja schon eine ganze Menge an Computersicherheitsbüchern geschrieben. Über die Jahre kommt da einiges zusammen, kann ich Ihnen sagen. Aber es sind nicht unbedingt die Bücher selbst, die mich über all die Zeit begleitet haben – es sind die Sicherheitsthemen, die ich immer wieder aufgreifen musste. IT-Sicherheit ist kein statisches Thema, es entwickelt sich ständig weiter. Was gestern noch als sicher galt, kann morgen schon als veraltet und anfällig gelten.

Hier möchte ich Ihnen eine Möglichkeit aufzeigen, wie Sie Ihre Sicherheit, genauer gesagt Ihre IT-Sicherheit, maßgeblich erhöhen können. Dabei geht es nicht nur um die großen, bekannten Gefahren wie Hackerangriffe oder Viren. Es sind oft die kleinen Nachlässigkeiten, die uns zum Verhängnis werden können – schwache Passwörter, ungesicherte Verbindungen oder unverschlüsselte Daten, die einfach so »auf Teufel komm raus« ins Netz geladen werden, als ob es nichts weiter als ein paar belanglose Fotos wären.

Viele Menschen laden ihre Daten ins Internet, ohne darüber nachzudenken, wer eigentlich alles darauf zugreifen kann. Sie kennen das: Man gibt seine Daten in die Cloud und denkt, sie seien damit sicher. Doch wer schützt diese Daten wirklich? Wer hat Zugriff darauf? Können Sie sich sicher sein, dass nicht doch jemand hinter den Kulissen mitliest? Die Wahrheit ist, wir müssen viel sorgsamer mit unseren digitalen Schätzen umgehen. Unsere Daten sind nicht nur digitale Informationen – sie sind unser Leben in Bits und Bytes. Und deshalb ist es so wichtig, dass wir Verantwortung übernehmen und für ihre Sicherheit sorgen.

Hier möchte ich Ihnen zeigen, wie Sie Ihre digitale Sicherheit auf ein ganz neues Niveau heben können. Es gibt Möglichkeiten, wie Sie nicht nur Ihre Dateien sicher speichern, sondern auch kontrollieren, wer darauf zugreifen darf – und das so einfach, wie Sie es sich vielleicht noch nie vorgestellt haben.

Und zwar geht es in diesem Kapitel um den Cloudanbieter pCloud. Vielleicht haben Sie schon von pCloud gehört, vielleicht aber auch nicht – deshalb werde ich Ihnen erst einmal ganz von vorne erklären, was pCloud eigentlich ist, wo der Dienst herkommt und wie es dazu kam, dass pCloud gegründet wurde. Dabei werde ich Ihnen zeigen, warum dieser Anbieter so interessant ist, gerade wenn es um Ihre IT-Sicherheit geht.

Jetzt mal ehrlich, ich bin wirklich begeistert von pCloud. Ich nutze den Dienst schon eine ganze Weile und habe ihn wirklich bis zum Beinahe-Umfallen getestet. Sie wissen, ich gebe mich nicht mit halben Sachen zufrieden, wenn es um meine Sicherheit und die meiner Daten geht. pCloud hat es geschafft, meine Erwartungen zu übertreffen, und das ist nicht leicht. Ich teste alles bis ins kleinste Detail und gebe erst dann eine Empfehlung ab, wenn ich wirklich überzeugt bin.

Dass pCloud es in mein Buch geschafft hat, ist kein Zufall – und glauben Sie mir, das schafft nicht jeder Dienst! Es gibt da draußen viele Anbieter, die behaupten, sicher und zuverlässig zu sein, aber wenn man mal genauer hinschaut, sieht die Realität oft anders aus. pCloud hat mich jedoch überzeugt, und genau deshalb möchte ich Ihnen diesen Anbieter genauer vorstellen.

Aber wie bei jedem anderen Dienst, und sogar bei jedem im PC verbauten Laufwerk – merken Sie sich immer: Niemals auf einen Dienst alleine verlassen! Wirklich. Das ist der größte Fehler, den Sie machen können, wenn es um Datensicherheit geht. Auch wenn ein Cloud-Anbieter wie pCloud großartige Verschlüsselung und Backup-Funktionen bietet, sollten Sie Ihre Daten niemals nur an einem Ort speichern.

Jegliche Cloud-Speicher, ganz egal, wie sicher sie sind, sollten immer in ein 3-2-1-Konzept in Ihre Datensicherheitsstrategie eingebunden sein. Dieses Konzept ist einfach, aber effektiv: Sie sollten immer drei Kopien Ihrer Daten haben – eine Originalkopie und zwei Sicherungskopien. Diese sollten auf zwei verschiedenen Speichermedien (beispielsweise eine lokale Festplatte und eine externe Festplatte oder ein NAS) verteilt sein, und eine Kopie sollte außerhalb des Standorts, also in der Cloud, gespeichert werden. pCloud ist eine gute Option für diese externe Kopie, aber verlassen Sie sich niemals nur auf diese eine Cloud!

Und bitte – auf keinen Fall sollten Sie »Speicher freimachen«-Funktionen verwenden, die oft von Cloud-Diensten angeboten werden. Auch nicht die von pCloud. Warum? Stellen Sie sich vor, Sie haben Ihre Fotos auf Ihrem PC und gleichzeitig in der Cloud. Jetzt verwenden Sie eine »Speicher frei-machen«-Funktion, um die lokalen Dateien zu löschen und Platz zu sparen, weil die Cloud ja angeblich alles sicher speichert. Doch was passiert, wenn ein Problem auftritt? Eine Synchronisationsstörung, ein technisches Problem oder im schlimmsten Fall ein Datenverlust in der Cloud – und Ihre lokalen Dateien sind weg, ohne Rückkehrmöglichkeit.

Solche Funktionen wirken auf den ersten Blick praktisch, besonders wenn der Speicherplatz auf Ihrem Gerät knapp wird. Aber wenn etwas schiefgeht, sind Sie aufgeschmissen. Genau deshalb sollten Sie immer physische Kopien Ihrer wichtigen Daten behalten und Cloud-Speicher nur als Teil Ihrer umfassenden Sicherungsstrategie verwenden – und nie als einzigen Aufbewahrungsort.

Verlassen Sie sich niemals blind auf eine Technologie oder einen Dienst, egal wie gut er beworben wird. Ich sage es immer wieder: Ihre Daten sind wertvoller, als Sie vielleicht denken, und es liegt in Ihrer Verantwortung, sie so gut wie möglich zu schützen.

Wer ist pCloud

So kommen wir nun zu pCloud selbst. Wer ist pCloud, und warum hat dieser Anbieter es in mein Buch geschafft?

pCloud ist nicht irgendein x-beliebiger Cloudanbieter, der versucht, ein Stück vom großen Datenkuchen abzubekommen. Hinter pCloud steht eine klare Vision, die im Jahr 2013 in der Schweiz geboren wurde. Und wenn Sie mich fragen, dann hat diese Vision es wirklich in sich! Die Gründer – darunter der CEO Tunio Zafer – hatten schon damals erkannt, dass die Menschen zunehmend in die Cloud ziehen, aber oft nicht wissen, was mit ihren Daten wirklich passiert.

Die Idee hinter pCloud war es, eine Cloud-Lösung zu entwickeln, die nicht nur benutzerfreundlich ist, sondern auch höchste Sicherheitsstandards bietet – ohne dabei kompliziert zu wirken. Eine Kombination, die schwer zu finden ist, aber pCloud hat sie geschafft. Quelle: www.pcloud.com/company/about.html.

Was mich persönlich besonders an pCloud begeistert, ist der Schweizer Ansatz. In der Schweiz wird Sicherheit großgeschrieben – denken Sie nur mal an die berühmten Schweizer Bankkonten! Und dieser Anspruch an höchste Sicherheit findet sich auch in pCloud wieder. Hier geht es nicht nur darum, Ihre Daten irgendwo im Netz zu parken. Nein, pCloud will Ihnen die Kontrolle über Ihre Daten geben, als wären Sie der Hüter Ihres eigenen digitalen Tresors. Quelle: www.pitchbook.com.

Aber pCloud ist mehr als nur sicher. Der Dienst ist auch unglaublich flexibel. Egal, ob Sie Windows, Mac, Linux, iOS oder Android verwenden – pCloud funktioniert überall und synchronisiert Ihre Dateien nahtlos zwischen allen Geräten. Und das Beste daran: Sie müssen keine lokalen Speicherplätze verschwenden. pCloud erstellt ein virtuelles Laufwerk auf Ihrem Computer, sodass Sie Zugriff auf all Ihre Dateien haben, ohne dass sie physisch auf Ihrer Festplatte gespeichert sein müssen. Quelle: www.pcloud.com/help/what-is-pcloud.

pCloud hat sich mit seinen über 20 Millionen Nutzern weltweit einen Namen gemacht, und das nicht ohne Grund. Sicherheit, Benutzerfreundlichkeit und Flexibilität – das sind die drei Säulen, auf denen dieser Dienst steht. Quelle: www.pcloud.com/blog.

Das Unternehmen speichert die Daten der Europäischen Union tatsächlich in Luxemburg. Die Daten selbst unterliegen dort nicht dem Schweizer Datenschutzgesetz, sondern der Datenschutz-Grundverordnung (DSGVO) der Europäischen Union und den luxemburgischen Datenschutzgesetzen. Und diese Gesetze, das kann ich Ihnen versichern, sind genauso sicher und robust, wie man es sich nur vorstellen kann. Luxemburg hat hohe Standards, wenn es um den Schutz von Daten geht, und die DSGVO setzt weltweit Maßstäbe, wenn es um den Schutz personenbezogener Daten geht.

Luxemburg mag zwar nicht durch das Schweizer Datenschutzgesetz abgedeckt sein, aber durch die DSGVO und die strengen Vorschriften vor Ort sind Ihre Daten dennoch in einem bombensicheren Umfeld aufbewahrt. Sie können also beruhigt sein: Was die Speicherung Ihrer Daten betrifft, sind Sie bei pCloud in guten Händen, egal ob in der Schweiz oder in Luxemburg.

Wenn Sie jetzt denken, dass die Schweiz besser wäre als Luxemburg, kann ich Ihnen eines sagen: Es ist nicht unbedingt so, dass die Schweiz deutlich mehr bietet. Sicher, die Schweiz ist bekannt für ihre strengen Datenschutzgesetze, aber Luxemburg steht dem in Sachen Sicherheit kaum nach. Tatsächlich ist es oft eher eine Frage der persönlichen Präferenz. Was ich Ihnen aber mit Sicherheit sagen kann – es ist tausendmal besser, Ihre Daten in Luxemburg bei pCloud zu speichern, als sie den großen Datenkraken wie Microsoft, Amazon oder Google zu übergeben.

Diese großen Player mögen zwar praktisch erscheinen, aber wenn Sie den höchstmöglichen Datenschutz wollen, sind sie keine wirkliche Option. Die Datenschutzpraktiken dieser Konzerne stehen immer wieder in der Kritik, und Sie können nie sicher sein, wer alles Zugang zu Ihren Daten hat. Ganz zu schweigen von den rechtlichen Grauzonen, in denen diese Unternehmen häufig operieren. Wenn Sie Ihre Daten wirklich sicher wissen wollen, dann sollten Sie sich für Anbieter entscheiden, die den Datenschutz nicht nur versprechen, sondern auch wirklich umsetzen – wie pCloud in Luxemburg.

Natürlich, liebe Leserinnen und Leser, gibt es auch kritische Stimmen zu pCloud. Kein Dienst ist perfekt, und pCloud bildet da keine Ausnahme. Eine der häufigsten Kritikpunkte ist, dass einige der nützlichsten Funktionen – wie die Verlängerung des Papierkorbzeitraums auf 30 Tage oder die pCloud Crypto-Verschlüsselung – zusätzliche Kosten verursachen. Sie müssen also ein Premium-Abo abschließen, um diese Features vollständig zu nutzen. Das mag für einige Nutzer, vor allem für diejenigen, die den Dienst eher privat und weniger geschäftlich nutzen wollen, eine Hürde sein.

Ein weiteres Problem, das einige Nutzer gemeldet haben, betrifft die Geschwindigkeit beim Hochladen und Herunterladen von Dateien. Besonders große Dateien können manchmal etwas langsamer verarbeitet werden, was zu Frustration führen kann. Es kommt auch vor, dass die Synchronisation nicht immer so reibungslos funktioniert, wie man es sich wünscht. Einige User haben berichtet, dass neu hochgeladene Dateien nicht sofort synchronisiert werden, was bei der Verwaltung von Dateien zu Problemen führen kann.

Die 30-Tage-Papierkorbbegrenzung wurde bereits durch ein weiteres Angebot erweitert: »Im Papierkorb finden Sie all Ihre gelöschten Dateien aus den letzten 30 Tagen. Stellen Sie eine Datei wieder her oder löschen Sie sie endgültig.« Wenn Sie jedoch Dateien länger im Papierkorb behalten möchten, bietet pCloud mit Extended File History die Möglichkeit, gelöschte Dateien bis zu 365 Tage aufzubewahren. Dieses Add-on kostet etwa 80 Euro im Jahr. Es mag auf den ersten Blick teuer erscheinen, aber man darf auch nicht vergessen, dass der Speicher für den Papierkorb genauso groß ist wie die Daten, die Sie löschen. Das heißt, wenn Sie große Datenmengen löschen, benötigen Sie entsprechend großen Speicherplatz im Papierkorb – und der wird Ihnen hier zur Verfügung gestellt.

pCloud gibt Ihnen damit eine zusätzliche Sicherheitsebene, falls Sie doch einmal aus Versehen wichtige Dateien löschen sollten oder einfach den Überblick über gelöschte Daten behalten möchten.

Aber, und das sage ich ganz klar: Jedes Unternehmen erntet auch Kritik. Das ist normal, und pCloud arbeitet ständig daran, diese Punkte zu verbessern. Und seien wir ehrlich – jeder Cloud-Dienst hat seine Schwächen. pCloud ist nicht perfekt, aber es hat die besten Ansätze, um eine sichere und flexible Lösung zu bieten. Besonders im Vergleich zu den großen Datenkraken wie Microsoft, Google oder Amazon, wo der Datenschutz oft zu kurz kommt, ist pCloud immer noch die beste Option, wenn Sie den höchstmöglichen Schutz Ihrer Daten wollen. Quellen: www.techquintal.com, www.trustradius.com.

Natürlich gibt es auch einige kritische Stimmen zu pClouds Lifetime-Plan. Einige Nutzer stellen infrage, wie lange pCloud diesen Plan wirklich anbieten kann und ob sich so ein Modell langfristig hält. Manche zweifeln daran, ob ein Einmalzahlungskonzept für die Ewigkeit funktionieren kann. Einige haben auch berichtet, dass der Service bei sehr großen Uploads langsamer ist, nachdem sie auf den Lifetime-Plan gewechselt sind.

Aber jetzt mal ehrlich: Ich habe nachgerechnet. Wenn ich meinen Speicher bei einem anderen Anbieter wie IONOS buche, bezahle ich in fünf Jahren mehr als für den Lifetime-Plan von pCloud. Und was passiert, wenn pCloud in sieben Jahren pleitegeht? Erstens, ich habe bis dahin schon ordentlich gespart. Zweitens, pCloud ist nur eine Sicherung in meinem 3-2-1-Konzept, und meine Daten sind dadurch sowieso sicher. Falls pCloud dann wegfällt, kann ich mir immer noch einen anderen Anbieter suchen. Und mit den zwei Jahren, die ich dann gespart habe, gehe ich schön um die Ecke beim Griechen essen.

Ich bin auch ziemlich sicher, dass pCloud länger als sieben Jahre bestehen wird. Hellsehen kann ich natürlich nicht, aber die Firma macht einen soliden Eindruck. Auf jeden Fall kann ich Ihnen eines garantieren: Meine Daten werden nicht von irgendwelchen KIs durchforstet und von fremden Menschen gelesen, so wie es bei den großen Playern wie Microsoft, Amazon oder Google durchaus der Fall sein könnte. Für mich bleibt pCloud trotz dieser Kritikpunkte die beste Option, vor allem, wenn es um Datenschutz und Sicherheit geht.

So, jetzt habe ich eine ganze Weile geschwafelt und gequatscht. Jetzt wollen wir mal sehen, was die technische Seite von pCloud bietet – und da geht es natürlich um Verschlüsselung. Das Thema ist nämlich keine Kleinigkeit, und gerade bei einem Cloud-Dienst ist das einer der wichtigsten Punkte überhaupt.

SSL/TLS-Verschlüsselung

pCloud verschlüsselt alle Daten, die zwischen Ihrem Gerät und den pCloud-Servern übertragen werden, mit TLS/SSL-Verschlüsselung. Das ist der Standard bei vielen großen Cloud-Diensten. Diese Verschlüsselung stellt sicher, dass niemand die Daten während der Übertragung abfangen und lesen kann. Denken Sie daran, wie eine gesicherte Autobahn, die Ihre Daten von Ihrem Rechner direkt zu den Servern bringt, ohne dass irgendjemand unterwegs hineinschauen kann. Diese Verschlüsselung ist stark genug, dass selbst Hacker mit den besten Tools wenig Chancen haben, die Übertragung zu knacken.

Verschlüsselung aller gespeicherten Daten

Sobald Ihre Daten auf den pCloud-Servern angekommen sind, werden sie nicht einfach im Klartext abgelegt. Stattdessen verschlüsselt pCloud sie erneut mit 256-Bit-AES-Verschlüsselung. Diese Verschlüsselung ist so stark, dass es nahezu unmöglich ist, sie zu knacken. Um Ihnen eine Vorstellung zu geben: Selbst Supercomputer bräuchten Milliarden Jahre, um diese Art von Verschlüsselung zu knacken. Das bedeutet, dass Ihre Daten sicher sind, sobald sie in der Cloud gespeichert sind.

pCloud Crypto

Nun kommen wir zum Herzstück der Sicherheit bei pCloud – dem pCloud Crypto. Dieser Dienst bietet sogenannte Client-seitige Verschlüsselung, was bedeutet, dass die Daten auf Ihrem Gerät verschlüsselt werden, bevor sie überhaupt zu den pCloud-Servern gesendet werden. Der Clou daran ist, dass nur Sie den Schlüssel besitzen, der zum Entschlüsseln der Daten notwendig ist. pCloud selbst hat keinen Zugriff auf diesen Schlüssel. Das nennt man auch Zero-Knowledge-Verschlüsselung. Nicht einmal pCloud könnte Ihre Daten entschlüsseln, selbst wenn sie es wollten oder müssten. Das ist, als ob Sie Ihre Dokumente in einen sicheren Tresor legen und nur Sie den Code für diesen Tresor kennen.

Natürlich gibt es immer zwei Seiten der Medaille: Die zusätzliche Sicherheit bedeutet auch ein bisschen weniger Komfort. Wenn Sie Dateien in Ihrem Crypto-Ordner speichern, können Sie zum Beispiel keine Vorschaubilder oder Mediendateien direkt in der Cloud ansehen, weil pCloud den Inhalt der verschlüsselten Dateien nicht sehen kann. Aber mal ehrlich – diese Sicherheit ist es wert, besonders bei sensiblen Daten.

Wenn Sie es ganz genau nehmen wollen, kostet der Crypto-Service extra, aber er bringt eben auch das höchste Maß an Sicherheit. Für viele ist das eine lohnenswerte Investition, wenn es um die wirklich wichtigen Daten geht, die niemals in falsche Hände geraten sollen.

Zusammengefasst haben Sie also drei Schichten der Sicherheit bei pCloud: die SSL-Verschlüsselung während der Übertragung, die AES-Verschlüsselung auf den Servern und die Möglichkeit der Client-seitigen Verschlüsselung mit pCloud Crypto. Damit sind Ihre Daten wirklich gut aufgehoben – kein Vergleich zu den großen Datenkraken, die oft mit Ihren Informationen arbeiten, als wären es öffentliche Daten. Wenn Sie mehr wissen wollen, gibt es immer was zu entdecken bei pCloud, aber das sind die wesentlichen Sicherheitsfeatures, die Sie kennen sollten.

Linux Sync

Sie kennen das Problem vielleicht: Wenn Sie Linux nutzen, haben Sie oft Schwierigkeiten, einen Cloud-Dienst zu finden, der nativ und problemlos funktioniert. Viele der großen Anbieter bieten keine benutzerfreundliche

Unterstützung für Linux an oder lassen die Nutzer mit komplizierten Lösungen zurück. Bei pCloud ist das anders. Sie haben erkannt, dass Linux zunehmend wichtiger wird – und das nicht nur für Entwickler, sondern auch für all diejenigen, die sich eine stabile, flexible und freie Umgebung wünschen. Und ganz ehrlich, seit Microsoft mit seinen Windows-Entscheidungen viele verärgert, ist der Wechsel zu Linux für viele attraktiver geworden.

Die pCloud-Software für Linux ist einfach zu installieren und funktioniert reibungslos. Kein Gefrickel, keine mühsamen Workarounds, sondern eine Software, die genau das tut, was sie soll. Das ist bei Linux nicht immer selbstverständlich, und pCloud ist hier ein echter Vorreiter. Während andere Anbieter die Linux-Community oft vernachlässigen, zeigt pCloud, dass sie die Bedürfnisse dieser Nutzergruppe ernst nehmen.

Für mich persönlich macht das einen großen Unterschied. Gerade als jemand, der auf Linux setzt, bin ich froh, eine Cloud-Lösung zu haben, die nicht nur sicher ist, sondern auch problemlos auf meinem bevorzugten Betriebssystem läuft.

pCloud ist nicht nur ein Dienst für eine bestimmte Plattform – nein, er funktioniert auf nahezu allen gängigen Systemen, und das macht ihn so besonders. Egal, ob Sie Windows, Mac OS, Linux, iOS oder Android nutzen – pCloud hat für alles eine Lösung parat. Dieses breite Spektrum an Unterstützung ist wirklich einmalig in der Cloud-Welt und ermöglicht es Ihnen, nahtlos zwischen Ihren Geräten zu wechseln, ohne sich Gedanken darüber machen zu müssen, ob Ihre Daten auf dem jeweiligen System zugänglich sind.

Windows und Mac OS

Für die meisten Nutzer dürfte die Verwendung von pCloud auf Windows oder Mac OS im Vordergrund stehen. Hier können Sie pCloud als virtuelles Laufwerk nutzen, was bedeutet, dass all Ihre Dateien direkt über den Datei-Explorer oder Finder zugänglich sind, ohne den lokalen Speicher zu belasten. Das schafft Platz und gleichzeitig Flexibilität. Die Installation ist simpel, und die Software ist intuitiv zu bedienen. Sie können Ihre Dateien einfach per Drag-and-Drop verwalten, als wären sie auf einer physischen Festplatte gespeichert.

iOS und Android

Auf iOS und Android sieht es ähnlich gut aus. Die mobilen Apps sind extrem benutzerfreundlich und ermöglichen Ihnen den Zugriff auf Ihre Dateien von unterwegs. Sie können Fotos, Videos und Dokumente direkt in der App speichern, anschauen und teilen, und das alles ohne umständliche Schritte. Besonders nützlich ist die automatische Sicherung von Fotos und Videos – ein Klick, und all Ihre Erinnerungen sind in der Cloud gesichert. Wenn Sie unterwegs arbeiten müssen, können Sie Ihre Dateien auch offline verfügbar machen, sodass Sie immer Zugriff haben, auch wenn keine Internetverbindung besteht.

Und das ist noch nicht alles. pCloud bietet auch eine Reihe von Add-ons, die den Dienst noch mächtiger machen. Mit pCloud Crypto können Sie zum Beispiel Ihre Daten auf Client-Seite verschlüsseln, bevor sie in die Cloud hochgeladen werden. Das ist besonders nützlich für sensible Daten, bei denen Sie sicherstellen wollen, dass niemand – nicht einmal pCloud – Zugriff hat. Und dann gibt es noch das Extended File History-Add-On, mit dem Sie gelöschte Dateien bis zu 365 Tage lang wiederherstellen können.

Mit pCloud bekommen Sie also eine Cloud-Lösung, die auf allen wichtigen Plattformen läuft und durch die zahlreichen Add-Ons auch noch erweiterbar ist. Diese Vielseitigkeit ist in der Cloud-Welt wirklich selten und macht pCloud zu einer der besten Optionen, die es derzeit gibt.

pCloud in 3-2-1 Backup-Konzept einbinden

So, jetzt haben wir eine ganze Menge über pCloud gesprochen. Für viele von Ihnen ist die Frage vielleicht schon beantwortet. Aber für diejenigen, die sich noch fragen: Ja und? Was mache ich damit jetzt? Ich werde mit Ihnen zusammen eine 3-2-1 Backup-Lösung planen, die pCloud als offsite Backup-Lösung integriert.

pCloud ist unser out-of-house Backup. Das bedeutet, wir nutzen pCloud als externen Speicherort außerhalb Ihres Hauses, Ihrer Geräte oder Ihrer sonstigen Speicherlösungen. Falls also etwas Unvorhergesehenes passiert – sei es ein Hardware-Ausfall, ein Diebstahl oder ein Brand – bleiben Ihre Daten sicher, da sie auf einem externen, sicheren Server gespeichert sind.

Viele Menschen behaupten, ein Synchronisierungsdienst sei kein echtes Backup. Und ja, in manchen Fällen stimmt das. Aber ich sage: Doch! Wenn man es richtig einbindet, kann ein Dienst wie pCloud durchaus als Backup funktionieren. Sie können pCloud so konfigurieren, dass bestimmte Ordner und Dateien regelmäßig synchronisiert werden, und Sie können sogar ältere Dateiversionen wiederherstellen. Mit dem Extended File History-Add-On können Sie gelöschte Dateien bis zu 365 Tage lang wiederherstellen. Das gibt Ihnen genügend Spielraum, falls Sie mal versehentlich etwas löschen oder übersehen.

Ein Synchronisierungsdienst kann also durchaus als Backup genutzt werden, wenn man ihn in ein solches Konzept einbettet. Gemeinsam werde ich Ihnen nun zeigen, wie wir eine 3-2-1 Backup-Strategie umsetzen, bei der pCloud als externes Backup den zentralen Baustein darstellt. Sie können sich darauf verlassen, dass Ihre Daten sicher sind – egal was lokal passiert.

Preise von pCloud

pCloud bietet verschiedene Speicherpläne, die auf unterschiedliche Bedürfnisse und Zahlungspräferenzen zugeschnitten sind.

Für Nutzer, die eine monatliche oder jährliche Zahlung bevorzugen, stehen zwei Hauptoptionen zur Verfügung. Der Premium-Plan mit 500 GB Speicherplatz kostet 4,99 € pro Monat oder 49,99 € pro Jahr.

Der Premium Plus-Plan bietet 2 TB Speicherplatz für 9,99 € pro Monat oder 99,99 € pro Jahr. Diese Optionen eignen sich gut für Nutzer, die die Flexibilität eines Abonnements schätzen und keinen langfristigen Vertrag eingehen möchten.

Alternativ gibt es bei pCloud auch Lifetime-Pläne, bei denen eine einmalige Zahlung getätigt wird, um lebenslangen Zugriff auf den Speicher zu erhalten. Der Premium 500 GB Plan ist hier für eine Einmalzahlung von 199 € erhältlich. Wer mehr Kapazität benötigt, kann sich für den Premium Plus 2 TB Plan entscheiden, der für eine einmalige Zahlung von 399 € angeboten wird. Für Nutzer, die besonders viel Speicherplatz benötigen, bietet pCloud den Custom 10 TB Plan für 1.190 € an, ebenfalls als Einmalzahlung.

pCloud ist außerdem dafür bekannt, immer wieder attraktive Sonderangebote zu machen, insbesondere an Feiertagen oder zu besonderen Anlässen. Während solcher Aktionen gibt es oft deutliche Rabatte, die Lifetime-Pläne erheblich günstiger machen können. Es lohnt sich, die Website von pCloud regelmäßig zu besuchen, um solche Gelegenheiten nicht zu verpassen – besonders an Feiertagen sind die Angebote oft besonders attraktiv.

Vorteile pCloud

Ein großer Vorteil von pCloud ist das Angebot lebenslanger Abonnements. Nutzer können gegen eine einmalige Zahlung lebenslangen Zugriff auf Speicherplätze von 500 GB oder 2 TB erwerben. Das kann langfristig eine kosteneffiziente Lösung sein, da man keine monatlichen oder jährlichen Gebühren zahlen muss.

In puncto Sicherheit überzeugt pCloud durch eine starke Verschlüsselung. Alle Dateien werden serverseitig mit einer 256-Bit-AES-Verschlüsselung geschützt. Für Nutzer, die noch mehr Sicherheit möchten, bietet pCloud das Zusatzmodul pCloud Crypto an. Dieses Modul ermöglicht eine Ende-zu-Ende-Verschlüsselung nach dem Zero-Knowledge-Prinzip, was bedeutet, dass nur der Nutzer selbst Zugriff auf die Daten hat.

pCloud ist plattformübergreifend verfügbar, was die Nutzung enorm flexibel macht. Der Dienst läuft auf verschiedenen Betriebssystemen wie Windows, macOS und Linux und ist zudem auf mobilen Geräten mit Android und iOS zugänglich. Dadurch können Nutzer von verschiedenen Geräten problemlos auf ihre Daten zugreifen.

Ein weiterer Pluspunkt ist die Integration von pCloud als virtuelles Laufwerk. Das bedeutet, dass pCloud wie eine externe Festplatte verwendet werden kann. Dies vereinfacht den Zugriff und die Verwaltung der gespeicherten Dateien, ohne den Speicherplatz auf dem eigenen Gerät zu belasten.

Die Synchronisation bei pCloud ist besonders schnell. Dank der LAN-Sync-Funktion können Dateien zwischen Geräten im gleichen Netzwerk synchronisiert werden, ohne den Umweg über die Cloud gehen zu müssen. Das spart Zeit und beschleunigt die Datenübertragung erheblich.

Nachteile pCloud

Ein Nachteil ist jedoch, dass die erweiterte Verschlüsselung durch pCloud Crypto nicht im Standardpaket enthalten ist. Wer diese zusätzliche Sicherheit nutzen möchte, muss pCloud Crypto separat erwerben, was zusätzliche Kosten verursacht.

Im Bereich der Zusammenarbeit und Kollaboration bietet pCloud im Vergleich zu anderen Anbietern eingeschränkte Funktionen. Es fehlen zum Beispiel umfassende Möglichkeiten zur gemeinsamen Bearbeitung von Dokumenten in Echtzeit. Für Nutzer, die viel Wert auf Teamarbeit und Kollaborationsfunktionen legen, könnte das ein Nachteil sein.

Obwohl pCloud ein Schweizer Unternehmen ist, befinden sich die Server nicht ausschließlich in der Schweiz. Tatsächlich werden die Daten wahlweise auch auf Servern in den USA und Luxemburg gespeichert. Für datenschutzbewusste Nutzer kann dies ein relevanter Punkt sein, da sie möglicherweise eine Speicherung ausschließlich innerhalb der Schweiz bevorzugen würden.

pCloud bietet keine integrierten Office-Tools, mit denen Dokumente direkt innerhalb der Cloud bearbeitet werden können. Für Nutzer, die häufig Dokumente in der Cloud bearbeiten und sich eine Komplettlösung wünschen, kann dies ein Nachteil sein.

Diese Vor- und Nachteile zeigen, dass pCloud je nach individuellen Anforderungen eine passende oder weniger geeignete Lösung sein kann. Für einige ist der Datenschutz und die flexible Preisgestaltung entscheidend, während andere auf umfassende Kollaborations- und Bearbeitungsfunktionen Wert legen.

Kostenloses pCloud Konto erstellen

Wir beginnen damit, dass Sie sich einen kostenlosen Account bei pCloud einrichten. pCloud bietet Ihnen großzügige 10 GB Speicherplatz völlig kostenfrei. Das Besondere daran: Ihre Daten werden in der EU gespeichert, genauer gesagt in Luxemburg, unter den strengen Vorgaben der DSGVO. Damit können Sie sicher sein, dass Ihre persönlichen Daten nach den höchsten Datenschutzstandards verarbeitet werden. Für viele ein entscheidender Punkt, gerade in Zeiten, in denen immer mehr Menschen sich

Sorgen um ihre Privatsphäre machen. Das Beste daran? Auch im kostenlosen Plan sind Ihre Daten verschlüsselt. Das bedeutet, dass sie sicher in
der Cloud liegen und Hacker es schwer haben werden, auf Ihre Daten
zuzugreifen. Die Übertragung der Daten erfolgt über eine SSL/TLS-Ver-
schlüsselung, und sobald die Daten auf den pCloud-Servern gespeichert
sind, werden sie mit einer 256-Bit-AES-Verschlüsselung gesichert. Das
sorgt dafür, dass niemand – auch nicht Hacker – ohne den richtigen
Schlüssel auf Ihre Daten zugreifen kann.

Allerdings ist es wichtig zu wissen, dass diese Verschlüsselung nicht
gleichbedeutend mit der Zero-Knowledge-Verschlüsselung von pCloud
Crypto ist. Ihre Daten sind zwar sicher vor Angriffen, aber pCloud selbst
könnte theoretisch darauf zugreifen, da die Verschlüsselung serverseitig
erfolgt. Wenn Sie maximale Sicherheit möchten, bei der auch pCloud
keinen Zugriff auf Ihre Daten hat, sollten Sie über das kostenpflichtige
Add-on pCloud Crypto nachdenken. Hierbei werden Ihre Daten bereits auf
Ihrem Gerät verschlüsselt, bevor sie hochgeladen werden.

Dennoch, selbst im kostenlosen Plan bietet pCloud eine sehr solide Verschlüsselung, die ausreicht, um Ihre Daten vor den meisten Bedrohungen
zu schützen. pCloud wird sich hüten, Ihre Daten einfach so anzusehen,
denn die DSGVO (Datenschutz-Grundverordnung) würde in einem solchen
Fall drastische Strafen in Aussicht stellen. Die DSGVO schützt Ihre Daten
auf europäischer Ebene und stellt sicher, dass Cloud-Dienstleister wie
pCloud hohe Datenschutzstandards einhalten. Sollten Daten unrechtmäßig
eingesehen oder verarbeitet werden, drohen empfindliche Geldbußen, die
bis zu vier Prozent des weltweiten Jahresumsatzes des Unternehmens
betragen können. Dies stellt sicher, dass pCloud Ihre Daten mit äußerster
Vorsicht behandelt und Ihnen größtmögliche Sicherheit bietet.

Um loszulegen, besuchen Sie die pCloud-Webseite und erstellen Sie sich
mit ein paar Klicks einen kostenlosen Account. Geben Sie Ihre E-Mail-
Adresse ein, legen Sie ein starkes Passwort fest und schon sind Sie dabei.
Sie können pCloud sowohl über die Weboberfläche als auch über die
Desktop- oder mobile App nutzen. Sobald Ihr Account eingerichtet ist,
stehen Ihnen die vollen 10 GB zur Verfügung, die Sie nach Belieben
nutzen können. Nachdem Sie Ihren Account erstellt haben, führen wir die
Installation von pCloud durch. Wenn Sie pCloud auf Ihrem Computer verwenden wollen, gehen Sie auf die Webseite und laden die Desktop-App
für Ihr jeweiliges Betriebssystem herunter. Egal ob Windows, Mac oder

Linux – pCloud unterstützt alle großen Plattformen. Wählen Sie die entsprechende Version aus und folgen Sie den Anweisungen zur Installation.

Für Windows und Mac OS ist die Installation kinderleicht. Laden Sie die Installationsdatei herunter, starten Sie sie und folgen Sie den einfachen Schritten. pCloud wird sich nach der Installation als virtuelles Laufwerk in Ihrem System einfügen. Das bedeutet, Sie können auf Ihre Dateien zugreifen, als wären sie direkt auf Ihrem Computer gespeichert, obwohl sie in der Cloud liegen. Alles, was Sie tun, ist per Drag-and-Drop Ihre Dateien ins pCloud-Laufwerk zu ziehen – und schon sind sie sicher gespeichert. Wenn Sie Linux nutzen, können Sie den Linux-Sync-Client verwenden, den pCloud speziell für die Linux-Community entwickelt hat. Es ist so einfach wie das Herunterladen des Clients, das Starten der Installation und die Auswahl der Verzeichnisse, die synchronisiert werden sollen.

Haben Sie Ihr System eingerichtet, können Sie nun Dateien hochladen, Ordner synchronisieren und pCloud als vollwertigen Teil Ihrer Backup-Strategie nutzen. Ich rate Ihnen: Testen Sie die 10 GB von pCloud aus. Probieren Sie die Windows-, Linux- und Handy-Clients aus. Sie werden sehen, wie zuverlässig diese funktionieren. pCloud bietet eine solide Performance auf allen Plattformen, und es lohnt sich, die Cloud erst einmal ausgiebig zu testen. Nur wenn Sie sich sicher sind, dass Sie mit den Funktionen und der Bedienung vertraut sind und zufrieden sind, sollten Sie über einen Upgrade auf einen der Lifetime-Pläne nachdenken.

Nehmen Sie sich einen Taschenrechner und kalkulieren Sie, wann sich ein Lifetime-Plan für Sie lohnt. pCloud bietet unterschiedliche Speichergrößen an: 500 GB, 2 TB oder sogar 10 TB. Wenn Sie gut rechnen und langfristig planen, können Sie hier richtig Geld sparen. Ein Lifetime-Plan ist besonders dann sinnvoll, wenn Sie langfristig auf denselben Cloud-Dienst setzen und nicht jedes Jahr eine neue Zahlung leisten wollen. Mit einer soliden Backup-Lösung, die auch synchronisieren kann, haben Sie Ihre Daten jederzeit sicher verwahrt und sparen dabei noch Geld.

Schritt für Schritt pCloud Konto erstellen

Ich werde jetzt mit Ihnen den Anmeldeprozess für pCloud durchgehen und Ihnen anhand von Screenshots das Vorgehen Schritt für Schritt erläutern. Das Ziel ist es, dass Sie ganz bequem und sicher Ihren pCloud-

Account einrichten können. Der Prozess ist einfach und schnell erledigt. Ich verwende dazu den Chrome-Browser von Google. Die Schritte, die ich Ihnen jetzt zeigen werde, sind jedoch in allen anderen Browsern wie Firefox, Edge oder Safari dieselben. Sie müssen sich also keine Sorgen machen, wenn Sie einen anderen Browser verwenden – der Anmeldeprozess ist identisch.

Es ist natürlich immer möglich, dass der Anbieter das Design und die Anordnung auf seinen Webseiten ändert. Die Screenshots sind Stand September 2024. Sollten die Seiten anders aussehen, wenn Sie dieses Buch lesen, dann schauen Sie sich die Seiten genau an. Vielleicht sind die Aufteilungen ein wenig anders, aber ich denke, dass sich die grundlegende Funktion nicht groß ändern wird. Geben Sie ihre E-Mail-Adresse ein und Klicken sie den Button „KOSTENLOS ANMELDEN":

Vergeben Sie ein sicheres Passwort (Ich empfehle als absolutes Minimum: 20 Zeichen, Zahlen, Buchstaben und Sonderzeichen). Machen Sie ein Häkchen bei »Ich akzeptiere die allgemeinen Geschäftsbedingungen« und klicken Sie auf den Button »Account erstellen«:

Im Formular ist auch ersichtlich, dass Sie sich mit einem Facebook-Account, einem Google-Account oder einem Apple-Account anmelden können. Ich persönlich verwende dafür eine ganz normale E-Mail-Adresse. Nachdem Sie den Button »Account erstellen« geklickt haben, öffnet sich ein Fenster, das Ihnen anbietet, die Synchronisierungssoftware von pCloud herunterzuladen. Klicken Sie auf den Button »HERUNTERLADEN«

Ich empfehle Ihnen dringend, sich hier alles in Ruhe durchzulesen. Wenn Sie die Informationen sorgfältig durchgehen, werden Sie nicht nur die Funktionsweise von pCloud besser verstehen, sondern auch erfahren, wie Sie die Software sicher und einfach installieren können. Das Fenster enthält wichtige Infos zum Download und zum pCloud-Drive. Diese Erklärungen helfen Ihnen dabei, alle Funktionen optimal zu nutzen und die Installation reibungslos abzuschließen. Wenn Sie sich alles durchgelesen haben, klicken Sie bitte auf »Herunterladen«:

Wenn Sie eine normale E-Mail für die Anmeldung verwendet und auf »Herunterladen« geklickt haben, erscheint ein Fenster mit der Aufforderung: »E-MAIL-ADRESSE BESTÄTIGEN«. Gehen Sie nun in Ihr Postfach und klicken Sie auf den Bestätigungslink, den pCloud Ihnen per E-Mail gesendet hat.

Nach der Verifizierung haben Sie bereits 3 GB Speicher freigeschaltet. Bitte machen Sie sich jetzt mit der Benutzeroberfläche von pCloud vertraut und nutzen Sie die Informationen, die pCloud Ihnen zur Verfügung stellt. Sie sollten auch schon eine E-Mail von pCloud mit dem Titel »Erste Schritte« erhalten haben. Wenn Sie bis hierher gekommen sind, ist es an der Zeit, das Buch kurz zur Seite zu legen und die Plattform selbst auszuprobieren. Sie sind nun pCloud-Kunde und können die Funktionen direkt erkunden.

Das wirklich Tolle an pCloud ist, dass Sie nun komplett an die Hand genommen werden. Sie werden sowohl per E-Mail als auch direkt über die pCloud-Oberfläche durch die ersten Schritte geführt. Nutzen Sie die Tooltipps und klicken Sie einfach auf »Nächster Schritt«, um sich durch die Funktionen leiten zu lassen.

Die Entwickler von pCloud haben sich große Mühe gegeben, alles benutzerfreundlich und leicht verständlich zu gestalten. Sie können alles Schritt für Schritt erkunden, und die Oberfläche sowie die Dokumentation sind so einfach gestaltet, dass es keine großen Erklärungen mehr braucht.

Bitte sehen Sie sich alles in Ruhe an. Es braucht kein Fachbuch mehr, wenn Sie an diesem Punkt angekommen sind, denn pCloud zeigt Ihnen genau, wie Sie das Beste aus dem Dienst herausholen:

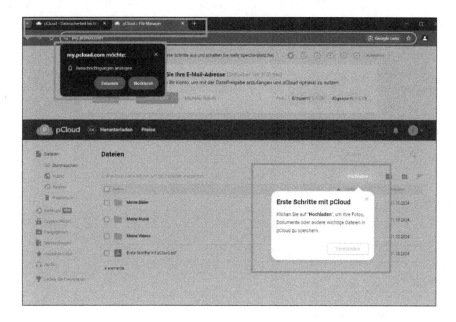

Entscheiden Sie bitte, ob pCloud in Ihrem Browser Benachrichtigungen anzeigen soll. Hier werden dann Nachrichten wie »Eine Datei wurde hochgeladen« oder ähnliche Hinweise angezeigt. Ich persönlich habe diese Benachrichtigungen deaktiviert, da ich meinen Speicher allein nutze und immer weiß, wann eine Datei hochgeladen wurde. Wenn Sie es für nützlich halten, können Sie die Benachrichtigungen natürlich aktivieren.

Verwenden Sie auch die Tooltips, die Ihnen pCloud anbietet. Diese kleinen Hilfen führen Sie durch die verschiedenen Funktionen und erleichtern den Einstieg erheblich. Einfach darauf achten und den nächsten Schritt mit einem Klick fortsetzen.

Gehen Sie jetzt auch die »Nächster Schritt«-Navigation durch. Mit jeder Aufgabe, die Sie lösen, lernen Sie, wie pCloud funktioniert. Es ist eine interaktive und praktische Einführung, die Ihnen Schritt für Schritt zeigt, wie Sie Dateien hochladen, Ordner erstellen und Ihre Daten organisieren. Wenn Sie alle Aufgaben gemeistert haben, werden Sie nicht nur mit der

Oberfläche vertraut sein, sondern auch die vollen 10 GB kostenlosen Speicherplatz freigeschaltet haben:

Konto verifiziert.

Sobald Sie diese 10 GB »zusammengelernt« haben, können Sie pCloud vollumfänglich nutzen und Ihre Dateien sicher in der Cloud speichern, synchronisieren und verwalten.

Es ist extrem einfach, all diese Schritte durchzuführen. Ich habe das bereits mehrmals auf verschiedenen Betriebssystemen wie Windows, Linux und Android gemacht, und es gab nie ein Problem. Sollten Sie dennoch auf ein Problem stoßen, können Sie mich gerne unter ralf-peter-kleinert@proton.me erreichen. Ich werde mein Bestes tun, Ihnen zu helfen und das Problem gemeinsam mit Ihnen zu lösen.

Sie können nun Ihre Dateien sicher, DSGVO-konform und selbst im kostenlosen pCloud-Account verschlüsselt speichern. Das bedeutet, dass Ihre Daten nicht nur sicher vor unbefugtem Zugriff sind, sondern auch den strengen Datenschutzanforderungen der Europäischen Union entsprechen. Mit pCloud können Sie sich darauf verlassen, dass Ihre Daten sowohl bei der Übertragung als auch auf den Servern verschlüsselt sind, und dies alles, ohne einen Cent zu bezahlen.

Testen Sie den Dienst gründlich aus. Laden Sie Ihre Dateien hoch, organisieren Sie sie in Ordnern und prüfen Sie, wie einfach es ist, auf verschiedenen Geräten wie Computern, Tablets oder Smartphones auf Ihre Daten zuzugreifen. pCloud ermöglicht es Ihnen, Dateien überall und jederzeit verfügbar zu haben, ohne dass Sie sich Sorgen um die Sicherheit machen müssen.

Auch die Synchronisierungsfunktionen sind ein wichtiger Bestandteil des Dienstes. So können Sie pCloud nicht nur als Backup nutzen, sondern auch als tägliches Arbeitswerkzeug, mit dem Ihre Dateien immer auf dem neuesten Stand sind – egal, auf welchem Gerät Sie gerade arbeiten.

Wir wissen alle, dass es Clouddienste wie Sand am Meer gibt. Aber ich empfehle Ihnen aktuell pCloud, weil ein amerikanischer Dienst einfach keine vernünftige Alternative darstellt, wenn es um Datenschutz und Datensicherheit geht. pCloud hat seinen Sitz in Europa, genauer gesagt in der Schweiz und Luxemburg, und unterliegt damit den strengen europäischen Datenschutzbestimmungen, insbesondere der DSGVO. Das ist der Schlüssel zu Ihrer Datensicherheit. Während viele amerikanische Dienste im Rahmen des US-Rechts möglicherweise Zugriff auf Ihre Daten haben könnten, schützt pCloud Ihre Daten nach höchsten europäischen Standards – und das macht den Unterschied.

10. Tuta - quantensicher verschlüsselt: Mail und Kalender

Nun möchte ich Ihnen Tuta vorstellen. Natürlich fallen E-Mail- und Kalenderdienste auch unter den Oberbegriff »Cloud«, und genau darüber schreibe ich in meinem Buch über Clouddienste für das Jahr 2025. Wenn es um sichere Kommunikation geht, komme ich persönlich an Tuta einfach nicht vorbei. Dazu aber gleich mehr.

Was ist Tuta

Tuta, ein E-Mail- und Kalenderdienst mit Sitz in Deutschland, legt seinen Fokus klar auf Privatsphäre und Sicherheit. Während andere große Anbieter wie Gmail oder Outlook sich oft durch Werbung und Datensammlung finanzieren, geht Tuta einen anderen Weg: Der Dienst speichert und verschlüsselt alle E-Mails und Termine seiner Nutzer so, dass niemand, nicht einmal das Tuta-Team selbst, darauf zugreifen kann. Das ist nicht nur ein Sicherheitsplus, sondern auch ein starkes Argument für alle, die Wert auf ihre Privatsphäre legen.

E-Mail und Kalender sicher verschlüsselt

Viele fragen sich vielleicht, warum es wichtig ist, einen Dienst zu nutzen, der Mails und Kalender verschlüsselt. Hier ist die Antwort einfach: Daten, die in der Cloud gespeichert sind, sind theoretisch immer angreifbar. Tuta sorgt jedoch dafür, dass niemand Ihre E-Mails oder Termine ohne Ihren Schlüssel lesen kann. Mit einer sogenannten Ende-zu-Ende-Verschlüsselung stellt Tuta sicher, dass Nachrichten und Termine direkt auf Ihrem Gerät verschlüsselt und erst beim Empfänger entschlüsselt werden. Kein Dritter, auch nicht der Dienst selbst, hat Zugriff auf diese Daten. Das macht Tuta ideal für alle, die sicherstellen möchten, dass persönliche und berufliche Informationen nicht in die falschen Hände geraten.

Tuta für Privat-Nutzer und Unternehmen

Tuta richtet sich nicht nur an Privatpersonen, sondern ist auch für Unternehmen interessant, die ihre Kommunikation absichern möchten. Besonders in Branchen, in denen sensible Daten häufig verarbeitet werden – etwa im Gesundheitswesen oder in der Finanzbranche – ist Datenschutz essenziell. Unternehmen können sich bei Tuta darauf verlassen, dass ihre Daten nicht ausgewertet oder weitergegeben werden. Auch die Möglichkeit, eine eigene Domain zu nutzen und das System an die eigenen Bedürfnisse anzupassen, macht Tuta für viele Firmen zu einer idealen Wahl.

Warum ich Tuta in mein Buch aufnehme

Tuta ist kein Dienst, der zufällig in meinen Cloud-Buch für 2025 gelangt. Die Philosophie von Tuta, Transparenz und Sicherheit an die oberste Stelle zu setzen, ist etwas, das ich in der Cloud-Landschaft als selten empfinde. Die meisten Dienste bieten zwar grundlegende Sicherheitsfunktionen an, aber bei vielen bleibt die Frage, wie sicher die eigenen Daten wirklich sind und wer potenziell darauf zugreifen kann. Tuta zeigt hier einen anderen Weg und gibt dem Nutzer echte Kontrolle über seine Daten.

Open Source für maximale Transparenz

Ein weiterer Grund, warum Tuta für mich in Sachen Sicherheit so heraussticht, ist die Entscheidung, den Quellcode des Dienstes offen zugänglich zu machen. Open Source bedeutet, dass jeder, der die technische Fähigkeit besitzt, den Code überprüfen kann. Das sorgt für Vertrauen und ermöglicht es, Sicherheitslücken frühzeitig zu finden und zu beheben. Gerade in Zeiten, in denen die Cloud eine immer größere Rolle spielt und viele Dienste als „Black Box" agieren, ist diese Offenheit ein starkes Argument für Tuta.

Post-Quanten-Verschlüsselung

Wenn wir von Sicherheit sprechen, kommen wir an einem Thema nicht mehr vorbei: Quantencomputer. Diese zukünftige Technologie könnte die derzeitigen Verschlüsselungsstandards schnell veralten lassen. Tuta hat dieses Problem bereits im Blick und arbeitet an sogenannten „post-quanten-sicheren" Verschlüsselungsmethoden. Das bedeutet, dass Ihre E-Mails und Kalender auch dann noch sicher sind, wenn Quantencomputer in der Lage sind, heutige Verschlüsselungen zu knacken. Diese Weitsicht zeigt, dass Tuta nicht nur in der Gegenwart, sondern auch für die Zukunft gerüstet ist.

Verfügbar auf allen wichtigen Plattformen

Tuta kann flexibel genutzt werden: Es gibt eine Webversion sowie Desktop-Clients für Windows, macOS und Linux. Auch für mobile Nutzer stehen Apps für Android und iOS zur Verfügung. Das bedeutet, dass Sie Ihre E-Mails und Kalender von überall aus sicher verwalten können. Besonders praktisch: Der Desktop-Client funktioniert auch offline. Damit haben Sie jederzeit Zugriff auf Ihre verschlüsselten Daten, selbst wenn gerade keine Internetverbindung besteht.

Mehr als nur ein technisches Werkzeug

Für mich ist Tuta mehr als nur ein Tool – es ist ein Statement für echte digitale Freiheit. Der Dienst zeigt, dass es auch in der heutigen Zeit möglich ist, Kommunikation zu sichern und dabei die Privatsphäre der Nutzer zu respektieren. Das ist ein Ansatz, den ich in meinem Buch hervorheben möchte, weil er zeigt, dass es Alternativen zu den großen, datenhungrigen Anbietern gibt. Tuta beweist, dass Datenschutz und Nutzerfreundlichkeit Hand in Hand gehen können.

Wenn Sie auf der Suche nach einem sicheren E-Mail- und Kalenderdienst sind, sollten Sie Tuta auf jeden Fall in Betracht ziehen. Die Kombination aus modernster Verschlüsselung, Open-Source-Transparenz und der zukunftssicheren Technologie macht Tuta für mich zu einem unverzichtbaren Thema im Bereich der Clouddienste.

Preise Tuta

Tuta bietet unterschiedliche Tarife, die auf die Bedürfnisse von Privatnutzern und Geschäftskunden abgestimmt sind. Der kostenlose Tarif »Free« ist ideal für Einsteiger und bietet grundlegende Funktionen wie 1 GB Speicherplatz, werbefreies Arbeiten, kein Tracking und einen Kalender – und das komplett kostenfrei. Bitte beachten Sie, dass der Free-Tarif von Tuta derzeit ausschließlich für die private Nutzung vorgesehen ist.

Für private Anwender gibt es zusätzlich den »Revolutionary«-Tarif für 3 € im Monat, der 20 GB Speicherplatz, mehrere Kalender, die Nutzung eigener Domains, zusätzliche E-Mail-Adressen, E-Mail-Support und eine Offline-Unterstützung umfasst.

Wer noch mehr Kapazität benötigt, kann auf den »Legend«-Tarif für 8 € im Monat zurückgreifen, der 500 GB Speicherplatz sowie Zugang zu erweiterten Funktionen wie Pro-Support und weiteren Kalendern bietet.

Auch für Geschäftskunden gibt es bei Tuta passende Angebote. Der »Essential«-Tarif für 6 € pro Monat richtet sich an Freelancer und kleine Unternehmen und beinhaltet 50 GB Speicherplatz, bis zu drei eigene Domains sowie E-Mail-Support.

Der »Advanced«-Tarif für 8 € monatlich ist ideal für Teams und umfasst 500 GB Speicherplatz, zehn eigene Domains und 30 zusätzliche E-Mail-Adressen sowie Pro-Support. Der umfangreichste Tarif, »Unlimited«, kostet 12 € im Monat und richtet sich an größere Unternehmen. Er bietet 1.000 GB Speicherplatz, eine unbegrenzte Anzahl an Domains und E-Mail-Adressen, Pro-Support sowie die Möglichkeit, eigene Logos und Farben in das System zu integrieren.

Die Preise können je nach individuellen Anforderungen und aktuellen Angeboten variieren. Für detaillierte Informationen ist die offizielle Tuta-Website eine gute Anlaufstelle.

Vorteile Tuta

Tuta ist kein klassischer Cloud-Dienst wie die anderen, die ich hier vorgestellt habe. Statt umfassende Speicherlösungen anzubieten, konzentriert sich Tuta auf E-Mail- und Kalenderdienste, die mit einer quantensicheren Verschlüsselung geschützt sind. Dieser Ansatz hebt Tuta von den meisten Cloud-Anbietern ab, indem der Fokus klar auf sicherer Kommunikation und Terminverwaltung liegt, ohne dabei auf die typischen Cloud-Speicher- und Kollaborationsfunktionen einzugehen.

Ein herausragender Vorteil von Tuta ist der starke Fokus auf Sicherheit und Datenschutz. Mit der quantensicheren End-to-End-Verschlüsselung sind sowohl die E-Mails als auch der Kalender vor unerwünschtem Zugriff geschützt. Nur die Nutzer selbst haben Zugriff auf ihre Daten, wodurch ein hohes Maß an Datensouveränität gewährleistet wird.

Ein weiterer Vorteil ist die DSGVO-Konformität und der Serverstandort in Deutschland. Tuta betreibt seine Server ausschließlich in Deutschland, was bedeutet, dass alle gespeicherten Daten unter die strengen europäischen Datenschutzbestimmungen fallen. Dies bietet eine rechtliche Sicherheit, die viele internationale Anbieter nicht bieten können.

Die Plattform ist übersichtlich und benutzerfreundlich gestaltet, was eine einfache Nutzung sowohl für Privatpersonen als auch für Unternehmen ermöglicht. Durch die Integration von E-Mail und Kalender in einer einzigen, sicheren Plattform können Nutzer ihre Kommunikation und Organisation effizient verwalten, ohne auf externe Anwendungen zurückgreifen zu müssen.

Tuta bietet außerdem eine kostenlose Basisversion an, die es neuen Nutzern ermöglicht, die Funktionen zu testen, bevor sie sich für einen kostenpflichtigen Tarif entscheiden. So können Interessierte die Vorzüge des sicheren E-Mail- und Kalendersystems risikofrei kennenlernen.

Nachteile von Tuta

Ein Nachteil von Tuta ist, dass es sich nicht um einen klassischen Cloud-Speicher-Dienst handelt. Im Gegensatz zu anderen Anbietern bietet Tuta derzeit keine Möglichkeit, große Mengen an Dateien zu speichern oder Dokumente in der Cloud zu bearbeiten. Nutzer, die auf der Suche nach einem umfassenden Cloud-Angebot sind, könnten sich daher eingeschränkt fühlen.

Im Vergleich zu anderen Anbietern ist das Angebot kostenpflichtiger Tarife weniger flexibel. Tuta bietet kostenpflichtige Optionen ab einer bestimmten Speicherkapazität, was für Nutzer, die nur wenig Speicherplatz benötigen, möglicherweise überdimensioniert wirkt.

Zusätzlich fehlen bei Tuta einige erweiterte Funktionen, die bei anderen Cloud-Anbietern gängig sind, wie etwa kollaborative Bearbeitung von Dokumenten, automatische Backups oder umfangreiche Business-Tools. Für Nutzer, die eine vielseitige Cloud-Lösung suchen, könnte das ein Nachteil sein.

Diese Vor- und Nachteile zeigen, dass Tuta für Nutzer geeignet ist, die Wert auf höchste Sicherheit in der E-Mail- und Kalenderverwaltung legen. Wer jedoch ein vollumfängliches Cloud-Paket mit Speicher- und Kollaborationsmöglichkeiten sucht, sollte abwägen, ob Tuta diesen Anforderungen gerecht wird.

11. IONOS deutsche Cloud

Von IONOS haben Sie sicher schon gehört, und natürlich gehört dieser Anbieter in meinen »Cloud-Buch« mit hinein! Als eine der bekanntesten Adressen für digitale Dienstleistungen in Europa bietet IONOS nicht nur Cloud-Speicher, sondern ein umfassendes Portfolio, das von Webhosting über Domains bis hin zu spezialisierten Sicherheitslösungen reicht. Was IONOS auszeichnet, ist die Kombination aus technischem Know-how und einem starken Fokus auf Datenschutz und Sicherheit. Gerade in Zeiten, in denen die Bedeutung von Cloud-Lösungen stetig wächst, schafft es IONOS, sowohl private Anwender als auch Unternehmen mit zuverlässigen und flexiblen Angeboten zu unterstützen.

Wer ist IONOS?

IONOS ist ein führender Anbieter von Cloud- und Hosting-Diensten, der besonders in Deutschland und Europa tief verwurzelt ist. Als Teil der United Internet Group setzt IONOS auf eine hohe technische Verlässlichkeit und sichert die Daten seiner Kunden in mehreren Rechenzentren ab. Mit einem breit aufgestellten Portfolio bietet IONOS Lösungen, die von einfachen Webhosting-Paketen über private Cloud-Umgebungen bis hin zu fortschrittlichen Backup-Systemen reichen. Diese Infrastruktur steht sowohl kleinen Unternehmen als auch großen Konzernen zur Verfügung.

IONOS im Vergleich zu anderen Anbietern

Im Gegensatz zu vielen internationalen Cloud-Anbietern legt IONOS besonderen Wert auf den Datenschutz nach europäischem Standard. Die Infrastruktur und Server von IONOS befinden sich innerhalb der EU, was bedeutet, dass Kundendaten den strengen europäischen Datenschutzrichtlinien unterliegen. Dieser Standortvorteil spielt eine große Rolle für Unternehmen, die personenbezogene Daten speichern und verarbeiten müssen, da der europäische Datenschutz weltweit als einer der strengsten gilt.

IONOS HiDrive: Die flexible Backup-Lösung

HiDrive ist das Cloud-Speicherangebot von IONOS, das sich nicht nur an private Nutzer richtet, sondern auch eine robuste Lösung für Unternehmen darstellt. Mit Funktionen wie automatischen Backups, einer nutzerfreundlichen Oberfläche und umfassenden Zugriffsmöglichkeiten überzeugt HiDrive, indem es Flexibilität und Sicherheit kombiniert. Die Daten werden in hochsicheren Rechenzentren in Deutschland gespeichert und sind damit vor unbefugten Zugriffen geschützt. Gerade für Unternehmen, die sensible Daten speichern müssen, stellt HiDrive eine attraktive Lösung dar.

HiDrive ermöglicht auch eine nahtlose Integration in bestehende Arbeitsabläufe. Es erlaubt den Zugriff von verschiedenen Geräten und Betriebssystemen, und durch seine Unterstützung von Protokollen wie FTP, SMB und WebDAV lässt sich HiDrive in viele Anwendungen und Systeme integrieren. Damit wird es zu einem wahren Allrounder, der sich individuell an die Anforderungen anpassen lässt.

Datenschutz und Sicherheit bei IONOS

IONOS hebt sich besonders durch seinen Fokus auf Sicherheit hervor. Neben physischen Sicherheitsmaßnahmen in den Rechenzentren wie biometrischer Zugangskontrolle und Rund-um-die-Uhr-Überwachung setzt das Unternehmen auf eine strikte Zugangskontrolle und regelmäßige Sicherheitsupdates. Zudem werden die Daten verschlüsselt übertragen und auf den Servern gespeichert. Durch solche Maßnahmen wird das Risiko eines Datenverlusts oder eines Angriffs minimiert.

Der Dienst erfüllt die Vorgaben der DSGVO und legt großen Wert auf Compliance mit internationalen Standards, was den Kunden zusätzliche Sicherheit bietet. Gerade in Zeiten steigender Cyberangriffe ist es entscheidend, dass ein Cloud-Anbieter Sicherheitsmaßnahmen ergreift, die dem neuesten Stand der Technik entsprechen.

IONOS als Partner für Unternehmen

Was IONOS von vielen Mitbewerbern abhebt, ist der Fokus auf maßgeschneiderte Lösungen für Unternehmen jeder Größe. Von der Beratung zur Implementierung bis hin zum Support begleitet IONOS seine Kunden auf jedem Schritt der digitalen Transformation. Dank flexibler Preismodelle und einer skalierbaren Infrastruktur können Unternehmen gezielt auf die eigenen Bedürfnisse abgestimmte Lösungen auswählen.

IONOS bietet zudem eine 24/7-Kundenbetreuung, die besonders geschätzt wird. Egal ob Fragen zur Datenmigration, Einrichtung von Backups oder spezifische Anforderungen – IONOS stellt für Unternehmen eine verlässliche Unterstützung dar und hilft dabei, die digitale Infrastruktur zu optimieren.

Warum IONOS eine gute Wahl ist

Für Unternehmen und Privatnutzer, die in der Cloud ihre Daten absichern und speichern möchten, ist IONOS eine herausragende Wahl. Besonders die regionale Nähe zu den Rechenzentren in Deutschland und die damit einhergehende Einhaltung der DSGVO machen IONOS für datenschutz-sensible Nutzer zu einem vertrauenswürdigen Partner. Mit Lösungen wie HiDrive bietet das Unternehmen nicht nur Cloud-Storage, sondern ein vielseitiges, leistungsstarkes Backup-System, das auf die Bedürfnisse moderner Unternehmen abgestimmt ist.

Preise von IONOS

IONOS bietet eine breite Palette an Produkten und Dienstleistungen, die auf unterschiedliche Bedürfnisse zugeschnitten sind. Hier eine Übersicht der aktuellen Preise für einige der Hauptangebote:

Webhosting-Pakete: Das Starter-Paket kostet 6 € pro Monat und beinhaltet ein E-Mail-Postfach, 100 GB redundanten Speicherplatz, 6 GB RAM, eine virtuelle CPU, 10 Datenbanken, unbegrenzte Bandbreite sowie eine 1-Klick-WordPress-Installation. Es umfasst zudem ein professionelles E-Mail-Postfach, 24/7 persönliche Beratung sowie eine kostenlose Domain und ein SSL-Zertifikat.

Das Plus-Paket ist für 11 € pro Monat erhältlich und bietet erweiterte Leistungen: ein E-Mail-Postfach, 200 GB redundanten Speicherplatz, 9 GB RAM, eine vCPU und 100 Datenbanken. Es beinhaltet ebenfalls unbegrenzte Bandbreite, eine 1-Klick-WordPress-Installation, ein professionelles E-Mail-Postfach, 24/7 persönliche Beratung sowie eine kostenlose Domain und ein SSL-Zertifikat.

Das Premium-Paket kostet 16 € pro Monat und bietet ein E-Mail-Postfach, 350 GB redundanten Speicherplatz, 15 GB RAM, eine vCPU, 250 Datenbanken, unbegrenzte Bandbreite sowie WebAnalytics Plus. Auch hier sind eine kostenlose Domain, ein SSL-Zertifikat und eine 1-Klick-WordPress-Installation enthalten.

Das umfangreichste Angebot, das Ultimate-Paket, kostet 28 € pro Monat und umfasst ein E-Mail-Postfach, 500 GB redundanten Speicherplatz, 20 GB RAM, eine vCPU, 500 Datenbanken, unbegrenzte Bandbreite, eine 1-Klick-WordPress-Installation, ein professionelles E-Mail-Postfach und 24/7 persönliche Beratung. Zusätzlich bietet es eine SSL-Flat, WebAnalytics Plus und eine unbegrenzte Anzahl von SSL-Zertifikaten.

Domain-Registrierung: IONOS bietet verschiedene Domain-Endungen zu unterschiedlichen Preisen an. Eine .de-Domain kostet im ersten Jahr 1 € pro Monat. Für andere Domain-Endungen können die Preise je nach Verfügbarkeit und Nachfrage variieren. Zudem sind neue Top-Level-Domains wie .app, .blog oder .berlin verfügbar, wobei die Preise je nach Endung variieren.

WordPress-Hosting: IONOS bietet spezielle WordPress Hosting-Pakete an, die auf die Bedürfnisse von WordPress-Nutzern zugeschnitten sind. Diese Pakete beginnen ab 1 € pro Monat im ersten Jahr und bieten optimierte Leistung, automatische Updates und Sicherheitsfeatures.

Bitte beachten Sie, dass die Preise je nach spezifischen Anforderungen und aktuellen Angeboten variieren können. Für die neuesten Informationen und detaillierte Preisangaben empfiehlt es sich, die offizielle IONOS-Website zu konsultieren.

Vorteile IONOS

IONOS ist ein führender europäischer Anbieter von Cloud-Infrastrukturen und Plattform-Services. Ein wesentlicher Vorteil ist die strikte Einhaltung der Datenschutz-Grundverordnung (DSGVO), was gerade für Unternehmen, die Wert auf Datenschutz und Datensicherheit legen, besonders wichtig ist. Der Anbieter gewährleistet damit eine hohe Vertraulichkeit und den Schutz sensibler Daten innerhalb der europäischen Rechtsvorschriften.

Ein weiterer Pluspunkt ist die Flexibilität der angebotenen Cloud-Modelle. IONOS bietet verschiedene Optionen wie Public, Private und Hybrid Cloud-Lösungen, die an spezifische Geschäftsanforderungen angepasst werden können. Diese Flexibilität ermöglicht es Unternehmen, ihre IT-

Infrastruktur nach Bedarf und Wachstum zu skalieren und individuell zu gestalten.

Zudem legt IONOS Wert auf nachhaltige Rechenzentren, was den ökologischen Fußabdruck reduziert. Die Rechenzentren des Anbieters werden weltweit umweltschonend betrieben, was für Unternehmen, die auf Nachhaltigkeit achten, einen zusätzlichen Vorteil darstellt.

Die benutzerfreundliche Oberfläche ist ebenfalls ein Plus. Mit dem sogenannten Data Center Designer können Nutzer virtuelle Rechenzentren einfach per Drag & Drop erstellen, was die Verwaltung und Skalierung der IT-Ressourcen erheblich vereinfacht und die Anpassung an wechselnde Anforderungen unterstützt.

Nachteile IONOS

Ein Nachteil von IONOS ist, dass einige Nutzer die Benutzerfreundlichkeit als nicht optimal empfinden. Die Oberfläche und die Konfigurationsmöglichkeiten können besonders für Einsteiger etwas komplex wirken, was die Einarbeitung erschwert und mehr technisches Know-how erfordert als bei manch anderen Anbietern.

Ein weiterer Kritikpunkt betrifft das aggressive Marketing des Anbieters. Einige Kunden berichten von aufdringlichen Werbemaßnahmen, die als störend empfunden werden können. Diese Marketingstrategie mag nicht jedem Nutzer zusagen und kann die Zufriedenheit beeinträchtigen.

Auch die Preisstruktur von IONOS kann für manche Unternehmen eine Herausforderung darstellen. Für bestimmte Dienstleistungen fallen höhere Kosten an als bei einigen anderen Anbietern. Unternehmen sollten die Kostenstruktur deshalb sorgfältig prüfen und sicherstellen, dass sie im Rahmen des Budgets und der Erwartungen liegt.

Diese Vor- und Nachteile zeigen, dass IONOS für Unternehmen geeignet ist, die großen Wert auf Datenschutz, Flexibilität und Nachhaltigkeit legen. Gleichzeitig sollten potenzielle Nutzer jedoch die Benutzerfreundlichkeit und Preisgestaltung im Blick behalten, um sicherzustellen, dass der Dienst ihren spezifischen Anforderungen und Budgetvorgaben entspricht.

12. STRATO deutsche Cloud

Für mich persönlich steht Strato auf derselben Treppenstufe wie IONOS. Auch Strato zählt zu den großen Namen, wenn es um Webhosting und Cloud-Lösungen in Europa geht. Ursprünglich als Hosting-Anbieter bekannt, hat sich Strato mit der Zeit zu einem echten Allrounder im digitalen Bereich entwickelt. Besonders hervorzuheben ist, dass Strato mit seinen Produkten ein breites Spektrum abdeckt: von privaten Cloud-Lösungen für Einzelpersonen bis hin zu professionellen Anwendungen, die gezielt auf die Bedürfnisse von Unternehmen abgestimmt sind.

STRATO und der Datenschutz

Bei Strato wird Datenschutz großgeschrieben. Mit Rechenzentren ausschließlich in Deutschland unterliegt das Unternehmen den strengen europäischen Datenschutzbestimmungen. Dies sorgt dafür, dass Daten in einem rechtlich abgesicherten Raum verarbeitet werden – ein Punkt, der für Unternehmen und Privatnutzer gleichermaßen wichtig ist. Strato legt dabei besonderen Wert auf Transparenz und die Einhaltung der DSGVO-Richtlinien, was es zu einem verlässlichen Partner für sicherheitsbewusste Kunden macht.

STRATO HiDrive – Flexibel und sicher

Ein besonderes Highlight in Stratos Produktpalette ist HiDrive, der hauseigene Cloud-Speicher. HiDrive bietet eine Vielzahl an Funktionen, die den Nutzern nicht nur eine sichere Ablage, sondern auch eine einfache Verwaltung ihrer Daten ermöglichen. Dank der Integration gängiger Protokolle wie WebDAV und SMB ist HiDrive problemlos in verschiedene Betriebssysteme und bestehende Netzwerke einbindbar. Das schafft Flexibilität und vereinfacht die Zusammenarbeit über verschiedene Geräte hinweg. So können Nutzer von unterwegs auf ihre Daten zugreifen oder Dateien teilen, ohne Abstriche bei der Sicherheit machen zu müssen.

Sicherheit bei STRATO

Strato setzt bei seinen Rechenzentren auf modernste Sicherheitsvorkehrungen. Die Server befinden sich in hochgeschützten Einrichtungen, die physisch durch Zutrittskontrollen und Kameras überwacht werden. Neben der physischen Sicherheit achtet Strato auf aktuelle Verschlüsselungstechnologien, sowohl bei der Übertragung als auch bei der Speicherung von Daten. Diese Maßnahmen sorgen dafür, dass Daten nicht nur vor äußeren Bedrohungen geschützt sind, sondern auch die Integrität und Verfügbarkeit der Informationen gewährleistet werden.

STRATO für Privat-Nutzer und Unternehmen

Ein weiteres Merkmal, das Strato von anderen Anbietern unterscheidet, ist die Flexibilität bei der Preisgestaltung und den angebotenen Services. Strato bietet für Unternehmen maßgeschneiderte Lösungen, die sich an den individuellen Anforderungen orientieren. Die Skalierbarkeit der Produkte ermöglicht es Unternehmen, die Cloud-Dienste genau in dem Umfang zu nutzen, der für sie sinnvoll ist, und die Kosten zu kontrollieren.

Aber auch für private Nutzer ist Strato eine attraktive Wahl. Mit verschiedenen Paketen und Preisen, die sich an den jeweiligen Bedürfnissen orientieren, deckt Strato den Bedarf von Anwendern ab, die einfach nur einen sicheren Ort für ihre persönlichen Daten suchen, bis hin zu fortgeschrittenen Nutzern, die ihre Daten professionell absichern möchten.

Warum STRATO eine kluge Wahl ist

Strato kombiniert Flexibilität, Sicherheit und Nutzerfreundlichkeit. Gerade für europäische Anwender, die ihre Daten in einem vertrauenswürdigen Umfeld wissen wollen, ist Strato ein Anbieter, auf den sie zählen können. Die Nähe zur deutschen Gesetzgebung und die konsequente Umsetzung europäischer Datenschutzstandards machen Strato für Unternehmen und Privatkunden gleichermaßen attraktiv. Mit Produkten wie HiDrive stellt Strato eine solide Lösung bereit, die nicht nur den heutigen Anforderungen gerecht wird, sondern auch für die Zukunft eine verlässliche Basis bietet.

Preise von STRATO

STRATO bietet eine Vielzahl von Produkten und Dienstleistungen an, die auf unterschiedliche Bedürfnisse zugeschnitten sind. Hier ist eine Übersicht der aktuellen Preise für einige der Hauptangebote:

Webhosting-Pakete: Das Hosting Starter-Paket kostet 6 € pro Monat und beinhaltet eine Domain, ein SSL-Zertifikat, 5 GB Mail-Speicher, ein E-Mail-Postfach, 50 GB Webspace und zwei SSD-Datenbanken.

Das Hosting Basic-Paket ist für 10 € pro Monat erhältlich und umfasst drei Domains, drei SSL-Zertifikate, 15 GB Mail-Speicher, drei E-Mail-Postfächer, 100 GB Webspace und 25 SSD-Datenbanken.

Mit dem Hosting Plus-Paket für 14 € pro Monat erhalten Sie fünf Domains, fünf SSL-Zertifikate, 25 GB Mail-Speicher, fünf E-Mail-Postfächer, 150 GB Webspace und 50 SSD-Datenbanken. Das umfangreichste Angebot, Hosting Pro, kostet 24 € pro Monat und bietet zehn Domains, zehn SSL-Zertifikate, 50 GB Mail-Speicher, zehn E-Mail-Postfächer, 200 GB Webspace und 75 SSD-Datenbanken.

Domain-Registrierung: STRATO bietet eine .de-Domain für 0,05 € pro Monat im ersten Jahr an, danach kostet sie 1 € pro Monat. Eine .com-Domain ist für die ersten zwölf Monate für 0,60 € pro Monat erhältlich und kostet anschließend 1,80 € pro Monat. Eine .net-Domain kostet im ersten Jahr 0,90 € pro Monat und danach 1,50 € pro Monat.

WordPress Hosting: Die WordPress Hosting-Pakete beginnen ab 1 € pro Monat im ersten Jahr und bieten eine kostengünstige Lösung für Websites, die speziell auf WordPress ausgelegt sind.

Bitte beachten Sie, dass die Preise je nach spezifischen Anforderungen und aktuellen Angeboten variieren können. Für die neuesten Informationen und detaillierte Preisangaben besuchen Sie bitte die offizielle STRATO-Website.

Vorteile STRATO

STRATO ist ein deutscher Anbieter von Cloud-Diensten, der sich durch die strikte Einhaltung der Datenschutz-Grundverordnung (DSGVO) auszeichnet. Die Speicherung der Daten erfolgt in deutschen Rechenzentren, was für Nutzer, die großen Wert auf Datenschutz und Datensicherheit legen, besonders attraktiv ist.

Ein weiterer Vorteil ist die Flexibilität der angebotenen Cloud-Modelle. STRATO bietet verschiedene Tarife, die sich an die individuellen Bedürfnisse von Privatpersonen und Unternehmen anpassen lassen. Diese Flexibilität ermöglicht es den Nutzern, ihre IT-Infrastruktur nach Bedarf zu skalieren und maßgeschneidert zu gestalten.

Auch in puncto Nachhaltigkeit setzt STRATO Akzente. Die Rechenzentren werden zu 100 Prozent mit Ökostrom betrieben, was den ökologischen Fußabdruck reduziert und für umweltbewusste Nutzer einen zusätzlichen Pluspunkt darstellt.

Die benutzerfreundliche Oberfläche ist ebenfalls ein Vorteil. STRATO bietet intuitive Tools und Anwendungen, mit denen Nutzer ihre Daten einfach verwalten und sichern können, was die Handhabung vereinfacht und die Effizienz steigert.

Nachteile STRATO

Ein Nachteil von STRATO ist, dass einige Nutzer die Benutzerfreundlichkeit als nicht optimal empfinden. Die Oberfläche und die Konfigurationsmöglichkeiten können für Einsteiger etwas komplex wirken, was die Einarbeitung erschwert und mehr technisches Know-how erfordert als bei anderen Anbietern.

Ein weiterer Kritikpunkt betrifft das aggressive Marketing des Anbieters. Einige Kunden berichten von aufdringlichen Werbemaßnahmen, die als störend empfunden werden können. Diese Marketingstrategie mag nicht jedem Nutzer gefallen und kann die Zufriedenheit beeinträchtigen.

Auch die Preisstruktur von STRATO kann für manche Nutzer eine Herausforderung darstellen. Für bestimmte Dienstleistungen fallen höhere Kosten an als bei einigen anderen Anbietern. Nutzer sollten daher die Kostenstruktur sorgfältig prüfen und sicherstellen, dass sie im Rahmen des Budgets und der Erwartungen liegt.

Diese Vor- und Nachteile zeigen, dass STRATO besonders für Nutzer geeignet ist, die großen Wert auf Datenschutz, Flexibilität und Nachhaltigkeit legen. Gleichzeitig sollten potenzielle Nutzer jedoch die Benutzer-freundlichkeit und Preisgestaltung im Blick behalten, um sicherzustellen, dass der Dienst ihren spezifischen Anforderungen und Budgetvorgaben entspricht.

13. Hetzner – deutsche Cloud

Hetzner ist ein Name, der in der Welt des Webhostings und der Cloud-Lösungen nicht wegzudenken ist. Als einer der bekanntesten deutschen Anbieter bietet Hetzner eine breite Palette von Diensten, die sich sowohl an Privatpersonen als auch an Unternehmen richten. Besonders beeindruckend ist die solide Infrastruktur, die Hetzner über die Jahre aufgebaut hat. Von dedizierten Servern über Webhosting bis hin zu speziellen Cloud-Angeboten wie den Storage Boxen deckt Hetzner ein breites Spektrum ab, das viele Anforderungen abdeckt.

Hetzner und der Datenschutz

Datenschutz ist bei Hetzner ein zentraler Punkt. Die Rechenzentren des Anbieters befinden sich ausschließlich in Deutschland und Finnland, was bedeutet, dass sie den strengen europäischen Datenschutzbestimmungen unterliegen. Hetzner hält sich konsequent an die Vorgaben der DSGVO, sodass Ihre Daten in einem rechtlich abgesicherten Rahmen verarbeitet werden. Der Fokus auf Datenschutz und Transparenz macht Hetzner zu einer attraktiven Wahl für sicherheitsbewusste Nutzer, die ihre Daten in vertrauenswürdigen Händen wissen möchten.

Hetzner Storage Boxen

Ein Highlight in Hetzners Angebot sind die Storage Boxen, die speziell für die Speicherung und Verwaltung von Daten entwickelt wurden. Diese Boxen bieten eine zuverlässige und flexible Möglichkeit, Daten sicher in der Cloud zu speichern. Sie sind besonders für Backup-Lösungen, große Datenmengen und eine dezentrale Datensicherung geeignet.

Die Storage Boxen unterstützen gängige Protokolle wie SMB, WebDAV und rsync, was ihre Integration in bestehende Systeme und Netzwerke extrem einfach macht. Nutzer können die Storage Boxen somit problemlos in ihr Backup-System einbinden, Dateien sichern oder auf mehreren Geräten synchronisieren. Das macht sie zu einer idealen Lösung sowohl für Privatpersonen, die einen sicheren Ort für ihre Daten suchen, als auch für Unternehmen, die eine effiziente und skalierbare Speicherlösung benötigen.

Die Storage Boxen punkten zudem mit einer einfachen Verwaltung. Über das Hetzner-Dashboard können Nutzer ihre Speicherboxen einrichten, verwalten und den Speicherplatz flexibel anpassen. Damit bietet Hetzner eine optimale Kombination aus Benutzerfreundlichkeit und Funktionalität.

Sicherheit bei Hetzner

Hetzner legt großen Wert auf die Sicherheit seiner Rechenzentren. Diese befinden sich in hochmodernen Einrichtungen, die mit strengen Zutrittskontrollen, Überwachungskameras und redundanten Sicherheitssystemen ausgestattet sind. Auch auf technischer Ebene setzt Hetzner auf höchste Standards: Alle Daten werden bei der Übertragung durch moderne Verschlüsselungsprotokolle geschützt, und die Rechenzentren sind gegen physische Gefahren wie Feuer und Stromausfälle abgesichert.

Zusätzlich bietet Hetzner seinen Nutzern die Möglichkeit, ihre Daten auf Wunsch Ende-zu-Ende zu verschlüsseln, bevor sie überhaupt in die Storage Box hochgeladen werden. Damit wird ein Maximum an Sicherheit gewährleistet, ohne dass der Nutzer auf Komfort verzichten muss.

Hetzner für Privat-Nutzer und Unternehmen

Die Storage Boxen von Hetzner sind so flexibel gestaltet, dass sie sowohl den Bedürfnissen von Privatpersonen als auch denen von Unternehmen gerecht werden. Privatnutzer profitieren von einem sicheren Speicherplatz für persönliche Daten, Fotos oder Videos, während Unternehmen die Storage Boxen zur Speicherung von Backups oder großen Datenmengen verwenden können.

Besonders hervorzuheben ist die Skalierbarkeit des Angebots. Unternehmen können den Speicherplatz ihrer Storage Boxen bei Bedarf erweitern, ohne auf einen komplett neuen Tarif wechseln zu müssen. Damit bleiben die Kosten überschaubar und an die tatsächlichen Anforderungen angepasst.

Warum Hetzner eine kluge Wahl ist

Hetzner kombiniert eine robuste Infrastruktur mit einem klaren Fokus auf Datenschutz und Flexibilität. Für europäische Nutzer, die Wert auf Sicherheit und Skalierbarkeit legen, ist Hetzner eine hervorragende Wahl. Die Storage Boxen bieten eine verlässliche Möglichkeit, Daten sicher und effizient zu speichern, ohne dabei die Kosten aus den Augen zu verlieren.

Mit seiner langjährigen Erfahrung, einem breiten Angebot und einer starken Präsenz auf dem europäischen Markt hat sich Hetzner einen Platz unter den führenden Cloud-Anbietern gesichert. Wer eine solide, sichere und flexible Speicherlösung sucht, ist bei Hetzner gut aufgehoben.

Preise von Hetzner Storage Boxen

Hetzner bietet die Storage Boxen in verschiedenen Tarifen an, die sich an unterschiedliche Anforderungen richten. Hier eine Übersicht der aktuellen Preise pro Monat (Stand November 2024):

Storage Box BX11: 1 TB Speicherplatz für 3,81 €
Storage Box BX21: 5 TB Speicherplatz für 12,97 €
Storage Box BX31: 10 TB Speicherplatz für 24,75 €
Storage Box BX41: 20 TB Speicherplatz für 48,31 €

Zusätzlicher Speicherplatz kann bei Bedarf zu einem fairen Preis hinzugebucht werden. Diese Tarife sind besonders für Nutzer geeignet, die genau wissen, wie viel Speicherplatz sie benötigen und ihre Kosten unter Kontrolle halten möchten.

Vorteile von Hetzner

Hetzner bietet zahlreiche Vorteile, die den Anbieter besonders attraktiv machen:

Datenschutzkonformität: Daten werden ausschließlich in Europa gespeichert und unterliegen den strengen DSGVO-Bestimmungen.

Skalierbarkeit: Nutzer können den Speicherplatz je nach Bedarf erweitern, ohne die komplette Infrastruktur umstellen zu müssen.

Kosteneffizienz: Hetzners Tarife sind äußerst wettbewerbsfähig und bieten ein hervorragendes Preis-Leistungs-Verhältnis.

Flexibilität: Dank der Unterstützung verschiedener Protokolle können die Storage Boxen leicht in bestehende Systeme integriert werden.

Nachhaltigkeit: Die Rechenzentren von Hetzner werden zu 100 % mit Ökostrom betrieben, was besonders umweltbewusste Nutzer anspricht.

Nachteile von Hetzner

Trotz der vielen Vorteile gibt es auch bei Hetzner einige Punkte, die Nutzer beachten sollten:

Benutzerfreundlichkeit: Für Einsteiger können die Konfigurationsmöglichkeiten der Storage Boxen zunächst überwältigend wirken. Eine gewisse technische Erfahrung ist hilfreich.

Support: Der Support von Hetzner ist zwar zuverlässig, arbeitet jedoch überwiegend schriftlich und kann manchmal etwas zeitverzögert sein.

Eingeschränkte Zusatzfunktionen: Im Vergleich zu einigen anderen Anbietern konzentriert sich Hetzner stark auf die Kernfunktionen der Cloud und bietet weniger zusätzliche Anwendungen.

Diese Vor- und Nachteile zeigen, dass Hetzner besonders für technisch versierte Nutzer geeignet ist, die Wert auf Sicherheit, Datenschutz und Flexibilität legen. Mit seinen Storage Boxen bietet Hetzner eine ausgezeichnete Lösung für alle, die ihre Daten effizient und zuverlässig in der Cloud speichern möchten.

Was SecureCloud auszeichnet

SecureCloud hat sich insbesondere durch seinen konsequenten Fokus auf Datensicherheit und Datenschutz in Deutschland hervorgetan. Die Daten werden nicht einfach nur in der Cloud gespeichert – sie werden vor dem Upload mit einer 256-Bit-AES-Verschlüsselung gesichert und verbleiben auf Servern in Deutschland. Diese Server befinden sich in Rechenzentren, die nach ISO 27001 zertifiziert sind, was zusätzliche Sicherheit und Vertrauen schafft. Damit ist sichergestellt, dass alle Daten innerhalb der strengen deutschen und europäischen Datenschutzrichtlinien verarbeitet und gespeichert werden – ein Pluspunkt, den viele internationale Anbieter so nicht bieten können.

14. SecureCloud

Natürlich darf in meinem »Cloud-Buch« der extrem sichere Anbieter SecureCloud nicht fehlen.

Wer ist SecureCloud

SecureCloud ist ein deutscher Anbieter, der sich auf verschlüsselten Cloud-Speicher spezialisiert hat und seit 2014 insbesondere Unternehmen und Behörden aus regulierten Branchen unterstützt. Mit über 6.000 Kunden, darunter das Bundesministerium für Gesundheit, hat sich SecureCloud als verlässlicher Partner für Datenschutz und Sicherheit etabliert. Der Dienst richtet sich dabei gezielt an Geschäftskunden, die auf maximale Sicherheit und Konformität mit Datenschutzvorgaben angewiesen sind.

Sichere Zusammenarbeit

SecureCloud bietet eine Reihe von Funktionen, die auf die Bedürfnisse von Unternehmen zugeschnitten sind. Ein wesentlicher Bestandteil ist die Möglichkeit, Dateien und Ordner sicher zu teilen und gemeinsam zu bearbeiten. Mit SecureShare können Nutzer Dateien und Ordner innerhalb des Unternehmens oder mit externen Partnern sicher austauschen. SecureWork ermöglicht eine produktive und simultane Zusammenarbeit, ohne dass Sicherheitsstandards vernachlässigt werden. So können Teams gemeinsam an Projekten arbeiten, unabhängig vom Standort der Mitarbeiter.

Besonders in Bereichen, die rechtliche Anforderungen an die Datensicherheit stellen, bietet SecureCloud Lösungen wie SecureSign für digitale Unterschriften an. Diese sind rechtskonform und bieten eine zusätzliche Sicherheitsebene bei der Dokumentenverwaltung. Ein weiteres Highlight ist SecureMail, das speziell für den sicheren E-Mail-Verkehr entwickelt wurde. Damit können Unternehmen vertrauliche Informationen und Dokumente verschlüsselt versenden, was besonders in der Finanzbranche oder im Gesundheitswesen unverzichtbar ist.

Maßgeschneiderte Lösungen

SecureCloud hat verstanden, dass unterschiedliche Branchen auch unterschiedliche Anforderungen an eine Cloud-Lösung haben. Daher bietet der Dienst spezifische Lösungen für Branchen wie das Gesundheitswesen, die Finanzwirtschaft, Rechts- und Steuerberatung sowie den öffentlichen Sektor. Diese Anpassungen gehen über allgemeine Cloud-Funktionen hinaus und berücksichtigen branchenspezifische Standards und regulatorische Anforderungen. Gerade für Behörden oder im Bereich der Steuerberatung, wo Daten besonders geschützt und oft für lange Zeiträume aufbewahrt werden müssen, ist SecureCloud eine Lösung, die hohe Sicherheitsanforderungen mit Effizienz vereint.

Preismodelle und Flexibilität

SecureCloud bietet verschiedene Preismodelle an, die den unterschiedlichen Bedürfnissen von Unternehmen entsprechen. Der Einstieg beginnt bei einem Business-Paket, das pro Nutzer und Monat ab etwa 4 Euro verfügbar ist und sich für kleinere Unternehmen eignet, die eine grundlegende, aber sichere Cloud-Lösung suchen. Daneben gibt es Advanced- und Enterprise-Pakete, die mit erweiterten Funktionen und zusätzlichem Speicherplatz auf die Anforderungen größerer Unternehmen zugeschnitten sind. Die flexiblen Preismodelle bieten den Kunden nicht nur Wahlmöglichkeiten, sondern auch die Option, je nach Unternehmenswachstum oder spezifischem Bedarf auf ein höheres Paket umzusteigen. Zudem stellt SecureCloud seinen Kunden eine 14-tägige Testphase zur Verfügung, um die Funktionen und Vorteile ohne Verpflichtungen kennenzulernen.

Warum SecureCloud eine wichtige Rolle spielt

SecureCloud ist nicht nur ein Cloud-Anbieter, sondern ein echter Schutzwall für sensible Daten. Die Kombination aus starkem Fokus auf Datenschutz, deutscher Serverinfrastruktur und speziell angepassten Lösungen für verschiedene Branchen macht SecureCloud zu einem unverzichtbaren Bestandteil moderner IT-Sicherheit. Besonders für Unternehmen, die in stark regulierten Märkten operieren oder auf höchsten Schutz ihrer Daten angewiesen sind, bietet SecureCloud eine Vertrauensbasis und stärkt das Gefühl von Datensouveränität und Compliance.

In Zeiten wachsender Datenschutzanforderungen und zunehmender Cyber-Bedrohungen steht SecureCloud als Beispiel dafür, dass Cloud-Lösungen »Made in Germany« auch international konkurrenzfähig sind und Unternehmen einen entscheidenden Vorteil bieten können.

Preise von SecureCloud

SecureCloud bietet verschiedene Preismodelle, die auf die Bedürfnisse von Unternehmen unterschiedlicher Größen und Anforderungen zugeschnitten sind.

Der Business-Tarif richtet sich an Teams ab zwei Nutzern und kostet 4 € pro Nutzer und Monat. Dieser Tarif umfasst 50 GB Speicherplatz pro Nutzer, eine eigene Benutzerverwaltung und die Möglichkeit, Dokumente gleichzeitig zu bearbeiten.

Für größere Teams ab zehn Nutzern steht der Advanced-Tarif zur Verfügung, der 8 € pro Nutzer und Monat kostet. Dieser Tarif bietet alle Funktionen des Business-Tarifs, erweitert um 100 GB Speicherplatz pro Nutzer, individuelle Domains und URLs sowie die Anpassung des Brandings an das Unternehmensdesign.

Für Unternehmen mit speziellen Anforderungen bietet SecureCloud den Enterprise-Tarif an, dessen Preis individuell auf Anfrage festgelegt wird.

Dieser Tarif umfasst maßgeschneiderte Lösungen, die auf die spezifischen Bedürfnisse des Unternehmens abgestimmt sind.

Zusätzlich zu den genannten Funktionen bietet SecureCloud optionale Add-ons wie SecureSign für elektronische Signaturen und persönliche Schulungen oder Einrichtungsservices an, die je nach Bedarf hinzugebucht werden können.

Es ist zu beachten, dass die Preise je nach spezifischen Anforderungen und gewählten Zusatzdiensten variieren können.

Vorteile SecureCloud

SecureCloud ist ein deutscher Anbieter von Cloud-Speicherlösungen, der sich durch hohe Sicherheitsstandards und die strikte Einhaltung der DSGVO auszeichnet. Ein großer Vorteil ist der deutsche Serverstandort, der gewährleistet, dass die Daten vollständig innerhalb der Europäischen Union bleiben und somit unter strengen Datenschutzrichtlinien gespeichert werden. Dies ist besonders für Unternehmen und Organisationen interessant, die großen Wert auf Datensicherheit legen und sicherstellen möchten, dass ihre Informationen nicht von Dritten eingesehen werden können.

Ein weiteres Plus von SecureCloud ist die starke Verschlüsselung der gespeicherten Daten. Der Dienst verwendet eine Ende-zu-Ende-Verschlüsselung nach dem Zero-Knowledge-Prinzip, was bedeutet, dass nur die Nutzer selbst Zugriff auf ihre Daten haben und selbst SecureCloud keinen Einblick darauf hat. Dadurch wird ein hohes Maß an Datensouveränität und Vertraulichkeit gewährleistet.

SecureCloud bietet zudem spezifische Lösungen für verschiedene Branchen wie Gesundheitswesen, Finanzsektor und öffentliche Verwaltung an. Diese maßgeschneiderten Lösungen ermöglichen es Unternehmen, ihre Daten sicher und gleichzeitig effizient zu verwalten, ohne auf die besonderen Anforderungen ihrer Branche verzichten zu müssen.

Darüber hinaus bietet SecureCloud eine benutzerfreundliche Oberfläche, die sowohl für Einzelpersonen als auch für Unternehmen einfach zu bedienen ist. Der Dienst umfasst Funktionen wie sicheres Teilen von Dateien, Verwaltung von Freigaben und digitale Unterschriften, was die

Anwendung im Alltag und in geschäftlichen Kontexten erheblich erleichtert.

Nachteile SecureCloud

Ein Nachteil von SecureCloud ist, dass der Dienst im Vergleich zu anderen Anbietern weniger Speicherplatz für Privatkunden bietet. Die Tarife sind in erster Linie auf Geschäftskunden ausgelegt, und die Preise für größere Speicherkapazitäten können für kleinere Unternehmen oder Privatnutzer relativ hoch sein. SecureCloud ist in erster Linie auf den Unternehmensbereich fokussiert, was für Nutzer, die eine kostengünstige persönliche Cloud-Lösung suchen, weniger attraktiv sein könnte.

Ein weiterer Nachteil ist die eingeschränkte Integration von Office- und Kollaborationsfunktionen. SecureCloud bietet keine umfangreichen Bearbeitungs- oder Kollaborationstools wie einige andere Cloud-Anbieter, die es ermöglichen, Dokumente direkt in der Cloud zu erstellen oder zu bearbeiten. Dies könnte für Teams, die gemeinsam an Dateien arbeiten müssen, eine Einschränkung darstellen.

Darüber hinaus sind die Zusatzfunktionen von SecureCloud, wie digitale Signaturen und verschlüsselte E-Mail, zwar sicher, aber für kleinere Teams oder Einzelpersonen möglicherweise überdimensioniert. Diese spezialisierten Funktionen machen SecureCloud zu einer guten Wahl für datensensible Branchen, während Privatnutzer oder kleinere Teams möglicherweise nicht alle angebotenen Funktionen benötigen.

Diese Vor- und Nachteile zeigen, dass SecureCloud besonders geeignet ist für Unternehmen und Organisationen, die höchsten Wert auf Sicherheit und DSGVO-Konformität legen. Für Privatnutzer oder kleinere Teams, die mehr Wert auf Flexibilität und Kollaborationsfunktionen legen, könnten andere Anbieter besser geeignet sein.

15. luckycloud

Auch luckycloud gehört in meinen »Cloud-Buch«. Ich habe den Dienst getestet, und er hat sich als besonders zuverlässige und sichere Lösung bewährt. luckycloud bietet Cloud-Dienste, die nicht nur hochgradig anpassbar, sondern auch besonders auf den Schutz persönlicher und geschäftlicher Daten ausgerichtet sind. Für diejenigen, die eine flexible und datenschutzfreundliche Cloud-Lösung suchen, ist luckycloud eine bemerkenswerte Option, die alle Anforderungen moderner IT-Sicherheit erfüllt.

Wer ist luckycloud?

luckycloud ist ein deutsches Unternehmen, das sich auf die Bereitstellung von sicheren Cloud-Diensten spezialisiert hat. Mit Servern in Deutschland erfüllt der Anbieter die strengen Anforderungen der DSGVO und ermöglicht es Nutzern, ihre Daten in einem rechtlich und technisch geschützten Umfeld zu speichern und zu teilen. Seit seiner Gründung hat sich luckycloud auf die Werte Sicherheit, Flexibilität und Datenschutz fokussiert, und das zeigt sich in jedem Detail der angebotenen Dienste.

Was zeichnet luckycloud aus?

luckycloud hebt sich durch die starke Verschlüsselung und das Zero-Knowledge-Prinzip von vielen anderen Cloud-Anbietern ab. Alle Daten werden sowohl auf dem Gerät des Nutzers als auch auf den luckycloud-Servern dreifach verschlüsselt. Das bedeutet, dass selbst luckycloud selbst keine Einsicht in die Inhalte der gespeicherten Dateien hat. Dieses Sicherheitskonzept macht luckycloud zur idealen Wahl für alle, die maximale Datensicherheit und -kontrolle wünschen. Darüber hinaus setzt das Unternehmen auf Open-Source-Software, die es Nutzern ermöglicht, die Sicherheit und Funktionsweise der Dienste jederzeit selbst nachzuvollziehen.

Flexibilität und Anpassungsfähigkeit

luckycloud bietet eine besonders hohe Flexibilität in der Zusammenstellung seiner Dienste. Das bedeutet, dass Nutzer den Cloud-Speicher nach Bedarf erweitern oder reduzieren können. Die Dienste lassen sich zudem individuell kombinieren, sodass private Nutzer, kleine Teams und große Unternehmen die jeweils passenden Funktionen und Speichergrößen wählen können. Vom luckycloud One-Tarif für Einzelnutzer bis hin zu luckycloud Business für größere Unternehmen ist für jeden Bedarf etwas dabei. Auch die Funktionen zur Dateifreigabe, Zusammenarbeit und sicheren Kommunikation können angepasst werden und bieten damit eine hohe Anpassungsfähigkeit für professionelle Anwendungen.

Nachhaltigkeit und Standort Deutschland

luckycloud zeigt nicht nur Verantwortung für den Datenschutz, sondern auch für die Umwelt. Das Unternehmen betreibt seine Server ausschließlich mit erneuerbarer Energie und setzt damit ein Zeichen für Nachhaltigkeit im Cloud-Bereich. Diese Kombination aus Sicherheit, Umweltbewusstsein und dem Standort Deutschland bietet einen klaren Vorteil für datenschutzbewusste Nutzer, die ihre Daten lokal und nachhaltig speichern möchten.

Support und individuelle Beratung

Ein weiterer Punkt, der luckycloud auszeichnet, ist der persönliche Support und die individuelle Beratung. Anders als bei vielen internationalen Anbietern, wo Kunden oft in langen Warteschleifen landen, bietet luckycloud eine direkte und persönliche Unterstützung. Ob bei der Einrichtung, bei technischen Fragen oder beim Wechsel in größere Speicherpakete – das Team von luckycloud ist auf die Anforderungen seiner Kunden eingestellt und steht beratend zur Seite. Das ist besonders für Unternehmen von Vorteil, die auf individuelle Lösungen und schnelle Unterstützung angewiesen sind.

Warum luckycloud nicht fehlen darf

luckycloud kombiniert Datensicherheit, Flexibilität und Nutzerfreundlichkeit auf eine Art und Weise, die für private und geschäftliche Nutzer gleichermaßen interessant ist. Durch das Zero-Knowledge-Prinzip und die dreifache Verschlüsselung wird ein hohes Maß an Datensouveränität erreicht. Der Betrieb der Server in Deutschland sowie die DSGVO-Konformität sorgen dafür, dass die Daten sicher und in einem rechtlich geschützten Rahmen gespeichert werden. Hinzu kommt, dass luckycloud seine Dienste durch die Nutzung erneuerbarer Energien klimafreundlich gestaltet und damit eine Cloud-Lösung bietet, die sowohl sicher als auch nachhaltig ist.

Für alle, die eine europäische Alternative zu internationalen Cloud-Diensten suchen und dabei Wert auf Datenschutz und Anpassungsfähigkeit legen, ist luckycloud eine herausragende Wahl. Der Anbieter zeigt, dass sichere Cloud-Speicherlösungen aus Deutschland mehr bieten können als nur Speicherplatz – nämlich eine echte Lösung für die Bedürfnisse moderner, datenschutzbewusster Anwender.

Preise von luckycloud

luckycloud bietet eine flexible Preisgestaltung, die sich an den individuellen Bedürfnissen der Nutzer orientiert. Für Einzelnutzer steht der Tarif luckycloud One zur Verfügung, bei dem der Speicherplatz nach Bedarf angepasst werden kann. Die Kosten beginnen bei 1 € pro Monat für 3 GB Speicherplatz, wobei zusätzliche 0,33 € pro weiterem Gigabyte berechnet werden. Dieser Tarif eignet sich besonders für Privatpersonen, die einen sicheren und anpassbaren Cloud-Speicher suchen.

Für Teams von 2 bis 30 Personen bietet luckycloud den Teams-Tarif an. Hier können sowohl die Anzahl der Nutzer als auch der benötigte Speicherplatz flexibel konfiguriert werden. Die Preise variieren je nach gewähltem Speicher und Nutzeranzahl, wobei ein Grundpreis von 1 € pro Monat für 3 GB Speicherplatz und 0,33 € pro weiterem Gigabyte gilt. Zusätzlich fallen Kosten pro Nutzer an, die je nach Anzahl der Nutzer gestaffelt sind. Dieser Tarif ist ideal für kleine bis mittelgroße Teams, die gemeinsam auf Daten zugreifen und zusammenarbeiten möchten.

Für größere Unternehmen bietet luckycloud den Business-Tarif an, der unbegrenzte Nutzerzahlen und erweiterte Funktionen umfasst. Die Preisgestaltung ist hier individuell und richtet sich nach den spezifischen Anforderungen des Unternehmens, einschließlich benötigtem Speicherplatz und gewünschten Zusatzfunktionen. Unternehmen können so eine maßgeschneiderte Lösung erhalten, die ihren Bedürfnissen entspricht.

Zusätzlich zu den genannten Tarifen bietet luckycloud auch den Enterprise-Tarif an, der für Unternehmen mit besonderen Anforderungen entwickelt wurde. Dieser Tarif umfasst erweiterte Sicherheitsfunktionen, individuelles Branding und die Möglichkeit, eigene Domains zu nutzen. Die Preise für den Enterprise-Tarif werden individuell vereinbart und basieren auf den spezifischen Bedürfnissen und dem Umfang der gewünschten Leistungen.

Es ist zu beachten, dass luckycloud keine festen Paketpreise anbietet, sondern ein flexibles Preismodell verfolgt, bei dem nur für die tatsächlich genutzten Ressourcen gezahlt wird. Dies ermöglicht es den Nutzern, ihre

Kosten optimal zu steuern und den Service an ihre aktuellen Bedürfnisse anzupassen. Zudem bietet luckycloud verschiedene Abrechnungsintervalle an, darunter monatliche, quartalsweise, halbjährliche, jährliche oder zweijährliche Zahlungen, sodass Nutzer die für sie passende Zahlungsweise wählen können.

Vorteile luckycloud

luckycloud ist ein deutscher Cloud-Anbieter, der sich durch hohe Datenschutzstandards und flexible Speicherlösungen auszeichnet. Ein klarer Vorteil ist, dass alle Daten ausschließlich auf Servern in Deutschland gespeichert werden und damit vollständig der europäischen Datenschutz-Grundverordnung (DSGVO) unterliegen. Das garantiert Nutzern ein hohes Maß an Datensicherheit und -schutz, insbesondere für datensensible Anwendungen und Branchen.

Ein weiterer Pluspunkt von luckycloud ist die Zero-Knowledge-Verschlüsselung, die sicherstellt, dass nur der Nutzer selbst Zugriff auf seine Daten hat. Diese Ende-zu-Ende-Verschlüsselung sorgt dafür, dass luckycloud selbst keinen Einblick in die gespeicherten Dateien hat, was besonders für datenschutzbewusste Nutzer interessant ist, die volle Kontrolle über ihre Daten behalten möchten.

luckycloud bietet zudem eine flexible Preisstruktur und ermöglicht es Nutzern, den Speicherplatz nach Bedarf zu skalieren. Die verschiedenen Tarife sind für Privatpersonen, Teams und Unternehmen angepasst und können je nach Speicher- und Funktionsbedarf erweitert werden. Auch die Kombination mit zusätzlichen Sicherheitsoptionen und speziellen Funktionen wie verschlüsseltem Dateiaustausch und Datenfreigaben ist möglich, was luckycloud besonders vielseitig macht.

Ein weiterer Vorteil ist, dass luckycloud alle Dienste mit 100 Prozent Ökostrom betreibt. Für Nutzer, die nicht nur Wert auf Datenschutz, sondern auch auf Umweltverantwortung legen, stellt dies einen attraktiven Aspekt dar. Durch den umweltfreundlichen Betrieb der Rechenzentren zeigt luckycloud, dass Digitalisierung und Nachhaltigkeit Hand in Hand gehen können.

Nachteile luckycloud

Ein Nachteil von luckycloud ist, dass der Dienst keine integrierten Office-
und Kollaborationstools anbietet. Für Nutzer oder Teams, die Dokumente
direkt in der Cloud bearbeiten oder gemeinsam an Dateien arbeiten
möchten, könnte das eine Einschränkung darstellen. Im Vergleich zu
anderen Cloud-Diensten fehlen Funktionen wie Online-Bearbeitung oder
Echtzeit-Kollaboration, was luckycloud eher für die sichere Speicherung
als für die Teamarbeit prädestiniert.

Ein weiterer Nachteil ist die eingeschränkte Plattformunterstützung und
Integration in andere Anwendungen. luckycloud konzentriert sich primär
auf Speicher- und Sicherheitsfunktionen, bietet jedoch weniger Verknüp-
fungen zu externen Tools oder anderen Plattformen an. Das könnte für
Nutzer, die eine vollständige Integration in ihre Arbeitsabläufe und Tools
erwarten, eine Herausforderung sein.

Auch die Kosten für höhere Speicherkapazitäten und erweiterte Sicherheitsfunktionen können für Privatnutzer oder kleine Unternehmen im Vergleich zu anderen Anbietern höher ausfallen. luckycloud ist vor allem auf
Nutzer ausgerichtet, die hohe Ansprüche an Datenschutz und flexible
Sicherheitsoptionen haben. Für Nutzer, die lediglich einen einfachen und
kostengünstigen Speicher suchen, könnte das Preismodell daher überdimensioniert sein.

Insgesamt zeigt sich, dass luckycloud besonders für Nutzer und Unternehmen geeignet ist, die Wert auf höchste Sicherheitsstandards und
DSGVO-Konformität legen. Wer jedoch auf Kollaborations- oder Bearbeitungsfunktionen angewiesen ist, könnte bei anderen Anbietern besser
aufgehoben sein.

16. Cloudflare (USA)

Ich hatte mir eigentlich vorgenommen, nur europäische und deutsche Dienste in meinem Cloud-Buch zu empfehlen. Es gibt allerdings einen Dienst aus den USA, an dem man in Bezug auf Website-Sicherheit schwer bis gar nicht vorbeikommt. Dieser Dienst ist Cloudflare. Sollten Sie also Webseiten betreiben, die besonderen Schutz benötigen – sei es durch Geoblocking, DDoS-Schutz oder leistungsstarke Sicherheitslösungen –, dann ist Cloudflare eine bewährte und leistungsstarke Lösung, die sich besonders für den Schutz von Websites eignet.

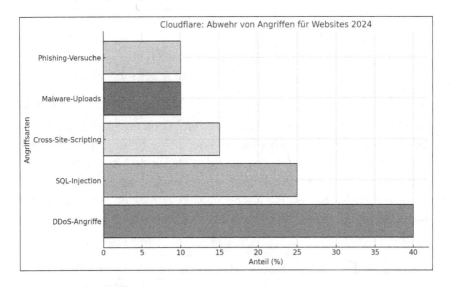

Wer ist Cloudflare und woher kommt es?

Cloudflare ist ein in den USA ansässiges Unternehmen mit Hauptsitz in San Francisco. Es wurde 2009 gegründet und hat sich in den letzten Jahren zu einem der führenden Anbieter von Sicherheits- und Performance-Lösungen für Websites entwickelt. Inzwischen schützt Cloudflare Millionen von Websites weltweit und gehört zu den größten Content-Delivery-Netzwerken (CDN) und Web-Sicherheitsanbietern. Cloudflare bietet neben Sicherheitsfunktionen wie DDoS-Schutz und Web Application Firewall (WAF) auch Dienste zur Verbesserung der Performance von Webseiten, was es zu einem umfassenden Anbieter in diesem Bereich macht.

Was macht Cloudflare besonders?

Cloudflare sticht durch seine globale Infrastruktur hervor, die in mehr als 100 Ländern verteilt ist und über 200 Rechenzentren umfasst. Diese weitreichende Netzwerkpräsenz ermöglicht es Cloudflare, den Datenverkehr von Webseiten weltweit effizient zu verteilen und dabei Ladezeiten zu reduzieren. Besonders hervorzuheben ist der DDoS-Schutz von Cloudflare. Durch seine Kapazität und die weltweit verteilten Server kann Cloudflare auch groß angelegte Angriffe erfolgreich abwehren und die Erreichbarkeit der Website sicherstellen.

Ein weiteres Alleinstellungsmerkmal von Cloudflare ist die Möglichkeit, Geoblocking einzurichten, also den Zugang zu Webseiten gezielt für bestimmte Länder zu sperren oder freizugeben. Das ist besonders für Betreiber von Websites nützlich, die Inhalte länderspezifisch anbieten oder den Zugriff auf bestimmte Regionen beschränken möchten.

Technische Fakten und Funktionen

Cloudflare kombiniert zahlreiche Technologien, um Websites abzusichern und deren Performance zu optimieren. Hierzu zählt zunächst das Content Delivery Network (CDN), das die Inhalte einer Website über Cloudflares Netzwerk von Rechenzentren verteilt. Das führt zu kürzeren Ladezeiten, da Nutzer die Inhalte von einem Rechenzentrum in ihrer Nähe abrufen können, statt von einem Server, der möglicherweise auf einem anderen Kontinent steht. Dadurch wird nicht nur die Ladegeschwindigkeit verbessert, sondern auch die Serverlast verringert.

Daneben bietet Cloudflare eine Web Application Firewall (WAF), die speziell für den Schutz vor Angriffen auf die Webanwendungen selbst entwickelt wurde. Sie erkennt und blockiert Angriffe, die sich auf bekannte Schwachstellen von Webanwendungen richten, und schützt so vor Bedrohungen wie SQL-Injection oder Cross-Site-Scripting (XSS).

Der DDoS-Schutz ist ein weiteres wichtiges Feature von Cloudflare. Bei DDoS-Angriffen (Distributed Denial of Service) wird eine Website mit einer enormen Menge an Anfragen überflutet, um sie lahmzulegen. Cloudflare erkennt solche Angriffe frühzeitig und verteilt den Traffic über seine Infrastruktur, sodass die Website trotz des Angriffs online bleibt.

Cloudflare DNS-Anbieter, SSL-Verschlüsselung

Zusätzlich bietet Cloudflare DNS-Dienste an, die darauf optimiert sind, Anfragen schnell und sicher zu verarbeiten. DNS (Domain Name System) ist für die Übersetzung von Domainnamen in IP-Adressen verantwortlich, und Cloudflare sorgt dafür, dass dieser Prozess reibungslos und schnell funktioniert. Der Vorteil liegt darin, dass Cloudflare als DNS-Anbieter besonders hohen Wert auf Geschwindigkeit und Sicherheit legt und Angriffe auf das DNS-System abwehren kann.

Auch im Bereich SSL-Verschlüsselung ist Cloudflare aktiv und bietet eine Reihe von SSL-Zertifikaten an, um die Datenübertragung zwischen der Website und den Besuchern zu verschlüsseln. Für viele Websites stellt Cloudflare kostenloses SSL zur Verfügung, was ein weiterer Pluspunkt für Betreiber von kleinen oder mittleren Webseiten ist, die auf eine sichere Datenübertragung angewiesen sind.

Warum Cloudflare eine gute Wahl ist

Für Website-Betreiber, die Wert auf hohe Sicherheit und Leistung legen, ist Cloudflare eine ausgezeichnete Wahl. Zwar handelt es sich um einen Anbieter aus den USA, was auch für besonders datensensible Webseiten-betreiber dennoch eine Überlegung wert ist. In Sachen Performance und Schutz vor Angriffen ist Cloudflare führend. Die globale Reichweite und die Vielfalt an Sicherheits- und Performance-Optionen machen Cloudflare zu einem unverzichtbaren Partner für den Betrieb einer sicheren und schnellen Website.

Obwohl Cloudflare hauptsächlich für den internationalen Markt ausgerich-tet ist, bieten die Konfigurationsmöglichkeiten auch für europäische Unternehmen eine solide Grundlage. Mit dem umfassenden Angebot an Sicherheitsfunktionen und der konstanten Verbesserung seiner Infrastruk-tur bleibt Cloudflare ein relevanter Player, dem es gelingt, hohen Traffic zuverlässig zu bewältigen und Webseiten optimal zu schützen.

Preise von Cloudflare

Cloudflare bietet eine Vielzahl von Tarifen und Zusatzdiensten an, die auf unterschiedliche Anforderungen zugeschnitten sind.

Der kostenlose Tarif stellt grundlegende Funktionen wie SSL-Verschlüsselung, Content Delivery Network (CDN) und DDoS-Schutz bereit, was für viele kleinere Websites ausreichend sein kann.

Für professionelle Websites und Blogs mit höherem Traffic empfiehlt sich der Pro-Tarif, der für 25 US-Dollar pro Monat erhältlich ist. Dieser Tarif umfasst erweiterte Sicherheits- und Performance-Funktionen, darunter eine Web Application Firewall (WAF) und Bildoptimierung.

Unternehmen mit höheren Ansprüchen an Sicherheit und Leistung können den Business-Tarif in Betracht ziehen, der für 200 US-Dollar pro Monat angeboten wird. Dieser Tarif bietet zusätzliche Features wie erweiterte WAF-Regeln, Prioritäts-Support und garantierte Verfügbarkeit.

Für Großunternehmen mit spezifischen Anforderungen stellt Cloudflare den Enterprise-Tarif bereit, dessen Preis individuell vereinbart wird. Dieser Tarif umfasst maßgeschneiderte Lösungen, dedizierten Support und erweiterte Service-Level-Agreements.

Neben den Haupttarifen bietet Cloudflare verschiedene Zusatzdienste an, die je nach Bedarf hinzugebucht werden können. Beispielsweise ermöglicht Argo Smart Routing für 5 US-Dollar pro Monat eine schnellere und zuverlässigere Datenübertragung durch optimierte Routen im Cloudflare-Netzwerk.

Der Load-Balancing-Dienst, ebenfalls ab 5 US-Dollar pro Monat, sorgt für eine gleichmäßige Verteilung des Datenverkehrs auf verschiedene Server, um die Verfügbarkeit und Performance zu steigern.

Für die Verwaltung von SSL/TLS-Zertifikaten bietet Cloudflare den Advanced Certificate Manager an, der ab 10 US-Dollar pro Monat erhältlich ist und eine flexible und anpassbare Zertifikatsverwaltung ermöglicht. Es ist wichtig zu beachten, dass die Preise je nach spezifischen Anforderungen und gewählten Zusatzdiensten variieren können.

Achtung

Cloudflare ist ein US-Unternehmen, das unter der Gesetzgebung der USA operiert. Damit unterliegt es Vorschriften wie dem »Cloud Act«, die theoretisch den Zugriff amerikanischer Behörden auf Daten ermöglichen, selbst wenn diese außerhalb der USA gespeichert sind. Das bedeutet, dass Daten, die durch Cloudflare geleitet oder dort zwischengespeichert werden, potenziell dem Zugriff durch US-Behörden unterliegen könnten. Die Nutzung dieses Dienstes sollte also wohlüberlegt sein, insbesondere für Unternehmen oder Organisationen, die auf höchste Datensicherheit und -vertraulichkeit angewiesen sind.

Da Cloudflare jedoch der einzige Dienst dieser Art ist, der so umfassende Schutz- und Performance-Funktionen bietet, habe ich ihn in meinem Cloud-Buch berücksichtigt. Cloudflare ist derzeit führend, wenn es um DDoS-Schutz, Web Application Firewalls und weltweite Content-Verteilung geht – daher kommt man gerade in Bereichen, die hohen Traffic und bestmögliche Absicherung erfordern, schwer an diesem Anbieter vorbei. Trotzdem bleibt der Hinweis wichtig, dass Cloudflare für datenschutzkritische Projekte möglicherweise nicht die ideale Wahl darstellt.

Vorteile Cloudflare

Cloudflare ist ein führender Anbieter von Web-Infrastruktur- und Sicherheitslösungen, der sich durch eine Vielzahl von Vorteilen auszeichnet. Ein wesentlicher Vorteil ist die Verbesserung der Website-Geschwindigkeit durch das Content Delivery Network (CDN), das Inhalte über ein globales Netzwerk von Servern verteilt und so die Ladezeiten für Nutzer weltweit reduziert.

Zudem bietet Cloudflare einen robusten Schutz vor Distributed Denial of Service (DDoS)-Angriffen, indem es schädlichen Datenverkehr erkennt und abwehrt, bevor er die Zielwebsite erreicht. Die integrierte Web Application Firewall (WAF) schützt Anwendungen vor gängigen Bedrohungen wie Cross-Site Scripting oder SQL-Injection. Ein weiterer Vorteil ist die einfache Implementierung und Benutzerfreundlichkeit, die es auch weniger technisch versierten Nutzern ermöglicht, die Dienste effektiv zu nutzen. Darüber hinaus bietet Cloudflare flexible Preispläne, einschließlich einer kostenlosen Basisversion, die für kleine bis mittelgroße Websites geeignet ist.

Nachteile Cloudflare

Trotz der zahlreichen Vorteile gibt es auch einige Nachteile bei der Nutzung von Cloudflare. Als US-amerikanisches Unternehmen unterliegt Cloudflare den US-Gesetzen, was für datenschutzbewusste Nutzer in Europa Bedenken hinsichtlich des Datenschutzes aufwerfen kann.

Zudem kann es bei der Nutzung von Cloudflare zu Kompatibilitätsproblemen mit bestimmten Webanwendungen oder Serverkonfigurationen kommen, was zusätzliche Anpassungen erfordern kann.

Ein weiterer Nachteil ist, dass bei der Nutzung des kostenlosen Plans einige fortgeschrittene Sicherheits- und Leistungsfunktionen nicht verfügbar sind, was für größere oder anspruchsvollere Websites Einschränkungen mit sich bringen kann. Schließlich kann die Abhängigkeit von einem Drittanbieter für Sicherheits- und Leistungsoptimierungen für einige Unternehmen ein Risiko darstellen, insbesondere wenn es zu Ausfällen oder technischen Problemen bei Cloudflare kommt.

Diese Vor- und Nachteile zeigen, dass Cloudflare eine leistungsstarke Lösung für die Verbesserung der Website-Performance und -Sicherheit sein kann, jedoch sollten potenzielle Nutzer die spezifischen Anforderungen und möglichen Einschränkungen sorgfältig abwägen, um zu entscheiden, ob der Dienst ihren Bedürfnissen entspricht.

Vor- und Nachteile aller Unternehmen

Die Vor- und Nachteile von Cloudunternehmen sind oft nicht in Stein gemeißelt. Die Punkte, die ich zuvor beschrieben habe, können sich jederzeit ändern, da Unternehmen ihre Produkte stetig verbessern, erweitern und an die Bedürfnisse ihrer Kunden anpassen. Was heute als Schwachstelle gilt, könnte morgen bereits durch ein Update oder eine neue Strategie ausgeglichen sein. Besonders bei Cloudanbietern, die ihre Dienste ständig weiterentwickeln, zeigt sich, dass vermeintliche Nachteile oft nicht dauerhaft bestehen bleiben. Gleichzeitig hängt die Wahrnehmung von Vor- und Nachteilen stark von den individuellen Vorlieben und Anforderungen der Nutzerinnen und Nutzer ab. Was für einen Anwender als nützliche Funktion erscheint, mag für einen anderen als unnötig oder sogar störend empfunden werden.

Europäische Cloudanbieter, die ich in diesem Buch hervorhebe, überwiegen in ihren Vorteilen eindeutig. Sie setzen auf strenge Datenschutzstandards, hochmoderne Rechenzentren und eine transparente Kommunikation mit ihren Kunden. Diese Aspekte machen sie zu verlässlichen Partnern, insbesondere für Unternehmen und Privatpersonen, die Wert auf Sicherheit und Privatsphäre legen. Die Nachteile, die bei der Nutzung solcher Dienste auftreten können, sind häufig spezifisch und in vielen Fällen vernachlässigbar – sei es der Preis, der im Vergleich zu globalen Marktführern etwas höher liegt, oder die Tatsache, dass einige europäische Anbieter in puncto Benutzerfreundlichkeit oder Zusatzfeatures noch aufholen müssen.

Selbst wenn ein Unternehmen die besten Vorteile bietet, wird es immer kritische Stimmen geben. Das liegt in der Natur der Sache, denn keine Lösung kann jeden Anspruch und jede Erwartung gleichermaßen erfüllen. Für manche Nutzer mag der Fokus auf Datenschutz nicht entscheidend sein, während sie sich stattdessen mehr Komfort oder niedrigere Preise wünschen. Andere wiederum könnten kritisieren, dass bestimmte Funktionen fehlen oder nicht so intuitiv gestaltet sind wie bei anderen Anbietern. Diese Kritik bedeutet jedoch nicht zwangsläufig, dass das Unternehmen schlecht ist – sie zeigt vielmehr, dass Kundenbedürfnisse vielfältig sind und sich stetig weiterentwickeln.

Letztlich liegt es an den Nutzerinnen und Nutzern, die Vorteile und Nachteile eines Cloudanbieters individuell abzuwägen. Die hier aufgezeigten europäischen Anbieter bieten eine solide Grundlage, um diese Entscheidung zu treffen. Ihr Fokus auf Sicherheit, Transparenz und langfristige Entwicklung macht sie zu einer ausgezeichneten Wahl, selbst wenn in Einzelfällen Schwachstellen erkennbar sind. Entscheidend ist, dass sie ihre Dienste kontinuierlich verbessern, um den hohen Anforderungen der modernen digitalen Welt gerecht zu werden – und genau das unterscheidet sie positiv von vielen anderen Anbietern.

Alle Unternehmen, die ich in diesem Buch anführe, verstehen ihr Geschäft und bieten beeindruckende Produkte, die den Anforderungen einer modernen digitalen Welt gerecht werden. Sie haben sich das Vertrauen ihrer Kunden über Jahre hinweg durch Qualität, Transparenz und Innovation erarbeitet. Dabei setzen sie auf Lösungen, die nicht nur technisch ausgereift sind, sondern auch den rechtlichen und ethischen Anforderungen an Datenschutz und Sicherheit entsprechen. Dies ist besonders bei den europäischen Anbietern hervorzuheben, die durch ihre strengen Standards und ihr klares Bekenntnis zu Datenschutz und Privatsphäre weltweit Maßstäbe setzen.

Die aufgezeigten Nachteile, die ich an verschiedenen Stellen erwähnt habe, sollten daher nicht zu eng oder übermäßig kritisch betrachtet werden. Kein Unternehmen, kein Produkt und keine Dienstleistung ist vollkommen fehlerfrei oder universell passend. Vielmehr spiegeln diese vermeintlichen Schwächen oft individuelle Bedürfnisse oder Vorlieben wider, die nicht immer vollständig abgedeckt werden können. Wichtig ist, dass diese Unternehmen kontinuierlich an der Verbesserung ihrer Angebote arbeiten und bestrebt sind, die Kundenbedürfnisse so umfassend wie möglich zu erfüllen. Ein kritischer Blick ist zwar immer sinnvoll, doch sollten wir nicht vergessen, dass diese Anbieter einen erheblichen Beitrag zur digitalen Transformation leisten und eine sichere Basis für die Datenverwaltung schaffen, die in unserer heutigen Zeit unverzichtbar ist.

17. US amerikanische Cloud

Microsoft

Ich spreche mich ganz klar gegen die Nutzung von Microsoft Cloud-Diensten wie OneDrive aus. Auch die 365-Dienste von Microsoft sind mir nicht geheuer. Alles, was in die USA wandert oder von US-Diensten verwaltet wird – auch wenn es auf Servern innerhalb der EU gehostet wird –, sollte mit Vorsicht genossen werden. Bei den Microsoft-Cloud-Diensten kommen meiner Meinung nach einige kritische Punkte zusammen, die für datenschutzbewusste Nutzer besonders problematisch sein können.

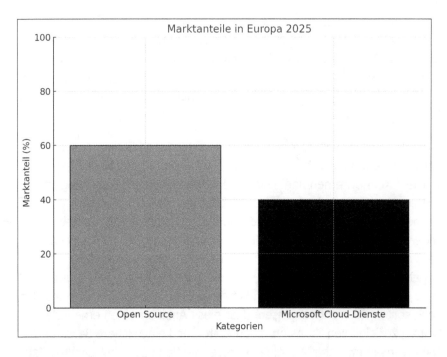

Einfluss US-amerikanischer Gesetze

Ein grundlegendes Problem bei Microsoft-Diensten ist der Einfluss der US-Gesetzgebung. Laut dem amerikanischen »Cloud Act« können US-Behörden theoretisch auf Daten zugreifen, selbst wenn sie auf Servern außerhalb der USA gespeichert sind, solange der Anbieter ein US-Unternehmen ist. Das bedeutet, dass Daten von Microsoft-Kunden, die One-Drive oder 365-Dienste nutzen, potenziell durch amerikanische Behörden eingesehen werden können – selbst wenn Microsoft beteuert, die Datenschutzgesetze der EU einzuhalten. Dieser Punkt ist nicht zu unterschätzen, da Datenschutz und die Vertraulichkeit von sensiblen Daten dadurch untergraben werden.

Datenverkehr und Kontrolle bei Microsoft

Microsoft setzt auf eine umfangreiche Infrastruktur, die viele europäische Datenzentren einbindet. Doch trotz lokaler Serverstandorte bleibt Microsoft als US-amerikanisches Unternehmen verankert, was bedeutet, dass sämtliche Datenbewegungen und -speicherungen letztlich der US-Gesetzgebung unterworfen sind. Microsoft stellt die verschiedenen OneDrive- und Office 365-Funktionen so dar, dass sie maximale Flexibilität und Zugänglichkeit für die Nutzer bieten. Doch genau diese Allgegenwärtigkeit und Verfügbarkeit bergen Risiken: Die ständige Synchronisation von Daten, ob in der Cloud oder offline, bedeutet, dass Daten durch diverse Systeme wandern, die außerhalb der Kontrolle des Nutzers liegen. Eine echte, vollständige Kontrolle über die eigenen Daten gibt es schlichtweg nicht, sobald sie einmal in die Microsoft-Cloud geladen wurden.

Risiko für Unternehmen und sensible Daten

Für Unternehmen und Institutionen, die hohe Anforderungen an Datenschutz und Datensicherheit haben, stellt die Nutzung der Microsoft-Cloud ein besonders großes Risiko dar. Hier geht es nicht nur um Datenschutz im Allgemeinen, sondern um die Gefahr von Compliance-Verstößen. Unternehmen, die mit besonders sensiblen Daten arbeiten – wie z.B. Gesundheitsdaten oder personenbezogene Informationen – sind auf eine absolut vertrauenswürdige Dateninfrastruktur angewiesen, um die Vorgaben der DSGVO und weiterer Datenschutzgesetze zu erfüllen. Ein US-Anbieter wie Microsoft kann diese Vertraulichkeit und Sicherheit nicht uneingeschränkt garantieren. Auch wenn Microsoft beteuert, die DSGVO zu respektieren, bleibt das Problem der potenziellen US-Zugriffe bestehen.

Warum ich europäische Cloud bevorzuge

Ich setze lieber auf europäische oder speziell deutsche Cloud-Anbieter, die ihre Serverstandorte und ihr Unternehmen vollständig innerhalb Europas halten. Hier gibt es eine echte Transparenz und ein höheres Vertrauen, da die Daten ausschließlich der europäischen Rechtsprechung unterliegen. Deutsche Anbieter wie luckycloud oder SecureCloud bieten Sicherheits- und Verschlüsselungstechnologien, die höchsten Standards entsprechen und dabei den Datenschutzgesetzen der EU gerecht werden. Diese

Anbieter nutzen die sogenannte Zero-Knowledge-Verschlüsselung, wodurch nur die Nutzer selbst Zugriff auf ihre Daten haben und nicht einmal der Anbieter Einsicht hat. Diese Maßnahmen bieten ein deutlich höheres Schutzniveau für sensible Daten als die Dienste eines US-Anbieters wie Microsoft.

Microsoft Cloud ist nicht mein Favorit

Microsoft und OneDrive mögen zwar praktisch sein und durch ihre Integration in das Microsoft-Ökosystem wie Windows und Office bestechen, doch für datenschutzbewusste Nutzer, die volle Kontrolle über ihre Daten wollen, sind diese Dienste schlichtweg nicht die beste Wahl. Wer auf den Schutz seiner Daten und die Einhaltung europäischer Datenschutzstandards Wert legt, sollte sich auf Alternativen fokussieren. Europäische Anbieter bieten inzwischen vergleichbare Funktionen, ohne das Risiko, dass Daten von Dritten eingesehen werden könnten.

Preise von Microsoft

Auf die Preise von Microsoft-Diensten gehe ich erst gar nicht ein, denn der Preis, den man zahlt, ist weit höher als das Geld, das man monatlich oder jährlich an Microsoft überweist. Sicher, Microsoft bietet eine Reihe von Cloud-Paketen an, die auf den ersten Blick attraktiv wirken – aber die wahren Kosten liegen in der Unsicherheit und den Risiken, die Nutzer eingehen, wenn sie ihre Daten in die Hände eines US-Anbieters wie Microsoft legen. Der wahre Preis zeigt sich in der Kontrolle, die man über seine eigenen Daten verliert, und in der potenziellen Verletzung des Datenschutzes, der in der EU strengen Richtlinien unterliegt.

Preis: Datensouveränität und Datenschutz. Die Nutzung von Microsoft-Cloud-Diensten bedeutet, dass sensible Daten – sei es von Einzelpersonen oder Unternehmen – in eine Infrastruktur eingebracht werden, die nicht vollständig dem europäischen Recht unterliegt. Der »Cloud Act« in den USA erlaubt den Behörden den Zugriff auf Daten, die von amerikanischen Unternehmen kontrolliert werden, unabhängig davon, wo die Server stehen. Selbst wenn Microsoft beteuert, DSGVO-konform zu arbeiten, bleibt der potenzielle Zugriff amerikanischer Behörden eine Realität. Hier zahlt man also mit einem Verlust an Datensouveränität und einem erhöhten Risiko für die Vertraulichkeit der eigenen Informationen.

Microsoft bietet sicherheitstechnische Maßnahmen, die auf den ersten Blick beruhigend wirken könnten. Doch der Preis dafür ist ein grundlegender Verlust an Kontrolle und Vertrauen. Daten, die in Microsofts Hände gegeben werden, durchlaufen deren Infrastruktur, und Nutzer können nicht einsehen, wie und wann genau diese Daten im Hintergrund bewegt oder verarbeitet werden. Vertrauen ist hier das eigentliche »Zahlungsmittel«. Doch für datenschutzbewusste Nutzer stellt sich die Frage, ob dieses Vertrauen in einem Umfeld, das von US-Gesetzen beeinflusst wird, gerechtfertigt ist. Das Risiko bleibt bestehen, dass Daten von US-Behörden eingesehen oder verlangt werden könnten, ohne dass europäische Datenschutzstandards vollständig gewahrt bleiben.

Ich kann schlichtweg keine Empfehlung für Microsoft Cloud-Dienste aussprechen, wenn es um sensible oder geschäftskritische Daten geht. Die Wahl für eine Cloud-Lösung sollte immer auch mit Blick auf Datenschutz, Datensicherheit und die Kontrolle über die eigenen Daten erfolgen. Und in dieser Hinsicht bleibt Microsoft, trotz aller scheinbaren Vorteile, eine riskante Wahl. Europäische Anbieter bieten nicht nur vergleichbare Dienstleistungen, sondern auch die Sicherheit, dass Daten ausschließlich nach europäischen Richtlinien behandelt und geschützt werden.

Der Preis, den man letztlich bei Microsoft zahlt, liegt also nicht nur im Geldbetrag, sondern in der Sicherheit, die man für seine Daten erwartet – und die, wie ich finde, bei Microsoft zu leichtfertig aufs Spiel gesetzt wird.

Google

Bei Google ist die Sache für mich klar: Ich rate jedem davon ab, sensible Daten in die Google Cloud zu legen. Google mag eine herausragende technische Infrastruktur und einige beeindruckende Tools für den Cloud-Bereich haben, doch die Bedenken in Sachen Datenschutz und Datensicherheit wiegen für mich schwerer als jeder technische Vorteil. Es geht hier nicht nur um Datenschutz im rechtlichen Sinne, sondern um die Frage, inwieweit ein US-Anbieter wie Google die Kontrolle über unsere Daten übernimmt – eine Kontrolle, die ich selbst nicht bereit bin aufzugeben.

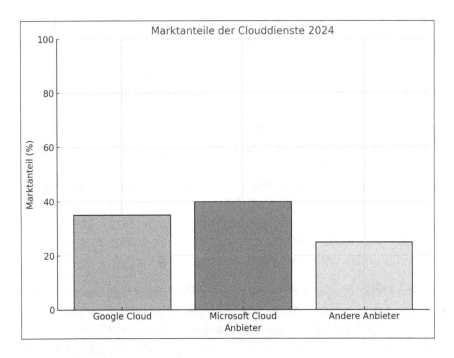

Google und der gläserne Nutzer

Google ist ein Unternehmen, das wie kaum ein anderes von der Analyse und Auswertung von Nutzerdaten lebt. Google weiß alles über uns: von den Suchanfragen über die Standorte bis hin zu Kommunikationsinhalten, die in Google-Diensten gespeichert sind. Daten sind für Google die Grundlage des Geschäftsmodells, und das bedeutet, dass Google alles daran setzt, so viele Informationen wie möglich über seine Nutzer zu sammeln und zu verarbeiten. Wenn ich also Daten in die Google-Cloud lege, dann lege ich sie in eine Infrastruktur, die im Kern auf Datenauswertung ausgerichtet ist – und das bleibt ein Problem, egal wie viele Datenschutzregelungen Google verspricht.

Der wahre Preis von Google Cloud

Der Preis für die Google-Cloud ist nicht nur der Betrag, den man monatlich oder jährlich überweist. Der wahre Preis ist die Datensouveränität, die man als Nutzer abgibt. Genau wie bei anderen US-Anbietern greift auch hier der Cloud Act, der es US-Behörden erlaubt, auf Daten zuzugreifen, unabhängig davon, ob sie in den USA oder anderswo gespeichert sind. Selbst wenn Google seine Datenzentren in Europa aufbaut, bleibt das

Risiko bestehen, dass sensible Informationen an US-Behörden weitergeleitet werden können – und das allein sollte für datenschutzbewusste Nutzer ein großes Warnsignal sein.

Google und die Transparenzfrage

Ein weiteres Problem bei Google ist die mangelnde Transparenz. Google arbeitet hinter einer riesigen technischen Infrastruktur, die für den Durchschnittsnutzer kaum nachvollziehbar ist. Man weiß nicht, welche Daten wie lange gespeichert, verarbeitet oder archiviert werden. Es bleibt oft unklar, welche Daten zwischen Google-Diensten fließen und wie genau die Informationen analysiert oder genutzt werden. Als Nutzer der Google-Cloud gibt man letztlich viel mehr Kontrolle ab, als es bei kleineren, spezialisierten Anbietern der Fall wäre.

Keine Empfehlung für Google Cloud

Für mich ist klar: Google Cloud ist keine Lösung, der ich sensible oder geschäftskritische Daten anvertrauen würde. Die Risiken im Hinblick auf Datenschutz und Datensicherheit sind erheblich, und Google hat sich in der Vergangenheit immer wieder als Unternehmen präsentiert, das Daten für eigene Zwecke auswertet und speichert. Es gibt viele europäische Alternativen, die ihre Server ausschließlich in Europa betreiben und den Datenschutz ernst nehmen. Diese Anbieter bieten nicht nur vergleichbare Funktionen, sondern auch die Sicherheit, dass Daten innerhalb der EU bleiben und dem strengen europäischen Datenschutz unterliegen.

Google mag beeindruckende Technologien und bequeme Tools bieten, aber der Preis dafür ist zu hoch, wenn man die Kontrolle über seine eigenen Daten und deren Schutz ernst nimmt. Ich halte es für zu riskant, Daten in die Hände eines Unternehmens zu legen, das in erster Linie von der Auswertung genau dieser Daten lebt. Daher spreche ich klar gegen die Nutzung von Google-Cloud-Diensten aus und rate jedem, der auf Sicherheit und Datenschutz Wert legt, zu Alternativen, die echte Datensouveränität bieten.

Preise von Google

Genau wie bei Microsoft gehe ich bei Google Cloud nicht auf die Preise ein. Der eigentliche Preis, den man zahlt, geht weit über den monatlichen oder jährlichen Betrag hinaus, den man an Google überweist. Vielmehr zahlt man mit Unsicherheit und der Ungewissheit darüber, wer wann Zugriff auf die eigenen Daten hat und wofür diese genutzt werden. Sei es für das Training von Künstlicher Intelligenz oder weil eine US-Behörde Google verpflichtet, die Daten offenzulegen – die volle Kontrolle über die eigenen Informationen gibt man als Nutzer der Google-Cloud auf.

Datennutzung für KI und andere Zwecke. Google ist bekannt dafür, Daten zu analysieren und auszuwerten, und das schließt potenziell auch Cloud-Daten ein. Man kann sich nie sicher sein, ob und wie Google die in der Cloud gespeicherten Daten verwendet, um seine KI-Modelle zu trainieren. Angesichts der enormen Fortschritte in der Künstlichen Intelligenz ist es denkbar, dass die gesammelten Daten dazu beitragen, die Technologie von Google weiterzuentwickeln – ohne dass der Nutzer darüber informiert wird oder seine Zustimmung gibt. Selbst wenn Google entsprechende Nutzungsbedingungen und Datenschutzrichtlinien bereitstellt, bleibt die Frage, inwieweit die Daten wirklich sicher sind und ausschließlich für die vom Nutzer bestimmten Zwecke verwendet werden.

Der Preis der Intransparenz. Ein weiteres Problem bei Google Cloud ist die Intransparenz. Wenn Daten erst einmal in die Google-Infrastruktur gelangen, sind sie Teil eines riesigen Netzwerks, in dem der Nutzer nur schwer nachvollziehen kann, wie und wo die Daten verarbeitet werden. Die eigentliche Speicherung und Nutzung der Daten bleibt für den Nutzer unsichtbar, und das macht es schwer, Vertrauen aufzubauen. Im Gegensatz zu europäischen Anbietern, die mit strengen Datenschutzrichtlinien und transparenter Datenverwaltung arbeiten, bleibt bei Google ein Schleier über den genauen Abläufen. Nutzer wissen letztlich nicht, wie lange ihre Daten gespeichert werden, welche Sicherungsmaßnahmen tatsächlich greifen oder welche internen Prozesse Google für die Datenverwaltung nutzt.

Werden Daten an Dritte weitergegeben? Die Gefahr, dass Daten an Dritte weitergegeben werden, ist bei Google real. US-Behörden könnten gemäß dem »Cloud Act« theoretisch auf die Daten zugreifen, egal ob diese in den USA oder in Europa gespeichert sind. Das bedeutet, dass Google gezwungen sein könnte, sensible Daten herauszugeben, ohne den Nutzer darüber zu informieren. Auch wenn Google immer wieder beteuert, die europäischen Datenschutzrichtlinien einzuhalten, bleibt der Cloud Act eine Tatsache, die das Vertrauen in Google Cloud untergräbt. Gerade für datenschutzbewusste Nutzer, die ihre Daten in einem geschützten und kontrollierten Umfeld wissen wollen, stellt dieser potenzielle Datenzugriff ein erhebliches Risiko dar.

Der Preis, der zu hoch ist! In der Summe ist der Preis, den man bei Google zahlt, mehr als das, was man an Google überweist. Der eigentliche Preis liegt in der Kontrolle, die man über seine eigenen Daten abgibt, und in der Unsicherheit darüber, wofür diese Daten verwendet werden könnten. Für datenschutzbewusste Nutzer, die den Schutz ihrer Informationen ernst nehmen, bietet Google Cloud keine echte Sicherheit oder Souveränität über die eigenen Daten.

Amazon-Prime

Jeder, der ein Amazon-Prime-Abo hat, kennt vielleicht die Fotocloud, die im Prime-Paket enthalten ist. Doch denken Sie nicht, dass dies ein großzügiges Versehen von Amazon ist. Im Gegenteil: Das Unternehmen ist natürlich scharf auf Ihre Bilder und hat ein durchdachtes System geschaffen, das Nutzer an den Dienst bindet. Der unbegrenzte Speicherplatz für Fotos ist dabei ein entscheidender Anreiz – eine Taktik, die geschickt auf die Bedürfnisse der Kunden zugeschnitten ist und sie in einem digitalen Teufelskreis hält.

Wer ein Prime-Abo hat, bekommt den unbegrenzten Fotospeicher als zusätzliches »Geschenk«. Das Angebot klingt verlockend, besonders in einer Zeit, in der viele Menschen enorme Bildmengen ansammeln, ob von Urlauben, Familienfeiern oder dem Alltag. Amazon schafft hier eine Lösung für ein reales Problem: den Speicherplatzbedarf. Doch der Preis, den man letztlich zahlt, liegt tiefer, als man zunächst denkt.

Haben Sie erst einmal angefangen, Ihre Fotos in der Amazon-Cloud zu speichern, entsteht schnell eine Bindung, die über das Prime-Abo hinausgeht. Die Fotoalben wachsen, Erinnerungen werden systematisch dort abgelegt, und der Gedanke an einen Wechsel wird immer schwieriger. Amazon schafft es dadurch, dass Prime-Kunden langfristig beim Abo bleiben, denn wer will schon mühsam alle Fotos umziehen? Der unbegrenzte

Fotocloud-Speicher ist eine subtile, aber effektive Methode, um Kunden an das Unternehmen zu binden und das Abo zur Dauereinrichtung zu machen.

Doch der kostenlose Fotospeicher dient nicht nur der Kundenbindung – er hat auch einen enormen Wert für Amazon selbst. Ihre Bilder und Metadaten sind für Amazon eine wertvolle Informationsquelle. Auch wenn Amazon in seinen Nutzungsbedingungen auf den Schutz der Privatsphäre verweist, bleibt das grundlegende Problem: Sie geben dem Unternehmen Einblicke in Ihren Alltag, Ihre Interessen und Ihre Erinnerungen. Selbst wenn diese Informationen nicht öffentlich geteilt werden, sammeln sich riesige Datenmengen an, die für das Unternehmen wertvoll sind. Mit jedem Foto, das hochgeladen wird, bekommt Amazon mehr Einblick in das Leben seiner Kunden – eine Art digitaler Fußabdruck, der umfassende Rückschlüsse zulässt.

Es ist ein clever aufgebauter Kreislauf: Haben Sie Prime, haben Sie unbegrenzten Fotospeicher – und wenn Sie unbegrenzten Fotospeicher nutzen, bleiben Sie bei Prime. Doch sollte man sich gut überlegen, ob die Bequemlichkeit dieses Dienstes den Preis der eigenen Datenwertigkeit wirklich aufwiegt. Der kostenlose Speicherplatz ist eine Falle, die es schwer macht, sich später wieder zu lösen, ohne kostbare Erinnerungen zurückzulassen oder mit großem Aufwand einen alternativen Speicher zu finden.

Auch hier greift natürlich das US-Gesetz, und im Falle von Amazon ist das besonders prekär. Die Fotos, die viele Nutzer vertrauensvoll in die Amazon-Cloud laden, zählen zu den privatesten Informationen, die man überhaupt teilen kann. Hier geht es um mehr als nur Daten – es sind die Erinnerungen, Familienmomente und persönlichen Eindrücke, die in digitaler Form gesammelt werden. Fotos sind oft das intimste Medium, das unsere Geschichten erzählt, und genau diese persönlichen Details landen in den Händen eines US-Unternehmens, das der amerikanischen Gesetzgebung unterliegt.

Das bedeutet, dass theoretisch Behörden auf die Bilder zugreifen könnten, ohne dass die betroffenen Nutzer jemals davon erfahren. Der »Cloud Act« erlaubt es US-Behörden, auch auf Daten in europäischen Rechenzentren zuzugreifen, wenn das Unternehmen seinen Sitz in den USA hat. So werden die intimsten Einblicke in das Privatleben der Menschen durch den »digitalen Fleischwolf« gezogen und potenziell den Mechanismen eines Gesetzes ausgeliefert, das wenig Rücksicht auf europäische Daten-schutzstandards nimmt.

Amazon nutzt diesen kostenlosen Fotospeicher gezielt, um Kunden an sich zu binden – und das mit einer fast unmerklichen Taktik. Der Dienst wirkt wie ein Geschenk, als wäre Amazon daran interessiert, seine Kunden großzügig zu unterstützen. Tatsächlich aber sammelt das Unternehmen dabei umfassende Informationen, die bei der Optimierung von Diensten oder im Marketing eine Rolle spielen könnten. Schon allein durch Meta-daten wie Aufnahmeort, Zeitpunkt und Häufigkeit der Bilder erfährt Amazon eine Menge über das Leben seiner Nutzer – und das sind wert-volle Daten.

Die Frage bleibt, ob man Amazon diese Einblicke gewähren möchte. Ein-mal in die Amazon-Cloud hochgeladen, sind die Bilder dem Zugriff und den Verarbeitungsmechanismen eines Konzerns ausgesetzt, der gesetzlich nicht an europäische Datenschutzstandards gebunden ist. Für viele Nutzer mag es bequem sein, ihre Fotos in die Cloud hochzuladen, doch das Risiko, das man dafür eingeht, ist erheblich. Hier liegt das Dilemma: Die Prime-Cloud von Amazon ist praktisch, schnell und unbegrenzt – aber um den Preis, dass die privatesten Bilder, die wir besitzen, in den Händen eines Unternehmens liegen, das letzten Endes nicht denselben Daten-schutzversprechen unterliegt wie europäische Anbieter.

Info US Cloud

Ich will nicht ungerecht zu Cloud-Diensten aus den USA sein. Google, Microsoft, iCloud und andere Anbieter haben ohne Frage technische Meis-terwerke geschaffen, die uns täglich in Staunen versetzen. Diese Unter-nehmen bieten eine Leistungsstärke und eine Fülle an Funktionen, die in vielen Fällen die Möglichkeiten deutscher oder europäischer Dienste weit übersteigen. Sie haben ein Niveau an Raffinesse und Innovation erreicht, das unbestreitbar beeindruckend ist und das ihnen eine beispiellose Marktmacht sichert. Doch so lobenswert diese technischen Errungenschaf-ten auch sind, so bedenklich ist das Ausmaß an Kontrolle, das sie über die Daten von Millionen Menschen weltweit erlangt haben.

Technische Raffinesse und Marktbeherrschung

Google, Microsoft und Co. haben sich mit ihren Cloud-Diensten in eine
Position gebracht, in der sie fast schon unverzichtbar geworden sind – ob
wir nun Daten speichern, auf Anwendungen zugreifen oder mit anderen
zusammenarbeiten. Die technischen Möglichkeiten, die diese Unternehmen bieten, sind geradezu ein Traum für all jene, die maximale Performance, nahtlose Integration und eine gigantische Speicherinfrastruktur
benötigen. Und das ist nicht nur für Privatnutzer attraktiv, sondern hat
längst Unternehmen, Behörden und sogar Schulen in ihren Bann gezogen.
Die Dienste laufen stabil, sind jederzeit abrufbar und erfüllen höchste
Anforderungen an Geschwindigkeit und Flexibilität. Es ist diese enorme
Leistungsfähigkeit, die die amerikanischen Cloud-Anbieter auf ein Niveau
hebt, das ihnen eine beherrschende Rolle im Markt verschafft.

Innovation fasziniert – und bereitet Sorgen

Die Raffinesse der technischen Möglichkeiten ist tatsächlich bemerkens-
wert. Nehmen wir Google Drive oder Microsoft 365: die Art und Weise,
wie diese Dienste zusammenarbeiten, wie sie Daten teilen und Aufgaben
verknüpfen, ist fast schon magisch. Das ist das Ergebnis jahrelanger Entwicklungen und enormer Investitionen, die diese Unternehmen in ihre
Infrastruktur und ihre Software gesteckt haben. Es gibt kaum einen anderen Bereich, in dem die Innovation so schnell voranschreitet wie bei den
amerikanischen Cloud-Anbietern. Doch genau diese Innovationskraft
macht sie auch so mächtig und bringt sie in eine Position, die bei genau-
erem Hinsehen Sorgen bereitet. Denn diese Unternehmen sind nicht nur
technische Vorreiter, sondern auch Monopolisten, die das Internet und die
Art, wie wir Daten nutzen, dominieren.

Die Kehrseite der Medaille

So beeindruckend die Technik ist, so kritisch muss man die Frage der
Kontrolle über unsere Daten sehen. Die US-Gesetzgebung, insbesondere
der »Cloud Act«, erlaubt es amerikanischen Behörden, unter bestimmten
Bedingungen auf Daten zuzugreifen, selbst wenn diese außerhalb der USA
gespeichert sind. Das bedeutet, dass die Daten, die wir in diesen Clouds
ablegen, potenziell nicht mehr ausschließlich unter unserer Kontrolle

stehen. Selbst wenn diese Anbieter versichern, die europäischen Datenschutzbestimmungen einzuhalten, bleibt ein Rest Unsicherheit, was die tatsächliche Handhabung der Daten angeht. Diese Anbieter haben die technische Macht, auf Milliarden von Daten weltweit zuzugreifen und sie – in welcher Form auch immer – zu analysieren, zu speichern oder für eigene Zwecke zu verwenden.

Ein unvermeidliches Dilemma

Die Situation ist letztlich ein Dilemma: Einerseits bieten die US-Cloud-Anbieter eine technische Leistung und Zuverlässigkeit, die oft weit über das hinausgeht, was viele europäische Anbieter derzeit bieten können. Andererseits bleibt ein gewisses Maß an Skepsis, was die Handhabung der Daten betrifft. Für viele Unternehmen und Organisationen stellt sich die Frage, ob sie diese Dienste nutzen sollen, weil sie schlichtweg leistungsfähiger sind – oder ob sie lieber auf lokalere, aber unter Umständen technisch weniger ausgefeilte Lösungen zurückgreifen. Es ist ein Dilemma, das uns zeigt, wie tief diese Anbieter in unser digitales Leben eingedrungen sind und wie schwer es ist, sich von ihnen loszulösen, selbst wenn berechtigte Bedenken bestehen.

Lob und Kritik, Hand in Hand

Ich möchte den amerikanischen Cloud-Diensten die Anerkennung nicht absprechen: Sie haben zweifellos eine Technologie geschaffen, die das digitale Zeitalter geprägt hat und uns in vielerlei Hinsicht bereichert. Die Innovationskraft, das technische Know-how und die Vielseitigkeit ihrer Dienste sind beeindruckend und verdienen Lob. Doch die Schattenseiten dieser Marktmacht und die Frage der Datensouveränität bleiben ein Stachel im Fleisch. Letztlich sollte jeder, der die Cloud-Lösungen von Google, Microsoft und anderen nutzt, sich der beeindruckenden Technik bewusst sein – und der möglichen Risiken, die mit dieser Wahl einhergehen.

Gesetzgebung

Dass die US-Gesetzgebung so ist, wie sie ist – dafür können Google, Microsoft und andere amerikanische Anbieter natürlich nichts. Sie sind letztlich ebenso den Gesetzen unterworfen wie ihre Nutzer. Doch genau hier liegt das Problem: Es bleibt die Tatsache bestehen, dass diese Unternehmen, unabhängig von ihrer eigenen Haltung, den Regelungen und Anforderungen der US-Behörden Folge leisten müssen.

Deshalb sollte jeder sehr genau überlegen, ob er seine Daten oder gar das digitale Rückgrat seines Unternehmens in eine US-Cloud laden möchte. Denn selbst bei größtmöglichem Vertrauen in den Anbieter bleibt das Risiko bestehen, dass sensible Informationen ohne das Wissen der Nutzer offengelegt werden könnten. Eine Entscheidung für eine US-Cloud sollte daher nicht nur auf technologische Vorteile oder Kostenersparnisse gestützt sein, sondern stets auch die Frage einbeziehen: Kann ich mir sicher sein, dass meine Daten nur für mich zugänglich bleiben? In einer Welt, in der Datensouveränität zunehmend zur Kernfrage wird, ist Vorsicht eine Entscheidung, die sich langfristig oft als richtig erweist.

18. Fazit meiner Empfehlungen

Sie sehen schon, ich habe gar nicht so viele Cloud-Dienste angesprochen – nur die Dienste, die ich selbst für die sichersten oder unsichersten halte, und die ich alle selbst benutze oder umfassend getestet habe. Es gibt noch eine Vielzahl weiterer Anbieter, und die Cloud-Welt entwickelt sich rasant weiter. Doch ich beschränke mich hier auf das Wesentliche, auf die Dienste, die ich als sinnvoll oder besonders risikobehaftet erachte. Mein Ziel ist es, Ihnen einen übersichtlichen Einblick zu geben, ohne Sie mit einer Flut an Informationen zu erschlagen.

In meinem Cloud-Buch geht es nicht darum, eine unendliche Liste von Diensten zu präsentieren, sondern die entscheidenden Punkte herauszuarbeiten, die Ihnen wirklich weiterhelfen. Das Wichtigste für mich ist, dass Sie die Balance zwischen Funktionalität und Datenschutz selbst abwägen können und ein Gespür dafür entwickeln, welche Cloud-Dienste Ihre Ansprüche an Sicherheit und Kontrolle erfüllen – und welche vielleicht nicht. In einer digitalen Welt, in der Daten das neue Kapital sind, ist es entscheidend, dass wir bewusste Entscheidungen treffen, bevor wir uns einem Anbieter anvertrauen.

19. Die richtige Cloud-Lösung finden

Nachdem ich Ihnen nun einige wirklich gute europäische Dienste vorgestellt habe, kommen wir zu einem der wichtigsten Themen: Wie finden

Sie die richtige Cloud-Lösung? Die Wahl des passenden Anbieters ist keine Entscheidung, die man zwischen Tür und Angel trifft. Es geht nicht nur darum, irgendwo ein paar Dateien zu speichern. Es geht darum, einen Dienst zu finden, der Ihre individuellen Bedürfnisse erfüllt, Ihre Daten schützt und Ihnen gleichzeitig den Alltag erleichtert. Kurz gesagt: Die Cloud muss für Sie arbeiten, nicht umgekehrt.

Die Vielzahl an Anbietern und Optionen kann auf den ersten Blick überwältigend sein. Große Namen wie Google Drive oder Dropbox tauchen sofort im Kopf auf, aber sind sie wirklich die beste Wahl für Sie? Nicht unbedingt. Gerade europäische Anbieter, die ich in den vorangegangenen Kapiteln vorgestellt habe, bieten oft genau die Vorteile, die für Privatpersonen und Unternehmen entscheidend sind. Doch selbst innerhalb Europas gibt es Unterschiede – und die richtige Lösung hängt davon ab, was Sie persönlich brauchen.

Bevor Sie sich für einen Dienst entscheiden, sollten Sie sich zwei Dinge bewusst machen. Erstens: Es gibt keine »Einheitslösung«, die für jeden perfekt ist. Ihre Anforderungen können völlig anders sein als die eines Unternehmens oder sogar Ihres Nachbarn. Zweitens: Die Cloud-Nutzung sollte langfristig gedacht werden. Ein Wechsel des Anbieters kann später mühsam sein, also lohnt es sich, von Anfang an gründlich nachzudenken.

Das Finden der richtigen Cloud-Lösung ist ein Prozess, der ein wenig Vorbereitung erfordert. Dabei geht es nicht nur um technische Details, sondern auch um praktische Fragen: Welche Art von Daten möchten Sie speichern? Wie häufig greifen Sie darauf zu? Müssen Sie die Daten mit anderen teilen? Und wie wichtig ist Ihnen die Sicherheit im Vergleich zum Komfort? Das sind keine Fragen, die man auf die leichte Schulter nehmen sollte, denn die Antworten bestimmen, welcher Dienst zu Ihnen passt.

Ein weiterer Punkt, den viele übersehen: Die Cloud kann mehr als nur Speicherplatz bieten. Sie kann ein Werkzeug sein, das Ihnen hilft, produktiver zu arbeiten, Daten effizienter zu organisieren und sogar Kosten zu sparen – vorausgesetzt, Sie wählen den richtigen Anbieter. Doch der beste Dienst nützt nichts, wenn er nicht zu Ihren technischen Fähigkeiten oder Ihrem Budget passt.

Genau deshalb ist es so wichtig, sich die Zeit zu nehmen und die eigenen Bedürfnisse klar zu definieren. Was wollen Sie von einer Cloud? Geht es Ihnen vor allem um Backups? Oder möchten Sie Daten synchronisieren und von verschiedenen Geräten aus darauf zugreifen? Vielleicht geht es Ihnen auch darum, Dateien sicher mit anderen zu teilen. Egal, was Ihre Prioritäten sind, die richtige Lösung gibt es – Sie müssen nur wissen, wonach Sie suchen.

In den nächsten Abschnitten werden wir uns Schritt für Schritt ansehen, wie Sie die richtige Cloud-Lösung finden. Dabei geht es nicht nur um technische Kriterien, sondern auch um die Frage, wie Sie Ihre Daten langfristig sicher und organisiert halten können. Denn eines ist sicher: Die Cloud ist ein Werkzeug, das Ihnen das Leben erleichtern soll – und mit der richtigen Wahl wird genau das möglich.

Kriterien für die Auswahl

Die Wahl eines Cloud-Dienstes ist keine Entscheidung, die man leichtfertig treffen sollte. Der Markt ist groß, die Angebote vielfältig, und nicht jedes Produkt passt zu jedem Bedarf. Ob Sie Privatnutzer oder Unternehmer sind – der richtige Anbieter kann den Unterschied zwischen einer sicheren, effizienten Cloud-Nutzung und einer Quelle ständiger Probleme ausmachen. Deshalb ist es wichtig, die Kriterien zu kennen, die bei der Auswahl eines Cloud-Dienstes entscheidend sind. Hier eine umfassende Übersicht, die Ihnen dabei hilft, eine fundierte Entscheidung zu treffen.

1. Datenschutz und Standort der Server

Datenschutz ist in der Cloud ein zentraler Faktor. Bevor Sie sich für einen Anbieter entscheiden, sollten Sie sich genau ansehen, wo dessen Server stehen und welchen rechtlichen Vorgaben sie unterliegen. Dienste mit Servern in Europa, insbesondere in Ländern wie Deutschland oder der Schweiz, sind oft eine bessere Wahl, da sie den strengen Vorgaben der Datenschutz-Grundverordnung (DSGVO) unterliegen. Anbieter außerhalb Europas, insbesondere in den USA, können anderen Regeln unterliegen, die möglicherweise weniger Schutz für Ihre Daten bieten. Fragen Sie sich: Sind Sie bereit, Ihre Daten in einem Land zu speichern, das möglicherweise schwächere Datenschutzgesetze hat? Wenn nicht, ist ein Anbieter mit europäischem Standort die sicherere Wahl.

2. Sicherheitstechnologien und Verschlüsselung

Eine sichere Cloud beginnt mit moderner Technologie. Achten Sie darauf, welche Sicherheitsstandards der Anbieter einsetzt. Verschlüsselung ist dabei das A und O. Besonders wichtig ist, dass Ihre Daten sowohl während der Übertragung (Transportverschlüsselung) als auch im Ruhezustand (Ende-zu-Ende-Verschlüsselung) geschützt sind. Noch besser ist das sogenannte Zero-Knowledge-Prinzip: Dabei verschlüsseln Sie Ihre Daten selbst, sodass der Anbieter keinerlei Einblick darauf hat. Fragen Sie den Anbieter: Welche Verschlüsselungstechnologien werden verwendet? Gibt es zusätzliche Sicherheitsfunktionen wie Zwei-Faktor-Authentifizierung (2FA)?

3. Flexibilität und Skalierbarkeit

Ihre Anforderungen an die Cloud können sich im Laufe der Zeit ändern. Was heute ausreicht, könnte morgen zu wenig sein. Ein guter Cloud-Anbieter sollte Ihnen die Möglichkeit geben, flexibel auf neue Anforderungen zu reagieren. Skalierbarkeit bedeutet, dass Sie Speicherplatz oder Funktionen einfach erweitern können, ohne auf einen komplett neuen Tarif wechseln zu müssen. Überlegen Sie: Wie flexibel sind die Tarife? Können Sie bei Bedarf unkompliziert upgraden?

4. Benutzerfreundlichkeit und Integration

Eine Cloud-Lösung sollte Ihren Alltag erleichtern – nicht komplizierter machen. Achten Sie darauf, dass die Benutzeroberfläche intuitiv ist und alle wichtigen Funktionen leicht zugänglich sind. Besonders bei geschäftlichen Anwendungen ist es wichtig, dass der Dienst sich problemlos in bestehende Systeme integrieren lässt, etwa in Office-Software, Buchhaltungstools oder Kollaborationsplattformen. Testen Sie: Gibt es eine kostenlose Testversion, um die Benutzeroberfläche und die Integration zu prüfen?

5. Preis-Leistungs-Verhältnis

Der Preis spielt natürlich eine Rolle, aber lassen Sie sich nicht nur von niedrigen Einstiegskosten blenden. Schauen Sie genau hin, was im Tarif enthalten ist. Gibt es versteckte Kosten, etwa für Datenabrufe oder zusätzlichen Speicherplatz? Einige Anbieter bieten sehr günstige Basistarife an, berechnen jedoch hohe Gebühren für Zusatzfunktionen oder bei Überschreitung bestimmter Limits. Fragen Sie sich: Sind die Kosten langfristig kalkulierbar? Bekommen Sie für den Preis die Leistung, die Sie wirklich brauchen?

6. Kompatibilität mit Ihren Geräten und Systemen

Nicht alle Cloud-Dienste sind mit allen Geräten oder Betriebssystemen kompatibel. Prüfen Sie, ob der Anbieter Ihre bevorzugten Geräte und

Plattformen unterstützt. Besonders wenn Sie mehrere Betriebssysteme wie Windows, macOS, Linux oder mobile Geräte verwenden, sollte der Anbieter hierfür passende Lösungen anbieten. Überprüfen Sie: Werden die gängigen Protokolle wie WebDAV, SMB oder S3 unterstützt? Gibt es Apps für Ihre Geräte?

7. Backup- und Wiederherstellungsoptionen

Ein guter Cloud-Dienst sollte nicht nur Ihre Daten speichern, sondern Ihnen auch die Möglichkeit bieten, diese wiederherzustellen, falls etwas schiefgeht. Einige Anbieter bieten automatische Backups oder Versionierung, sodass Sie ältere Dateiversionen wiederherstellen können. Das ist besonders bei sensiblen oder geschäftskritischen Daten ein Muss. Fragen Sie den Anbieter: Gibt es automatische Backups? Wie einfach ist die Wiederherstellung von Daten?

8. Kundenservice und Support

Auch der beste Cloud-Dienst kann mal Probleme bereiten. In solchen Momenten ist es wichtig, dass Sie schnell und zuverlässig Hilfe bekommen. Prüfen Sie, welche Support-Optionen der Anbieter bietet. Gibt es einen 24/7-Support? Werden Anfragen nur schriftlich bearbeitet, oder können Sie auch telefonisch Kontakt aufnehmen? Achten Sie darauf: Wie schnell reagiert der Support? Gibt es Support in Ihrer Landessprache?

9. Zuverlässigkeit und Ausfallsicherheit

Die Verfügbarkeit eines Cloud-Dienstes ist entscheidend. Ein Anbieter, dessen Server oft ausfallen, bringt mehr Frust als Nutzen. Seriöse Anbieter garantieren eine Verfügbarkeit von 99,9 % oder höher und haben Maßnahmen wie redundante Server, um Ausfälle zu minimieren. Fragen Sie: Gibt es eine Verfügbarkeitsgarantie? Wie häufig gab es in der Vergangenheit Ausfälle?

10. Transparenz und Unternehmensethik

Transparenz ist ein oft unterschätztes Kriterium. Achten Sie darauf, wie offen der Anbieter über seine Datenschutzrichtlinien, Sicherheitsmaßnahmen und Preise informiert. Auch die Unternehmensethik spielt eine Rolle: Nutzen die Rechenzentren erneuerbare Energien? Wie geht der Anbieter mit Datenanfragen von Behörden um? Informieren Sie sich: Gibt es Berichte oder Zertifizierungen, die die Transparenz und Ethik des Unternehmens belegen?

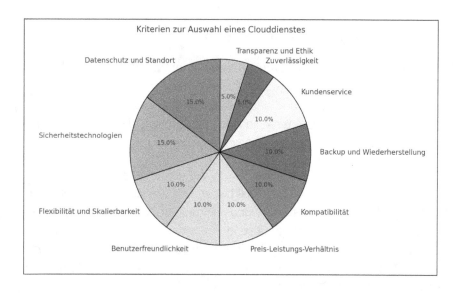

11. Ihre Bedürfnisse bestimmen die Kriterien

Die Auswahl eines Cloud-Dienstes ist eine individuelle Entscheidung, die von Ihren Anforderungen abhängt. Mit diesen Kriterien haben Sie jedoch eine solide Grundlage, um verschiedene Anbieter zu vergleichen und eine fundierte Wahl zu treffen. Ob Datenschutz, Sicherheit, Benutzerfreundlichkeit oder Preis – legen Sie fest, welche Aspekte für Sie am wichtigsten sind, und wählen Sie einen Dienst, der genau diese Anforderungen erfüllt. So stellen Sie sicher, dass Ihre Cloud-Lösung nicht nur heute, sondern auch in Zukunft die richtige Wahl ist.

Bedarfsermittlung: Privatperson vs. KMU

Die Cloud ist für viele eine unverzichtbare Lösung, doch der Nutzen und die Anforderungen unterscheiden sich stark zwischen Privatpersonen und kleinen bis mittleren Unternehmen (KMUs). Während Privatpersonen oft nach einer einfachen Möglichkeit suchen, Daten sicher zu speichern und von verschiedenen Geräten darauf zuzugreifen, geht es bei KMUs um Effizienz, Skalierbarkeit und rechtliche Sicherheit. Die Bedarfe sind also unterschiedlich – und genau deshalb ist es wichtig, vor der Wahl eines Cloud-Dienstes eine klare Bedarfsermittlung durchzuführen.

Bedarfsermittlung für Privatpersonen

Privatpersonen nutzen die Cloud in der Regel, um persönliche Daten wie Fotos, Videos oder Dokumente zu speichern. Hier geht es häufig um die Vereinfachung des Alltags und den Schutz vor Datenverlust. Doch auch bei Privatnutzern gibt es unterschiedliche Bedürfnisse, die bei der Auswahl eines Cloud-Dienstes berücksichtigt werden sollten.

Speicherkapazität ist oft der erste Faktor, der geklärt werden muss. Überlegen Sie, wie viele Daten Sie aktuell haben und wie viel Speicherplatz Sie langfristig benötigen. Fotos und Videos nehmen in der Regel den größten Anteil ein, vor allem bei hochauflösenden Formaten. Überschätzen Sie nicht, wie viel Speicherplatz Sie wirklich brauchen. Viele Anbieter bieten kleinere Tarife an, die für den privaten Gebrauch ausreichen und bei Bedarf erweitert werden können.

Für Privatpersonen ist der Schutz persönlicher Daten oft eine der größten Sorgen. Viele möchten sicherstellen, dass ihre Familienfotos oder vertraulichen Dokumente nicht in die falschen Hände geraten. Anbieter mit Ende-zu-Ende-Verschlüsselung und Zero-Knowledge-Prinzip sind hier besonders interessant. Auch die DSGVO-Konformität spielt eine Rolle, da sie sicherstellt, dass die Daten nicht ohne Zustimmung weiterverarbeitet werden.

Privatpersonen bevorzugen Cloud-Dienste, die einfach einzurichten und zu bedienen sind. Eine intuitive App oder Benutzeroberfläche ist daher essenziell. Funktionen wie automatische Synchronisation oder die Möglichkeit, Fotos direkt vom Smartphone in die Cloud hochzuladen, sind oft entscheidend.

Viele Privatpersonen möchten keine hohen monatlichen Gebühren zahlen. Kostenlose oder günstige Einstiegspakete sind daher ein wichtiges Kriterium. Es lohnt sich, die kostenlosen Tarife der Anbieter zu prüfen, allerdings immer mit einem kritischen Blick auf eventuelle Einschränkungen, wie begrenzten Speicherplatz oder reduzierte Sicherheitsfunktionen.

Für Privatpersonen, die Daten wie Fotos oder Dokumente mit Familie und Freunden teilen möchten, ist eine einfache Sharing-Funktion von Bedeutung. Achten Sie darauf, dass der Anbieter sichere und benutzerfreundliche Optionen für den Dateiaustausch bietet.

Bedarfsermittlung für KMUs

Für KMUs ist die Cloud weitaus mehr als nur ein Speicherplatz. Hier steht die Integration in die Geschäftsprozesse, die Sicherstellung der rechtlichen Konformität und die Möglichkeit zur Zusammenarbeit im Vordergrund. Die Anforderungen eines Unternehmens sind komplexer und erfordern eine genaue Planung.

Ein Unternehmen wächst – und mit ihm die Datenmengen und Anforderungen. Die Cloud-Lösung muss daher skalierbar sein, damit zusätzliche Nutzer, Speicherplatz oder Funktionen bei Bedarf problemlos hinzugefügt werden können. Flexible Preismodelle, die sich an den aktuellen Bedarf anpassen lassen, sind hier besonders wertvoll. Wählen Sie einen Anbieter, der verschiedene Tarife und Erweiterungsoptionen anbietet, um mit Ihrem Unternehmen mitzuwachsen.

KMUs arbeiten oft mit sensiblen Kundendaten, sei es in der Buchhaltung, bei Kundenaufträgen oder im Vertrieb. Datenschutz ist daher ein zentrales Thema. Die DSGVO-Konformität des Anbieters ist ein absolutes Muss, um rechtliche Risiken zu minimieren. Zusätzlich sollten Funktionen wie Zugriffsbeschränkungen, Protokollierung von Aktivitäten und regelmäßige Backups verfügbar sein.

Eine Cloud-Lösung für KMUs sollte nahtlos in die bestehende IT-Infrastruktur integriert werden können. Dazu gehören Schnittstellen zu gängigen Tools wie Microsoft Office, ERP-Systemen oder Buchhaltungssoftware. Anbieter, die offene APIs oder standardisierte Protokolle wie WebDAV und SMB unterstützen, sind hier von Vorteil.

Für KMUs ist die Cloud auch ein Werkzeug für bessere Zusammenarbeit. Funktionen wie die gleichzeitige Bearbeitung von Dokumenten, sichere Freigaben und zentrale Datenverwaltung sind essenziell. Besonders Teams, die remote oder standortübergreifend arbeiten, profitieren von einer Cloud, die diese Funktionen unterstützt.

Im Geschäftsalltag können Ausfälle schwerwiegende Folgen haben. Eine zuverlässige Cloud-Lösung mit hoher Verfügbarkeit (oft 99,9 % oder höher) ist daher entscheidend. Anbieter, die redundante Systeme und Notfallwiederherstellungspläne anbieten, geben zusätzliche Sicherheit.

KMUs müssen die Kosten im Blick behalten. Eine Cloud-Lösung sollte transparent und vorhersehbar abgerechnet werden. Einige Anbieter bieten Pay-as-you-go-Modelle, bei denen nur für tatsächlich genutzte Dienste gezahlt wird. Dies kann für KMUs, die schwankenden Bedarf haben, eine kosteneffiziente Lösung sein.

Ein schneller und kompetenter Support ist für KMUs unverzichtbar. Bei Problemen oder Ausfällen sollte der Anbieter rund um die Uhr erreichbar sein und schnelle Lösungen anbieten können. Achten Sie darauf, ob der Support in Ihrer Landessprache verfügbar ist und ob zusätzliche Kosten für Serviceleistungen anfallen.

Gemeinsamkeiten und Unterschiede

Während Privatpersonen vor allem auf Benutzerfreundlichkeit, niedrige Kosten und Datenschutz achten, benötigen KMUs eine Lösung, die flexibel, skalierbar und integrationsfähig ist. Beide Gruppen profitieren jedoch von einem Anbieter, der Sicherheit und Verfügbarkeit priorisiert.

Bedarfsermittlung ist der Schlüssel

Die richtige Cloud-Lösung beginnt mit einer gründlichen Analyse Ihrer Bedürfnisse. Als Privatperson sollten Sie sich fragen, welche Daten Sie speichern möchten und wie wichtig Ihnen Datenschutz und Benutzerfreundlichkeit sind. KMUs hingegen müssen sicherstellen, dass die Cloud nicht nur den aktuellen, sondern auch zukünftigen Anforderungen gerecht wird. Eine klare Bedarfsermittlung spart nicht nur Zeit und Geld, sondern sorgt auch dafür, dass Sie langfristig von Ihrer Cloud-Lösung profitieren.

Tipps für langfristige Planung

Die Wahl der richtigen Cloud-Lösung ist mehr als nur eine Entscheidung für den Moment. Eine gute Planung sollte immer auf Langfristigkeit ausgelegt sein, um sicherzustellen, dass Ihre Cloud-Nutzung nicht nur Ihren aktuellen, sondern auch zukünftigen Anforderungen gerecht wird. Hier sind einige wichtige Punkte, die Sie bei Ihrer Planung beachten sollten, damit Ihre Daten sicher, Ihre Kosten überschaubar und Ihre Arbeitsabläufe effizient bleiben.

1. Zukünftigen Speicherbedarf einschätzen

Einer der häufigsten Fehler bei der Wahl einer Cloud-Lösung ist es, den Speicherbedarf zu unterschätzen. Viele starten mit einem kleinen Paket und stellen nach wenigen Monaten fest, dass der Platz nicht ausreicht. Das Nachrüsten kann dann teurer werden, als von Anfang an ein größeres Paket zu wählen. Überlegen Sie also genau, wie viele Daten Sie derzeit speichern und welche Art von Daten in Zukunft hinzukommen könnte. Denken Sie dabei auch an mögliche neue Projekte oder Anwendungen, die zusätzlichen Speicherplatz benötigen. Tipp: Wählen Sie einen Anbieter, der flexible Upgrade-Optionen bietet. So können Sie Ihren Speicherplatz bei Bedarf einfach erweitern, ohne hohe Zusatzkosten.

2. Anbieter mit langer Marktperspektive wählen

Die Cloud-Branche ist dynamisch, und nicht alle Anbieter überleben den Wettbewerb. Wenn Sie auf einen Anbieter setzen, der in wenigen Jahren vom Markt verschwindet, könnte das zu einem Problem werden. Die Migration von Daten ist aufwendig und birgt immer ein Risiko. Wählen Sie daher einen Anbieter, der bereits etabliert ist und eine klare Vision für die Zukunft hat. Recherchieren Sie, wie lange der Anbieter bereits auf dem Markt ist und welche Investitionen er in seine Infrastruktur tätigt. Tipp: Achten Sie auf Anbieter, die regelmäßig Updates und neue Funktionen anbieten. Das zeigt, dass sie aktiv an der Weiterentwicklung ihrer Dienste arbeiten.

3. Sicherheit als kontinuierlichen Prozess betrachten

Sicherheit ist kein einmaliger Schritt, sondern ein laufender Prozess. Die Technologien und Bedrohungen ändern sich ständig, und auch Ihre Cloud-Lösung muss sich diesen Herausforderungen anpassen. Wählen Sie einen Anbieter, der regelmäßig in Sicherheitsmaßnahmen investiert und aktuelle Standards wie Ende-zu-Ende-Verschlüsselung oder Multi-Faktor-Authentifizierung anbietet. Darüber hinaus sollten Sie Ihre eigenen Sicherheitsmaßnahmen regelmäßig überprüfen. Aktualisieren Sie Passwörter, verwenden Sie immer die neuesten Sicherheitsupdates für Ihre Geräte und prüfen Sie, ob Ihre Cloud-Lösung den aktuellen Anforderungen entspricht. Tipp: Setzen Sie auf einen Anbieter, der Transparenz bietet, wie er Sicherheitsvorfälle behandelt und wie schnell Updates bereitgestellt werden.

4. Kostenkontrolle und Abrechnungsmodelle prüfen

Die langfristigen Kosten einer Cloud-Lösung sind ein entscheidender

Faktor. Viele Anbieter bieten günstige Einstiegstarife an, doch die laufenden Kosten können schnell ansteigen, wenn zusätzliche Funktionen oder Speicherplatz benötigt werden. Prüfen Sie die Preismodelle der Anbieter genau und achten Sie darauf, ob versteckte Kosten wie Gebühren für Datenabrufe oder die Migration von Daten anfallen. Tipp: Wählen Sie einen Anbieter mit klaren, transparenten Preismodellen und vermeiden Sie Dienste, die unerwartete Zusatzkosten verursachen können. Anbieter mit Pay-as-you-go-Modellen können besonders für Unternehmen attraktiv sein, die ihre Nutzung flexibel anpassen möchten.

5. Datenmigration im Blick behalten

Egal, wie zufrieden Sie derzeit mit Ihrem Anbieter sind, es kann sein, dass Sie in Zukunft die Plattform wechseln möchten oder müssen. Die Migration von Daten ist oft mit Herausforderungen verbunden – von der Kompatibilität der Formate bis hin zu Zeit- und Kostenaufwand. Planen Sie deshalb von Anfang an, wie Sie Ihre Daten im Ernstfall auf eine andere Plattform übertragen könnten. Tipp: Nutzen Sie Standards wie WebDAV oder S3-kompatible Protokolle, die den Wechsel zwischen Anbietern erleichtern. Anbieter, die auf proprietäre Formate setzen, können es Ihnen schwerer machen, Ihre Daten mitzunehmen.

6. Backup-Strategien von Anfang an integrieren

Auch wenn Ihre Daten in der Cloud gespeichert sind, ist ein Backup essenziell. Datenverluste können durch menschliche Fehler, Softwareprobleme oder Cyberangriffe entstehen. Stellen Sie sicher, dass Ihre wichtigsten Daten an mehreren Orten gesichert sind – zum Beispiel in der Cloud und auf einer externen Festplatte. Tipp: Planen Sie regelmäßige Backups und prüfen Sie, ob Ihr Anbieter automatische Backup-Optionen bietet. So können Sie Ihre Daten im Ernstfall schnell wiederherstellen.

7. Zusammenarbeit und Integration berücksichtigen

Wenn Sie die Cloud für Zusammenarbeit oder als Teil Ihrer Unternehmens-IT nutzen, sollten Sie darauf achten, dass die Plattform gut mit anderen Systemen und Tools integriert werden kann. Dienste, die Schnittstellen zu gängigen Anwendungen wie Microsoft Office, Google-Workspace oder spezialisierten Unternehmenslösungen bieten, können Ihre Arbeit erheblich erleichtern. Tipp: Wählen Sie eine Cloud-Lösung, die flexibel genug ist, um sich in Ihre bestehenden Arbeitsprozesse einzufügen. Vermeiden Sie Insellösungen, die Sie später teuer anpassen müssen.

8. Regelmäßige Überprüfung und Anpassung

Ihre Bedürfnisse können sich ändern – sei es durch neue Projekte, wachsende Datenmengen oder veränderte Arbeitsweisen. Nehmen Sie sich mindestens einmal im Jahr Zeit, um Ihre Cloud-Nutzung zu überprüfen. Passt der Anbieter noch zu Ihren Anforderungen? Nutzen Sie alle Funktionen, die Sie bezahlen? Gibt es neue Technologien oder Anbieter, die besser geeignet wären?

Tipp: Machen Sie sich einen festen Termin im Kalender, um Ihre Cloud-Nutzung zu analysieren und gegebenenfalls Anpassungen vorzunehmen.

9. Langfristige Planung zahlt sich aus

Die richtige Cloud-Lösung zu finden, ist ein Prozess, der mit einer fundierten Planung beginnt. Indem Sie Ihren zukünftigen Bedarf einschätzen, einen verlässlichen Anbieter wählen und kontinuierlich Sicherheits- und Kostenaspekte im Blick behalten, legen Sie den Grundstein für eine langfristig erfolgreiche Cloud-Nutzung. Mit den hier genannten Tipps können Sie sicherstellen, dass Ihre Cloud-Lösung nicht nur heute, sondern auch in den kommenden Jahren optimal für Sie arbeitet.

20. Daten sicher in der Cloud speichern

Die Cloud ist eine großartige Lösung, um Daten jederzeit verfügbar zu haben, von überall darauf zuzugreifen und im Notfall Backups parat zu haben. Aber hier kommt ein entscheidender Punkt ins Spiel: Sicherheit. Denn was nützt der bequemste Speicherort, wenn Ihre Daten nicht geschützt sind? Die Sicherheit Ihrer Daten in der Cloud liegt nicht nur am Anbieter – sie beginnt bei Ihnen. In diesem Artikel werfen wir einen Blick darauf, wie Sie Ihre Daten sicher in der Cloud ablegen können, ohne nachts schlecht schlafen zu müssen.

Verschlüsselung: Wie funktioniert sie?

Verschlüsselung – ein Wort, das man ständig hört, besonders wenn es um die Cloud und Datensicherheit geht. Aber was genau steckt dahinter? Viele stellen sich darunter ein mysteriöses IT-Konzept vor, das nur Experten verstehen. Doch in Wirklichkeit ist Verschlüsselung ein einfacher, aber extrem wirksamer Schutzmechanismus, der Ihre Daten vor neugierigen Blicken schützt. Stellen Sie sich vor, Sie verschicken einen Brief, der in einer unknackbaren Metallkiste liegt. Genau das macht Verschlüsselung – nur eben digital.

Was ist Verschlüsselung eigentlich?

Verschlüsselung ist der Prozess, Daten so zu verändern, dass sie ohne den passenden Schlüssel unlesbar werden. Nehmen wir das Beispiel eines einfachen Textdokuments. Nach der Verschlüsselung sieht es aus wie ein chaotischer Haufen von Buchstaben, Zahlen und Symbolen – für einen Menschen ohne den richtigen Schlüssel ist es reiner Unsinn. Erst wenn Sie den Schlüssel verwenden, können Sie die ursprünglichen Daten wiederherstellen. Diese Methode stellt sicher, dass niemand Ihre Informationen lesen kann, selbst wenn er Zugriff auf sie bekommt.

In der Praxis bedeutet das, dass Ihre Daten – sei es in der Cloud, auf einer Festplatte oder während der Übertragung über das Internet – für andere unlesbar bleiben. Nur Sie und diejenigen, denen Sie den Schlüssel geben, können auf die Daten zugreifen.

Wie funktioniert Verschlüsselung?

Die Grundlagen der Verschlüsselung beruhen auf mathematischen Algorithmen, die Daten in eine andere Form umwandeln. Es gibt zwei Hauptarten von Verschlüsselung: symmetrische und asymmetrische.

Bei der symmetrischen Verschlüsselung verwenden Sie und der Empfänger denselben Schlüssel. Es ist, als hätten Sie beide denselben Schlüssel zu einem Schließfach. Die Vorteile dieser Methode sind ihre Schnelligkeit und Einfachheit. Der Nachteil: Der Schlüssel muss sicher weitergegeben werden. Wenn jemand den Schlüssel abfängt, hat er Zugriff auf die Daten.

Die asymmetrische Verschlüsselung löst dieses Problem auf elegante Weise. Hier gibt es zwei Schlüssel: einen öffentlichen und einen privaten. Der öffentliche Schlüssel wird verwendet, um Daten zu verschlüsseln, und der private Schlüssel wird benötigt, um sie zu entschlüsseln. Nur der Besitzer des privaten Schlüssels kann die verschlüsselten Daten lesen. Diese Methode ist besonders sicher, weil der private Schlüssel niemals geteilt werden muss.

Anwendungsbeispiele in der Cloud

In der Cloud wird Verschlüsselung auf mehrere Arten eingesetzt, um Ihre Daten zu schützen. Zunächst einmal gibt es die Transportverschlüsselung, die dafür sorgt, dass Ihre Daten während der Übertragung sicher sind. Das passiert zum Beispiel, wenn Sie eine Datei von Ihrem Computer in die Cloud hochladen. Dank Protokollen wie HTTPS oder TLS sind die Daten für andere, die die Verbindung belauschen könnten, unlesbar.

Dann gibt es die Speicherverschlüsselung, bei der Ihre Daten verschlüsselt in der Cloud abgelegt werden. Selbst wenn jemand die Festplatten eines Servers stiehlt, kann er mit den Daten nichts anfangen, da sie ohne den Entschlüsselungsschlüssel nicht lesbar sind.

Noch besser ist die Ende-zu-Ende-Verschlüsselung. Hier werden Ihre Daten direkt auf Ihrem Gerät verschlüsselt und erst wieder entschlüsselt, wenn Sie sie abrufen. Der Anbieter der Cloud hat in diesem Fall keinerlei Zugriff auf Ihre Daten. Dieses sogenannte Zero-Knowledge-Prinzip ist die sicherste Methode und wird von einigen europäischen Anbietern unterstützt.

Warum ist Verschlüsselung so wichtig?

Verschlüsselung schützt Ihre Daten vor Diebstahl und Missbrauch. Ohne Verschlüsselung könnte theoretisch jeder, der Zugriff auf Ihre Daten erhält – sei es ein Hacker, ein Mitarbeiter des Cloud-Anbieters oder sogar ein neugieriger Nachbar im gleichen Netzwerk – diese lesen und nutzen. Verschlüsselung stellt sicher, dass selbst im schlimmsten Fall, wenn Ihre Daten in die falschen Hände geraten, sie für Dritte wertlos bleiben.

Die Rolle des Schlüssels

Die Verschlüsselung ist nur so sicher wie der Schlüssel, der sie schützt. Wenn Sie ein schwaches Passwort oder eine ungesicherte Methode zur Schlüsselverwaltung verwenden, können Sie die beste Verschlüsselung zunichtemachen. Deshalb ist es entscheidend, starke Passwörter zu nutzen und diese sicher zu verwahren. Manche Anbieter bieten Ihnen sogar an, Ihre Schlüssel selbst zu verwalten, sodass nicht einmal der Anbieter Zugriff darauf hat.

Verschlüsselung im Alltag

Wenn Sie eine Nachricht über einen verschlüsselten Messenger wie Signal senden, greifen die gleichen Prinzipien der Verschlüsselung. Ihre Nachricht wird unlesbar, sobald sie Ihr Gerät verlässt, und nur der Empfänger kann sie wieder entschlüsseln. Das Gleiche gilt für Online-Banking, den Zugriff auf eine sichere Website oder eben für Ihre Daten in der Cloud.

Verschlüsselung ist Ihr digitaler Tresor
Verschlüsselung ist kein kompliziertes Konzept, sondern eine essenzielle Sicherheitsmaßnahme, die Ihre Daten in einer zunehmend vernetzten Welt schützt. Ob Sie sensible Dokumente in der Cloud speichern, E-Mails senden oder Online-Banking nutzen – Verschlüsselung sorgt dafür, dass Ihre Daten sicher bleiben. In den nächsten Kapiteln schauen wir uns genauer an, welche Tools und Methoden Sie nutzen können, um Ihre Daten zu verschlüsseln und den Schutz noch weiter zu erhöhen. Eines ist sicher: Mit Verschlüsselung haben Sie ein mächtiges Werkzeug, um Ihre digitale Privatsphäre zu schützen.

Tools und Methoden zur sicheren Datenspeicherung

Daten sicher zu speichern ist heute wichtiger denn je. In einer Welt, in der Hackerangriffe, Datenpannen und neugierige Unternehmen an der Tagesordnung sind, reicht es nicht aus, Ihre Daten einfach irgendwo abzulegen – sie müssen geschützt werden. Glücklicherweise gibt es zahlreiche Tools und Methoden, die Ihnen helfen, Ihre Daten sowohl lokal als auch in der Cloud sicher zu speichern. In diesem Artikel werfen wir einen umfassenden Blick auf bewährte Ansätze, die Sie nutzen können, um Ihre Informationen vor unbefugtem Zugriff zu schützen.

Lokale Verschlüsselungstools

Bevor Sie Daten in die Cloud hochladen, können Sie sie lokal verschlüsseln. Dies bietet einen doppelten Schutz: Selbst wenn der Cloud-Anbieter kompromittiert wird, bleiben Ihre Daten sicher.

Ein beliebtes Tool für diese Aufgabe ist VeraCrypt, ein Open-Source-Programm, mit dem Sie verschlüsselte Container erstellen können. Diese Container sind wie digitale Tresore, in denen Sie Ihre Dateien speichern können. Nur mit dem richtigen Passwort oder Schlüssel werden sie geöffnet. VeraCrypt unterstützt verschiedene Verschlüsselungsalgorithmen wie AES und bietet eine hohe Sicherheit.

Eine weitere Option ist 7-Zip, das nicht nur für die Datenkomprimierung verwendet werden kann, sondern auch eine AES-256-Verschlüsselung bietet. Besonders praktisch: Sie können Ihre Dateien vor dem Hochladen in die Cloud in ein passwortgeschütztes Archiv packen.

Ende-zu-Ende-Verschlüsselung

Ende-zu-Ende-Verschlüsselung ist die sicherste Methode, um Daten in der Cloud zu speichern. Hierbei werden die Daten bereits auf Ihrem Gerät verschlüsselt und erst beim Abruf wieder entschlüsselt. Der Cloud-Anbieter hat keinen Zugriff auf die Inhalte, selbst wenn er wollte. Tools wie Cryptomator bieten eine benutzerfreundliche Möglichkeit, Ende-zu-Ende-Verschlüsselung für Ihre Daten in der Cloud umzusetzen. Cryptomator erstellt einen verschlüsselten Tresor, der sich nahtlos in Dienste wie Google Drive, Dropbox oder OneDrive integrieren lässt. Das Beste daran: Es ist Open Source und kostenlos nutzbar.

Zero-Knowledge-Anbieter

Einige Cloud-Dienste bieten von Haus aus eine Zero-Knowledge-Verschlüsselung an. Das bedeutet, dass der Anbieter Ihre Daten verschlüsselt speichert, aber selbst keine Möglichkeit hat, sie zu entschlüsseln. Dienste wie pCloud setzen auf dieses Prinzip und sind ideal für Nutzer, die ihre Daten sicher und einfach verwalten möchten, ohne zusätzliche Software installieren zu müssen.

Sicherheitssoftware für lokale Geräte

Ihre Daten können nur so sicher sein wie das Gerät, auf dem sie gespeichert oder verarbeitet werden. Eine starke Antiviren-Software wie AVG, Avira oder Windows Defender schützt Ihre Systeme vor Malware und verhindert, dass Angreifer sich Zugriff auf Ihre Daten verschaffen. Zusätzlich können Sie Tools wie Malwarebytes verwenden, um potenzielle Bedrohungen zu identifizieren und zu entfernen. Solche Programme sind besonders wichtig, wenn Sie regelmäßig sensible Daten bearbeiten oder in der Cloud speichern.

Passwortmanager

Ein starkes Passwort ist die Grundlage jeder sicheren Datenspeicherung. Doch bei der Vielzahl an Konten, die wir heute nutzen, ist es unmöglich, sich alle Passwörter zu merken. Hier kommen Passwortmanager wie Kee-PassXC ins Spiel. Dieses Tool speichert Ihre Passwörter sicher und generiert komplexe Kombinationen, die schwer zu knacken sind.

Ein guter Passwortmanager kann auch Zwei-Faktor-Authentifizierungs-Codes speichern, was die Sicherheit zusätzlich erhöht.

Backup-Methoden

Auch die sicherste Cloud ist nicht immun gegen Ausfälle. Daher sollten Sie Ihre Daten regelmäßig sichern. Eine bewährte Methode ist die 3-2-1-Backup-Strategie:

Drei Kopien Ihrer Daten: eine Originalkopie und zwei Backups.

Zwei verschiedene Speichermedien: z. B. eine externe Festplatte und die Cloud.

Eine Kopie an einem anderen physischen Standort: z. B. in einem anderen Haus oder einer anderen Stadt.

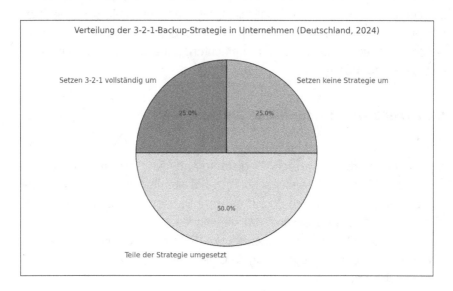

Tools wie Iperius Backup oder Paragon Backup helfen Ihnen, Backups automatisiert und sicher zu erstellen. Weitere Infos zu Backups auf meiner Website: https://ralf-peter-kleinert.de/sicherheit-in-der-it/backups-sind-exrem-wichtig.html

Zugriffskontrolle

Die Kontrolle darüber, wer auf Ihre Daten zugreifen kann, ist essenziell. Viele Cloud-Dienste bieten Funktionen, um den Zugriff zu beschränken. Mit Berechtigungsmanagement können Sie genau festlegen, wer welche Dateien sehen oder bearbeiten darf. Für Unternehmen sind Tools wie Okta oder Microsoft Azure AD nützlich, um den Zugriff auf sensible Daten zentral zu steuern.

Privatpersonen können auf einfache Lösungen wie die Freigabeeinstellungen in ihrer Cloud zurückgreifen, um Daten nur mit ausgewählten Personen zu teilen.

Sicherheitsbewusstes Verhalten

Die beste Technologie hilft wenig, wenn der Nutzer unvorsichtig ist. Phishing-Mails, unsichere Netzwerke oder schwache Passwörter sind oft der erste Schritt in Richtung Datenverlust. Schulen Sie sich selbst und Ihre Mitarbeiter im Umgang mit potenziellen Sicherheitsrisiken. Verwenden Sie immer eine VPN-Verbindung, wenn Sie auf öffentliche Netzwerke angewiesen sind, und achten Sie darauf, keine sensiblen Daten auf ungeschützten Geräten zu speichern.

Sichere Datenspeicherung ist kein Hexenwerk, aber sie erfordert eine Kombination aus den richtigen Tools, Methoden und einer gewissen Portion Aufmerksamkeit. Von der lokalen Verschlüsselung mit Tools wie VeraCrypt über die Nutzung von Zero-Knowledge-Anbietern bis hin zu Backups und Zugriffskontrollen gibt es viele Möglichkeiten, Ihre Daten zu schützen. Letztendlich ist es eine Frage der Planung und Konsequenz, die dafür sorgt, dass Ihre Daten auch in der Cloud sicher bleiben.

21. Zugriffsrechte und Passwortmanagement

Sehen Sie sich genau in der technischen Oberfläche Ihres gewählten Cloud-Anbieters um. Die Websites und Benutzeroberflächen ändern zwar häufig ihr Aussehen, aber grundlegende Navigationskonzepte und Funktionen bleiben in der Regel gleich. Zwei der wichtigsten Aspekte, die Sie im Auge behalten sollten, sind die Verwaltung von Zugriffsrechten und das Passwortmanagement. Beide Bereiche spielen eine entscheidende Rolle dafür, wie sicher Ihre Daten in der Cloud sind.

Zugriffsrechte bestimmen, wer auf welche Daten zugreifen kann und welche Aktionen erlaubt sind. Wenn Sie die Cloud nicht nur für sich allein nutzen, sondern Daten mit anderen Personen oder Teams teilen, ist eine sinnvolle Verwaltung dieser Rechte unverzichtbar. Die meisten Cloud-Dienste erlauben es, unterschiedliche Berechtigungen zu vergeben. Dabei können Nutzer beispielsweise nur Leserechte erhalten oder auch Berechtigungen zum Bearbeiten und Löschen von Daten. Der Zugang zu administrativen Funktionen sollte auf ein Minimum beschränkt sein, um Missbrauch oder unbeabsichtigte Fehler zu vermeiden.

Es ist wichtig, dass Sie diese Rollen bewusst verteilen. Wenn Sie unsicher sind, welche Rechte erforderlich sind, ist es besser, zunächst nur begrenzte Zugriffsrechte zu erteilen und diese bei Bedarf zu erweitern. Einige Anbieter bieten zudem die Möglichkeit, Zugriffsrechte zeitlich zu begrenzen. Dies ist nützlich, wenn Sie beispielsweise eine Datei vorübergehend mit einer anderen Person teilen möchten. Sobald der Zugriff nicht mehr benötigt wird, können Sie die Freigabe einfach widerrufen. Solche Funktionen sollten regelmäßig überprüft und angepasst werden, um sicherzustellen, dass niemand unnötigen Zugriff auf Ihre Daten hat.

Das Passwort ist der erste Schutzmechanismus, der Ihre Daten in der Cloud absichert. Ein schwaches Passwort macht alle anderen Sicherheitsmaßnahmen unwirksam. Ein starkes Passwort sollte mindestens zwölf Zeichen umfassen und eine Mischung aus Groß- und Kleinbuchstaben, Zahlen und Sonderzeichen enthalten. Vermeiden Sie dabei leicht zu erratende Begriffe oder Muster. Außerdem sollten Sie niemals dasselbe Passwort für mehrere Dienste verwenden. Wenn eines dieser Passwörter kompromittiert wird, könnten Angreifer andernfalls Zugriff auf alle Ihre Konten erhalten.

Die Nutzung eines Passwortmanagers kann Ihnen helfen, komplexe und sichere Passwörter zu generieren und zu verwalten. Mit einem Passwortmanager brauchen Sie sich nur ein einziges Hauptpasswort zu merken, das Ihnen Zugriff auf Ihre gespeicherten Zugangsdaten gibt. Zusätzlich sollten Sie die Zwei-Faktor-Authentifizierung (2FA) aktivieren. Diese

Sicherheitsmaßnahme verlangt nach der Eingabe des Passworts einen zusätzlichen Code, der in einer App oder per SMS generiert wird. Selbst wenn jemand Ihr Passwort kennt, kann er ohne diesen zweiten Faktor nicht auf Ihr Konto zugreifen.

Prüfen Sie regelmäßig die Sicherheitsoptionen Ihres Cloud-Anbieters. Viele Anbieter entwickeln ihre Schutzmaßnahmen ständig weiter und bieten neue Funktionen wie detaillierte Zugriffsprotokolle oder zusätzliche Authentifizierungsmethoden an. Nutzen Sie diese Möglichkeiten, um Ihre Daten optimal abzusichern. Kontrollieren Sie außerdem, welche Geräte und Nutzer derzeit Zugriff auf Ihr Konto haben. Schließen Sie verdächtige Verbindungen sofort und ändern Sie Ihr Passwort, falls Sie Unregelmäßig-keiten feststellen.

Ein weiterer zentraler Punkt sind geteilte Links. Wenn Sie Daten über einen Link teilen, sollten Sie sicherstellen, dass der Zugriff geschützt ist. Links können oft mit einem Passwort versehen oder mit einem Ablauf-datum ausgestattet werden. Diese zusätzlichen Sicherheitsmaßnahmen stellen sicher, dass nur berechtigte Personen auf die Daten zugreifen können und der Zugriff automatisch endet, wenn er nicht mehr benötigt wird. Auch geteilte Links sollten Sie regelmäßig überprüfen und löschen, wenn sie nicht mehr gebraucht werden.

Die Kontrolle über Zugriffsrechte und Passwörter ist essenziell für die Sicherheit Ihrer Daten in der Cloud. Indem Sie sorgfältig festlegen, wer auf Ihre Daten zugreifen darf, und gleichzeitig starke und gut verwaltete Passwörter nutzen, schaffen Sie eine solide Grundlage für eine sichere Nutzung. Sicherheitsmaßnahmen in der Cloud sind nur so effektiv wie das Bewusstsein, mit dem Sie diese verwalten. Mit der richtigen Einstellung und regelmäßigen Kontrollen können Sie Ihre Daten vor unbefugtem Zugriff schützen und die Vorteile der Cloud ohne unnötige Risiken nutzen.

22. Backup-Strategien mit der Cloud

Backups sind das digitale Sicherheitsnetz für Ihre Daten. Die Cloud spielt hierbei eine zunehmend zentrale Rolle, da sie eine bequeme, skalierbare und oft kosteneffiziente Möglichkeit bietet, wichtige Daten zu sichern. Doch eine erfolgreiche Backup-Strategie mit der Cloud ist mehr als nur das Hochladen von Dateien auf einen Server. Sie erfordert Planung, klare Ziele und ein Verständnis dafür, wie die Cloud in Ihre Gesamtstrategie eingebunden werden kann. Die Cloud ermöglicht es, Daten an einem externen Ort zu speichern, der von lokalen Hardwareproblemen unabhängig ist. Im Gegensatz zu herkömmlichen physischen Backups, wie sie auf Festplatten oder NAS-Systemen durchgeführt werden, bietet die Cloud den Vorteil, dass Ihre Daten von nahezu überall wiederhergestellt werden können. Diese Mobilität und Flexibilität machen die Cloud zu einem unverzichtbaren Bestandteil moderner Backup-Strategien.

Eine Backup-Strategie beginnt mit der Überlegung, welche Daten tatsächlich gesichert werden müssen. Nicht alle Dateien sind gleich wichtig. Betriebssysteme oder Programme können meist leicht neu installiert werden, doch persönliche Dokumente, Kundeninformationen oder Projekte sind oft unwiederbringlich. Eine klare Strukturierung, welche Daten in die Cloud gehören und welche lokal bleiben können, ist der erste Schritt. Es gibt verschiedene Arten von Cloud-Backups, die sich je nach Bedarf kombinieren lassen. Ein vollständiges Backup sichert alle Daten auf einmal, während inkrementelle oder differenzielle Backups nur die Änderungen seit dem letzten Sicherungspunkt speichern. Letztere Methoden sparen Speicherplatz und Bandbreite, sind aber oft etwas komplexer in der Verwaltung. Die Wahl der richtigen Methode hängt davon ab, wie groß Ihre Datenmengen sind und wie oft Sie Änderungen vornehmen.

Eine häufige Frage bei Cloud-Backups ist, wie oft diese durchgeführt werden sollten. Die Antwort hängt von der Art der Daten ab. Für geschäftskritische Informationen ist ein tägliches Backup oder sogar eine Echtzeit-Synchronisation sinnvoll. Für weniger wichtige Daten genügt möglicherweise ein wöchentlicher oder monatlicher Rhythmus. Die Automatisierung von Backups ist hier ein entscheidender Faktor. Die meisten Cloud-Dienste bieten Funktionen, um Sicherungen regelmäßig und ohne manuellen Eingriff auszuführen. Dadurch wird sichergestellt, dass keine wichtigen Daten verloren gehen, selbst wenn Sie nicht aktiv daran denken. Die Wahl des richtigen Cloud-Anbieters ist ein weiterer wichtiger Punkt. Ein seriöser Anbieter sollte Ihre Daten verschlüsseln, sowohl während der Übertragung als auch im Ruhezustand. Ebenso wichtig ist die Verfügbarkeit eines Versionsmanagements, mit dem Sie frühere Zustände Ihrer Dateien wiederherstellen können. Manche Anbieter bieten zudem die Möglichkeit, Daten in verschiedenen geografischen Regionen zu speichern, um zusätzlichen Schutz gegen Naturkatastrophen oder technische Ausfälle zu gewährleisten.

Die Kombination von Cloud-Backups mit lokalen Sicherungen ist oft die beste Strategie. Dies wird als Hybrid-Backup bezeichnet. Lokale Sicherungen bieten schnellen Zugriff und kurze Wiederherstellungszeiten, während die Cloud als zweite Sicherheitsstufe dient, falls lokale Hardware beschädigt wird oder verloren geht. Diese Kombination erhöht die Redundanz und schützt Ihre Daten vor einer Vielzahl von Bedrohungen.

Cloud-Backups können auch als Teil einer größeren Disaster-Recovery-Strategie dienen. In Unternehmen ermöglicht die Cloud eine schnelle Wiederherstellung von Systemen und Daten, selbst wenn physische Standorte betroffen sind. Aber auch Privatpersonen profitieren, da persönliche Daten wie Fotos, Videos oder Dokumente unabhängig von lokalen Geräten verfügbar bleiben. Eine erfolgreiche Backup-Strategie mit der Cloud erfordert regelmäßige Tests. Es reicht nicht aus, Daten zu sichern – Sie müssen sicherstellen, dass sie auch im Ernstfall wiederhergestellt werden können. Viele Nutzer übersehen diesen Schritt, was dazu führt, dass Backups im Ernstfall unvollständig oder unbrauchbar sind. Testen Sie daher regelmäßig die Wiederherstellung Ihrer Daten und prüfen Sie, ob alle wichtigen Dateien tatsächlich gesichert wurden.

Warum Backups essenziell sind

Backups sind keine technische Spielerei, sondern eine unverzichtbare Grundlage für den Schutz Ihrer Daten. In einer zunehmend digitalen Welt, in der wir Fotos, Dokumente, Geschäftsunterlagen und persönliche Erinnerungen auf unseren Geräten speichern, ist der Verlust dieser Daten oft ein schwerer Schlag. Backups sind wie eine Versicherung – sie geben Ihnen die Sicherheit, dass Ihre Daten auch dann verfügbar sind, wenn das Unerwartete eintritt.

Schutz vor Hardware-Ausfällen

Eines der häufigsten Szenarien für Datenverlust ist ein Hardware-Defekt. Festplatten, SSDs oder andere Speichermedien können aus verschiedensten Gründen ausfallen – sei es durch Verschleiß, Überhitzung oder Produktionsfehler. Selbst modernste Geräte sind nicht unfehlbar. Ohne ein Backup sind Ihre Daten in solchen Fällen möglicherweise unwiederbringlich verloren. Ein regelmäßiges Backup schützt Sie vor diesem Risiko, indem es sicherstellt, dass eine Kopie Ihrer Daten unabhängig von der defekten Hardware verfügbar bleibt.

Sicherheit vor Cyberangriffen

Ransomware-Angriffe, bei denen Ihre Daten verschlüsselt und nur gegen Zahlung eines Lösegelds wieder freigegeben werden, haben in den letzten Jahren stark zugenommen. Ohne ein Backup sind Sie den Angreifern oft ausgeliefert, da es keine Garantie gibt, dass Ihre Daten nach der Zahlung tatsächlich wiederhergestellt werden. Mit einem aktuellen Backup können Sie Ihre Systeme einfach zurücksetzen und die verschlüsselten Daten durch die gesicherten Versionen ersetzen.

Schutz vor menschlichen Fehlern

Ein falscher Klick, eine versehentliche Löschung oder ein unachtsamer Moment – menschliche Fehler gehören zu den häufigsten Ursachen für Datenverlust. Besonders problematisch wird es, wenn Dateien dauerhaft gelöscht oder überschrieben werden. Backups bieten hier eine zweite Chance. Mit einer guten Backup-Strategie können Sie frühere Versionen Ihrer Daten wiederherstellen und so die Folgen von Fehlern minimieren.

Unabhängigkeit von Geräten

Unsere Daten sind oft an bestimmte Geräte gebunden – sei es der Laptop, das Smartphone oder eine externe Festplatte. Was passiert jedoch, wenn das Gerät gestohlen wird, verloren geht oder irreparabel beschädigt wird? Ohne ein Backup sind die darauf gespeicherten Daten oft für immer verloren. Backups, insbesondere in der Cloud, sorgen dafür, dass Ihre Daten unabhängig von physischen Geräten zugänglich bleiben. Egal, was mit Ihrem Gerät passiert, Ihre Daten sind sicher und können jederzeit auf ein neues Gerät übertragen werden.

Schutz vor Naturkatastrophen

Brände, Überschwemmungen oder Erdbeben sind selten, aber wenn sie eintreten, können sie verheerende Folgen haben – auch für Ihre Daten. Physische Backups, die zu Hause oder im Büro aufbewahrt werden, sind in solchen Fällen genauso gefährdet wie die Geräte selbst. Cloud-Backups hingegen sind an geografisch getrennten Standorten gespeichert, oft in hochsicheren Rechenzentren, die speziell gegen solche Katastrophen geschützt sind. Diese zusätzliche Sicherheitsebene stellt sicher, dass Ihre Daten selbst unter den extremsten Bedingungen verfügbar bleiben.

Geschäftskontinuität und Datenschutz

Für Unternehmen sind Backups nicht nur eine Sicherheitsmaßnahme, sondern ein entscheidender Faktor für die Geschäftskontinuität. Datenverluste können zu Produktionsausfällen, Umsatzverlusten oder rechtlichen Problemen führen. Viele Branchen sind zudem gesetzlich verpflichtet, bestimmte Daten für einen festgelegten Zeitraum aufzubewahren. Ein Backup-System, das regelmäßig und zuverlässig arbeitet, erfüllt nicht nur diese Anforderungen, sondern ermöglicht auch eine schnelle Wiederaufnahme des Geschäftsbetriebs im Falle eines Ausfalls.

Wert ideeller Daten

Nicht alle Daten lassen sich in Geld messen. Erinnerungen in Form von Fotos und Videos, persönliche Briefe oder Tagebücher sind oft von unschätzbarem ideellem Wert. Ein Verlust solcher Daten ist emotional schwer zu verkraften. Backups sind hier der beste Schutz, um sicherzustellen, dass diese wertvollen Erinnerungen erhalten bleiben – unabhängig davon, was mit dem Original passiert.

Schnelle Wiederherstellung und Zeitersparnis

Ohne ein Backup kann die Wiederherstellung von Daten ein langwieriger und teurer Prozess sein, falls sie überhaupt möglich ist. Mit einem aktuellen Backup können Sie Ihre Daten schnell wiederherstellen, was nicht nur Stress reduziert, sondern auch viel Zeit spart. Ob Sie ein verlorenes Dokument in wenigen Minuten wiederherstellen oder ein komplettes System in Stunden statt Tagen neu aufsetzen können – ein gutes Backup-System macht den Unterschied.

Backups sind unverzichtbar

Backups sind keine Option, sondern eine Notwendigkeit. Sie schützen vor den unzähligen Risiken, die unsere Daten täglich bedrohen – von technischen Defekten über menschliche Fehler bis hin zu Cyberangriffen. Die richtige Backup-Strategie gibt Ihnen die Sicherheit, dass Ihre Daten immer verfügbar sind, egal was passiert. Die Frage ist nicht, ob Sie ein Backup brauchen, sondern wann Sie es brauchen werden. Und wie bei jeder Versicherung gilt: Sie werden froh sein, dass Sie vorbereitet waren, wenn der Ernstfall eintritt.

Unterschied Backup und Synchronisation

Die Begriffe Backup und Synchronisation werden oft durcheinandergeworfen, obwohl sie grundlegend unterschiedliche Ansätze zur Datenspeicherung und -verwaltung darstellen. Beide Methoden haben ihre Daseinsberechtigung, erfüllen aber verschiedene Zwecke. Um Ihre Daten effektiv zu schützen, ist es wichtig, die Unterschiede zu verstehen und beide Ansätze entsprechend Ihrer Bedürfnisse zu nutzen.

Backup: Ihre digitale Sicherheitskopie

Ein Backup ist eine Kopie Ihrer Daten, die erstellt wird, um sie vor Verlust oder Beschädigung zu schützen. Es handelt sich dabei um eine Momentaufnahme Ihrer Daten zu einem bestimmten Zeitpunkt. Diese Kopie wird an einem separaten Ort gespeichert, beispielsweise in der Cloud oder auf einer externen Festplatte. Der zentrale Gedanke eines Backups ist Redundanz – Ihre Daten existieren an mehreren Orten, sodass sie selbst dann wiederhergestellt werden können, wenn das Original verloren geht.

Ein wichtiges Merkmal von Backups ist, dass sie in der Regel nicht automatisch mit den Originaldaten synchronisiert werden. Wenn Sie ein Backup erstellen, bleibt es unverändert, bis ein neues Backup durchgeführt wird. Dadurch können Sie frühere Versionen Ihrer Dateien wiederherstellen, selbst wenn die aktuellen Daten versehentlich gelöscht oder überschrieben wurden. Backups sind besonders nützlich für den Schutz vor Hardware-Ausfällen, Ransomware-Angriffen oder menschlichen Fehlern.

Synchronisation: Stets auf dem neuesten Stand

Synchronisation zielt darauf ab, Dateien zwischen mehreren Geräten oder Speicherorten in Echtzeit oder nahezu in Echtzeit abzugleichen. Wenn Sie beispielsweise eine Datei auf Ihrem Laptop bearbeiten, wird die geänderte Version automatisch auf Ihren anderen Geräten oder in der Cloud aktualisiert. Synchronisation sorgt dafür, dass Ihre Daten immer und überall auf dem neuesten Stand sind, ohne dass Sie manuell eingreifen müssen.

Ein entscheidender Unterschied zur Backup-Methode ist, dass bei der Synchronisation Änderungen direkt übernommen werden. Das bedeutet, dass jede Änderung – einschließlich versehentlicher Löschungen oder Bearbeitungen – sofort in der Cloud und auf allen verbundenen Geräten gespiegelt wird. Synchronisation ist daher ideal für die tägliche Arbeit, bei der Sie schnell und flexibel auf aktuelle Daten zugreifen müssen. Allerdings bietet sie keinen Schutz vor Datenverlust durch unbedachte Änderungen oder Angriffe, da gelöschte oder beschädigte Daten sofort auf allen Geräten synchronisiert werden.

Wann Backup, wann Synchronisation?

Ein Backup dient der langfristigen Sicherung Ihrer Daten. Es schützt vor unerwarteten Ereignissen wie Hardware-Defekten, Cyberangriffen oder versehentlichem Datenverlust. Die Möglichkeit, frühere Versionen von Dateien wiederherzustellen, macht Backups besonders wertvoll. Backups sind jedoch nicht darauf ausgelegt, Daten ständig auf dem neuesten Stand zu halten oder den Zugriff über mehrere Geräte hinweg zu erleichtern.

Synchronisation hingegen ist darauf ausgelegt, Daten konsistent und aktuell zu halten. Sie eignet sich hervorragend für den Alltag, insbesondere wenn Sie mit mehreren Geräten arbeiten oder Dateien mit anderen teilen möchten. Doch die Synchronisation ersetzt kein Backup. Wenn beispielsweise eine Datei versehentlich gelöscht wird, synchronisiert der Dienst diese Änderung und entfernt die Datei von allen Geräten – ohne die Möglichkeit, sie einfach wiederherzustellen.

Die Kombination macht den Unterschied

Die beste Strategie besteht darin, beide Ansätze zu kombinieren. Nutzen Sie die Synchronisation, um Ihre Daten für die tägliche Nutzung aktuell zu halten, und ergänzen Sie diese durch regelmäßige Backups, um Ihre Daten langfristig zu sichern. Ein synchronisierter Cloud-Dienst wie Google

Drive, Dropbox oder OneDrive bietet schnellen Zugriff auf aktuelle Daten, während ein spezieller Backup-Dienst oder eine separate Backup-Strategie dafür sorgt, dass Ihre Daten auch bei größeren Problemen wiederhergestellt werden können.

Zwei Ansätze für unterschiedliche Zwecke

Backup und Synchronisation sind keine Konkurrenten, sondern ergänzen sich. Während Backups Ihnen die Sicherheit geben, dass Ihre Daten auch bei Katastrophen verfügbar bleiben, sorgt die Synchronisation dafür, dass Sie im Alltag flexibel und produktiv arbeiten können. Indem Sie beide Methoden bewusst einsetzen, stellen Sie sicher, dass Ihre Daten nicht nur geschützt, sondern auch jederzeit zugänglich sind.

23. Schritt-für-Schritt-Anleitungen Backup

Backups sind essenziell, das haben wir bereits festgestellt. Aber wie setzt man sie mit den Cloud-Diensten um, die ich Ihnen in diesem Buch vorgestellt habe? Genau darauf konzentrieren wir uns hier. Ich zeige Ihnen praxistaugliche Möglichkeiten, wie Sie Ihre Daten sicher und effizient in der Cloud sichern können – basierend auf den Diensten, die sich über Jahre hinweg als zuverlässig und benutzerfreundlich erwiesen haben.

Es geht nicht darum, jeden einzelnen technischen Aspekt bis ins Detail zu erklären. Stattdessen zeige ich Ihnen Möglichkeiten auf, wie Sie mit Diensten wie pCloud, Ionos oder Hetzner Storage Boxen Ihre Backup-Strategie umsetzen können. Diese Anbieter sind nicht nur sicher und DSGVO-konform, sondern bieten auch Funktionen, die Ihnen den Alltag erleichtern.

Ob Sie ein Vollbackup Ihrer wichtigsten Daten erstellen, inkrementelle Backups einrichten oder die automatische Sicherung aktivieren möchten – hier finden Sie die passenden Anregungen. Der Fokus liegt dabei darauf, die Lösungen so einfach wie möglich zu gestalten, ohne die Sicherheit zu vernachlässigen. Denn die besten Backups sind die, die Sie mühelos und regelmäßig durchführen können. Lassen Sie uns also direkt loslegen und Ihre Daten optimal absichern.

Iperius Backup und Cloud

Wenn es darum geht, effiziente und sichere Backups für die Cloud zu erstellen, ist Iperius Backup eine ausgezeichnete Wahl. Dieses vielseitige Programm ermöglicht es Ihnen, Ihre Daten problemlos in verschiedene Cloud-Dienste zu sichern – darunter auch IONOS HiDrive, einen der Dienste, die ich in diesem Buch vorgestellt habe. Iperius ist nicht nur leistungsstark, sondern auch benutzerfreundlich und flexibel, was es zu einem idealen Werkzeug sowohl für Privatpersonen als auch für KMUs macht.

Die Stärke von Iperius liegt in seiner Fähigkeit, Backups genau an die eigenen Anforderungen anzupassen. Ob Sie ein vollständiges System-Backup erstellen, nur bestimmte Dateien und Ordner sichern oder inkrementelle Backups einrichten möchten – Iperius bietet Ihnen die nötigen Optionen.

Ein weiterer großer Vorteil von Iperius ist die Möglichkeit, Backups zu automatisieren. Sie können festlegen, wann und wie oft Ihre Daten gesichert werden sollen, und das Programm kümmert sich um den Rest. Dies reduziert nicht nur den Aufwand, sondern minimiert auch das Risiko, dass Sie eine Sicherung vergessen. Die Kombination aus Flexibilität, Automatisierung und Cloud-Integration macht Iperius zu einem leistungsstarken Werkzeug für jede Backup-Strategie.

Auf meiner Website habe ich einen umfassenden Artikel zu Iperius Backup veröffentlicht, der Ihnen einen detaillierten Überblick über die Funktionen des Programms gibt. Dort finden Sie auch eine Schritt-für-Schritt-Installationsanleitung, die Ihnen den Einstieg erleichtert. Besuchen Sie den Artikel unter: https://ralf-peter-kleinert.de/sicherheit-in-der-it/iperius-backup-kostenlos.html.

Zusätzlich habe ich ein YouTube-Tutorial erstellt, das Ihnen zeigt, wie Sie Iperius installieren und einrichten können. Das Video erklärt die wichtigsten Einstellungen und führt Sie durch die ersten Schritte. Sie finden das Tutorial hier: www.youtube.com/watch?v=9_qrJ2Tw2cw.

Iperius ist ein zuverlässiges, vielseitiges und gleichzeitig erschwingliches Programm, das sich perfekt für die Erstellung von Backups eignet. Es bietet Ihnen die Möglichkeit, Ihre Daten sicher und bequem in der Cloud zu speichern, und stellt damit eine ideale Ergänzung zu Diensten wie IONOS HiDrive dar. Im nächsten Schritt werden wir uns mit den praktischen Aspekten beschäftigen und Schritt-für-Schritt-Anleitungen erstellen, wie Sie mit Iperius Ihre persönliche Backup-Strategie umsetzen können. Doch eines steht schon jetzt fest: Mit Iperius haben Sie ein Werkzeug an der Hand, das Ihre Datensicherung auf ein neues Level hebt.

In diesem Abschnitt konzentriere ich mich auf die kostenlose Variante von Iperius Backup und zeige Ihnen ein konkretes Beispiel, wie Sie ein Backup zu IONOS HiDrive oder pCloud hochladen können.

Diese Anleitung lässt sich leicht adaptieren, wenn Sie beispielsweise andere Backup-Tools wie Duplicati oder alternative Cloud-Dienste verwenden möchten. Die Grundidee bleibt dieselbe: Daten auswählen, die Backup-Routine einrichten und die Verbindung zur Cloud herstellen. Der Schlüssel liegt darin, die Lösung an Ihre individuellen Bedürfnisse anzupassen und sicherzustellen, dass Ihre Daten jederzeit geschützt sind.

Iperius und pCloud installieren

Installieren Sie Iperius Backup und die pCloud-Software auf Ihrem Rechner. Beide Programme sind benutzerfreundlich gestaltet, und die Installation erfolgt schnell und unkompliziert. Folgen Sie einfach den Anweisungen der Anbieter – das sollte keine Hürde darstellen. Sobald beide Programme eingerichtet sind, können Sie mit der Einrichtung Ihres Backups beginnen.

Synchronisationsordner erstellen

Richten Sie in pCloud einen Synchronisationsordner ein, indem Sie entweder den installierten pCloud-Client oder die Weboberfläche nutzen. Beide Wege sind einfach und benutzerfreundlich. Nennen Sie den Ordner »Iperius-Backup« und synchronisieren Sie ihn mit einem Ordner gleichen Namens, den Sie auf Ihrer Festplatte anlegen. So stellen Sie sicher, dass die Dateien zwischen Ihrer lokalen Festplatte und der Cloud stets aktuell gehalten werden.

Falls es für Sie zunächst kompliziert klingt – keine Sorge! pCloud bietet zahlreiche leicht verständliche Anleitungen, die jeden Schritt im Detail erklären. Einmal eingerichtet, läuft die Synchronisation vollautomatisch und zuverlässig.

Verschlüsseltes Backup einrichten

Jetzt kommt der entscheidende Schritt, der Iperius so praktisch macht. Legen Sie in der Software einen neuen Backup-Job an. Wählen Sie als Quelle den Ordner aus, den Sie sichern möchten, beispielsweise »Dokumente«. Als Ziel wählen Sie den Ordner »Iperius-Backup«, der mit pCloud synchronisiert ist. Damit stellen Sie sicher, dass die gesicherten Daten direkt in die Cloud hochgeladen werden.

Wählen Sie als Backup-Typ »ZIP mit Passwort« aus. Diese Option komprimiert Ihre Daten und schützt sie gleichzeitig mit einer Verschlüsselung. Vergeben Sie ein starkes Passwort, das aus mindestens 18 Zeichen besteht und eine Kombination aus Buchstaben, Zahlen und Sonderzeichen enthält. Speichern Sie dieses Passwort sicher in einem Passwortmanager wie KeePass. Dadurch stellen Sie sicher, dass das Passwort nicht verloren geht, Sie aber jederzeit darauf zugreifen können.

Lassen Sie Iperius das ZIP-Archiv verschlüsseln. Diese Verschlüsselung sorgt dafür, dass Ihre Daten auch in der Cloud geschützt sind und ohne das Passwort unlesbar bleiben. Falls Sie mehr über die Details erfahren möchten, empfehle ich Ihnen mein Video, in dem ich diesen Prozess kurz erkläre. Einmal eingerichtet, erledigt Iperius den Backup-Job zuverlässig und sicher – eine ideale Lösung, um Ihre Daten zu schützen.

Nachdem Iperius das verschlüsselte ZIP-Archiv im Synchronisationsordner erstellt hat, wird es automatisch in die pCloud hochgeladen. Der gesamte Prozess läuft reibungslos im Hintergrund ab. Doch jetzt könnten kritische Stimmen anmerken: »Ja, aber das ist ja eine Synchronisation. Wenn ein Fehler auf dem Rechner passiert, kann das Backup gelöscht werden.« Das ist korrekt – jedoch hat pCloud hier vorgesorgt.

Falls ein solcher Fehler auftritt, können Sie einfach in die pCloud-Oberfläche gehen und das gelöschte Backup wiederherstellen. pCloud bietet eine Wiederherstellungsfunktion, mit der versehentlich gelöschte Dateien oder frühere Versionen problemlos zurückgeholt werden können.

Der große Vorteil dieser Methode liegt in der Kombination aus Effizienz und Sicherheit. Ihr Backup wird ohne Umwege sofort außer Haus gebracht und ist dank der Verschlüsselung durch Iperius absolut geschützt. Damit sind Ihre Daten nicht nur sicher vor lokalen Problemen wie Hardware-Ausfällen, sondern auch vor potenziellen Zugriffen Dritter in der Cloud. Eine unkomplizierte, aber wirkungsvolle Lösung für maximale Datensicherheit.

Zusammenfassend

Die hier vorgestellte Methode mit Iperius und der pCloud-Synchronisation ist nur eine Möglichkeit, Ihre Daten in der Cloud zu sichern. Sie können genauso gut ohne Synchronisation arbeiten, ein ZIP-Archiv beispielsweise mit einer Software wie 7-Zip verschlüsseln und dieses manuell in die Cloud hochladen. Der Weg, den Sie wählen, hängt ganz von Ihren Vorlieben und Ihrer Arbeitsweise ab.

Zwei Punkte sind jedoch essenziell, unabhängig davon, wie Sie Ihr Backup erstellen:

1. Das Backup sollte verschlüsselt werden, bevor Sie es hochladen. Es spielt keine Rolle, welche Software Sie verwenden, ob Iperius, 7-Zip oder eine andere Lösung – die Verschlüsselung Ihrer Daten ist der wichtigste Schutz. Mit einem starken Passwort stellen Sie sicher, dass Ihre Daten selbst im Falle eines Zugriffs durch Dritte unlesbar bleiben.

2. Das Backup sollte »weit weit weg« gesichert werden. Ob durch einen Cloud-Dienst oder eine physische Kopie an einem anderen Ort – das Ziel ist, Ihre Daten vor Gefahren wie Brand, Wasserschaden, Diebstahl, Hochwasser oder anderen unvorhersehbaren Ereignissen zu schützen. Wenn Ihre Daten physisch entfernt und sicher abgelegt sind, haben Sie eine gute Grundlage für ein robustes Backup-System.

Mit diesen beiden Prinzipien haben Sie bereits eine solide Basis geschaffen, um Ihre Daten langfristig und zuverlässig zu sichern. Wie Sie das im Detail umsetzen, bleibt Ihnen überlassen – wichtig ist, dass die Strategie zu Ihren Anforderungen passt und Sie sie regelmäßig anwenden.

Vorsicht Cloud

Auch wenn Cloud-Anbieter Ihnen immer wieder vorschlagen, Ihre Festplatte zu entlasten und sämtliche Daten nur in der Cloud zu speichern – NEIN, machen Sie das nicht! Die Cloud sollte niemals als alleinige Speicherlösung dienen, sondern immer nur ein Teil Ihrer Backup-Strategie sein. Sie ist die letzte Instanz, das Sicherheitsnetz, wenn alle anderen Optionen versagen. Aber verlassen Sie sich niemals ausschließlich darauf.

Machen Sie regelmäßig lokale Backups und speichern Sie diese zusätzlich in der Cloud. Das gibt Ihnen die Sicherheit, dass Ihre Daten auch dann zugänglich bleiben, wenn etwas mit der Cloud passiert. Löschen Sie niemals Ihre Festplatten, um Platz zu schaffen, nur weil der Anbieter Ihnen das als »praktisch« verkauft.

Denn was passiert, wenn das Internet ausfällt? Oder wenn der Cloud-Anbieter insolvent wird? Oder das Rechenzentrum durch einen Brand zerstört wird? Was, wenn der Dienst von einem großen Player wie Google aufgekauft wird und Sie plötzlich den Zugang zu Ihren Daten verlieren? Diese Szenarien mögen unwahrscheinlich klingen, aber sie passieren. Und wenn Sie keine lokale Kopie Ihrer Daten haben, sind Sie komplett von der Cloud abhängig – und damit in einer denkbar unsicheren Lage.

Die Regel ist einfach: Die Cloud ergänzt Ihre Backup-Strategie, sie ersetzt sie nicht. Lokale Backups auf Festplatten oder anderen Speichermedien sind der Grundstein, auf dem Sie aufbauen. Die Cloud ist das zusätzliche Sicherheitsnetz, das Ihre Daten vor größeren Katastrophen schützt. So schaffen Sie eine robuste, unabhängige Lösung und sind auf alle Eventualitäten vorbereitet.

24. Die Cloud im KMU-Alltag

Die Cloud hat sich längst von einem Trend zu einem unverzichtbaren Werkzeug entwickelt, gerade für kleine und mittlere Unternehmen (KMU). Ihre Flexibilität, Skalierbarkeit und die Möglichkeit, Kosten zu senken, machen sie zu einem idealen Partner für den Unternehmensalltag. Doch wie kann die Cloud konkret helfen, den Betrieb effizienter zu gestalten? Und wie lässt sie sich sicher in bestehende IT-Strukturen integrieren? In diesem Kapitel zeige ich Ihnen, wie die Cloud den Alltag von KMU erleichtert und wie Sie gleichzeitig mögliche Risiken im Blick behalten.

Ein gutes Beispiel ist die zentrale Verwaltung von Daten. Statt sich mit unübersichtlichen Ordnern auf verschiedenen Rechnern herumzuärgern, ermöglicht die Cloud, dass alle Mitarbeiter auf eine gemeinsame Plattform zugreifen können. Stellen Sie sich vor, Sie haben ein kleines Team, das an einem Projekt arbeitet. Früher wurden Dokumente per E-Mail hin- und hergeschickt, und niemand wusste, ob er gerade die aktuelle Version bearbeitet. Mit einem Cloud-Dienst wie pCloud, STRATO HiDrive oder IONOS HiDrive gehört dieses Chaos der Vergangenheit an. Die Cloud sorgt dafür, dass alle auf dieselbe Datei zugreifen und Änderungen in Echtzeit synchronisiert werden. Das spart nicht nur Zeit, sondern reduziert auch Fehler.

Ein weiteres Szenario: Sie sind ein Dienstleister und müssen oft Daten mit Kunden teilen, beispielsweise Entwürfe, Rechnungen oder Vertragsunterlagen. Statt diese per E-Mail zu verschicken, können Sie über die Cloud gesicherte Links erstellen, die Ihre Kunden direkt zu den benötigten Dateien führen. Sie behalten die Kontrolle darüber, wer was sieht, und müssen sich keine Sorgen machen, dass sensible Daten ungeschützt herumfliegen.

Doch die Cloud kann noch mehr. Denken Sie an Datensicherung. Gerade KMU haben oft nicht die Ressourcen, aufwendige Backup-Systeme vor Ort zu betreiben. Mit der Cloud lassen sich regelmäßige Backups automatisieren, ohne dass dafür teure Hardware angeschafft werden muss. Daten werden sicher außer Haus gespeichert und sind im Notfall jederzeit abrufbar. Ein Hardware-Ausfall, ein Einbruch oder ein Brand verliert seinen Schrecken, wenn Ihre wichtigen Unternehmensdaten in der Cloud sicher verwahrt sind.

Die Integration der Cloud in bestehende IT-Strukturen ist dabei einfacher, als viele denken. Moderne Cloud-Dienste bieten Schnittstellen, die sich nahtlos in die meisten Systeme einfügen lassen. Ob Sie mit Windows, macOS oder Linux arbeiten, ob Sie ERP- oder CRM-Software verwenden – die Cloud kann all diese Anwendungen unterstützen und erweitern. Der Schlüssel liegt in der richtigen Planung. Bevor Sie die Cloud einführen, sollten Sie klar definieren, welche Aufgaben sie übernehmen soll und wie sie mit Ihren bestehenden Tools zusammenspielt. Die meisten Anbieter bieten umfangreiche Anleitungen und Support, um diese Integration reibungslos zu gestalten.

Aber so nützlich die Cloud auch ist, sie bringt auch Risiken mit sich, die nicht ignoriert werden dürfen. Gerade im geschäftlichen Umfeld ist der Schutz von Daten das A und O. Ein schwaches Passwort, ein unbedachter Klick auf eine Phishing-Mail oder eine ungeschulte Belegschaft können schnell dazu führen, dass sensible Daten gefährdet werden. Schulung und Awareness sind daher unverzichtbar. Ihre Mitarbeiter müssen verstehen, wie sie die Cloud sicher nutzen und wie sie potenzielle Gefahren erkennen können. Themen wie Passwortsicherheit, Zwei-Faktor-Authentifizierung und der richtige Umgang mit geteilten Links sollten regelmäßig geschult werden.

Ein weiterer wichtiger Punkt ist die Wahl des richtigen Anbieters. Gerade bei sensiblen Daten sollten Sie darauf achten, dass der Dienst DSGVO-konform ist und Ihnen volle Kontrolle über Ihre Daten gibt. Anbieter mit Rechenzentren in Europa, wie Tresorit oder Hetzner, sind oft die bessere Wahl als große internationale Player, deren Datenschutzstandards nicht immer den europäischen Anforderungen entsprechen.

Die Cloud ist ein mächtiges Werkzeug, das KMU dabei hilft, effizienter zu arbeiten, Kosten zu senken und Daten sicher zu verwalten. Doch wie bei jedem Werkzeug kommt es darauf an, wie Sie es einsetzen. Mit einer klaren Strategie, der richtigen Integration und einem geschulten Team wird die Cloud von einer Option zu einem echten Vorteil, der den Unterschied im Unternehmensalltag ausmacht.

25. Cloud-Nutzung optimieren

Die Cloud ist ein Werkzeug, und wie jedes Werkzeug entfaltet sie ihr volles Potenzial nur, wenn sie richtig genutzt wird. Viele springen auf den Cloud-Zug auf, weil es bequem ist, doch dabei bleibt oft ungenutztes Potenzial auf der Strecke. Die Cloud kann weit mehr leisten als nur Speicherplatz bereitstellen. Sie kann Prozesse automatisieren, Kosten transparenter machen und die Zusammenarbeit im Team auf ein neues Level heben. Dieses Kapitel zeigt Ihnen, wie Sie Ihre Cloud-Nutzung optimieren und das Beste aus den Diensten herausholen.

Ein häufiger Stolperstein ist das Kostenmanagement. Viele Cloud-Anbieter locken mit niedrigen Einstiegspreisen, doch diese können schnell in die Höhe schießen, wenn mehr Funktionen oder Speicherplatz benötigt werden. Wer nicht aufpasst, zahlt am Ende für Kapazitäten oder Dienste, die er gar nicht nutzt. Die Lösung beginnt mit einem klaren Überblick: Welche Funktionen brauchen Sie wirklich? Wie viel Speicherplatz wird tatsächlich benötigt? Es lohnt sich, die eigenen Anforderungen regelmäßig zu prüfen und überflüssige Abos zu kündigen. Gerade bei Anbietern mit flexiblen Preismodellen können Sie Tarife oft anpassen und so Ihre Ausgaben unter Kontrolle halten.

Doch Kosten sparen bedeutet nicht, auf Komfort oder Effizienz zu verzichten. Die Automatisierung von Cloud-Prozessen ist eine der großen Stärken moderner Dienste. Daten müssen nicht manuell verschoben oder gesichert werden, wenn Sie Automatisierungsfunktionen einsetzen. Stellen Sie sich vor, Sie arbeiten an einem Projekt, bei dem täglich neue Dateien hinzukommen. Statt jeden Abend daran zu denken, diese in die Cloud zu laden, richten Sie eine automatische Synchronisation ein. Alles geschieht im Hintergrund, ohne dass Sie eingreifen müssen. Dasselbe gilt für Backups. Einmal eingerichtet, sorgt die Cloud dafür, dass Ihre Daten regelmäßig gesichert werden – und Sie können sich auf die eigentliche Arbeit konzentrieren.

Ein weiterer Punkt, der oft unterschätzt wird, ist die Integration von Cloud-Anwendungen in den Arbeitsalltag. Die Cloud kann weit mehr sein als ein einfacher Speicherort. Sie bietet Werkzeuge, die die Produktivität steigern und die Zusammenarbeit erleichtern. Stellen Sie sich vor, Ihr Team arbeitet gleichzeitig an einem Dokument, ohne sich gegenseitig zu blockieren. Änderungen werden in Echtzeit synchronisiert, jeder sieht sofort die aktuellen Versionen, und Missverständnisse durch veraltete Dateien gehören der Vergangenheit an. Solche Tools sparen Zeit und sorgen dafür, dass alle am selben Strang ziehen.

Die Cloud ist auch ein idealer Ort, um Anwendungen für Projektmanagement oder Kommunikation zu bündeln. Viele Dienste bieten Plattformen, die Dokumentenverwaltung, Aufgabenplanung und Kommunikation miteinander verbinden. Statt zwischen verschiedenen Programmen hin- und herzuspringen, haben Sie alles an einem Ort – übersichtlich und leicht zugänglich. Das reduziert nicht nur den Stress, sondern macht Arbeitsprozesse schlanker und effektiver.

Natürlich birgt jede Optimierung auch Herausforderungen. Nicht jede Funktion, die ein Anbieter bewirbt, ist für Ihren Bedarf sinnvoll. Es ist leicht, sich von Versprechungen wie »mehr Effizienz« oder »maximale Flexibilität« verführen zu lassen, doch am Ende zählt, ob diese Funktionen tatsächlich genutzt werden. Der Schlüssel liegt darin, kritisch zu prüfen, welche Werkzeuge und Prozesse wirklich einen Mehrwert bieten. Manchmal ist weniger mehr – ein klarer, durchdachter Einsatz von Cloud-Anwendungen ist oft effektiver als der Versuch, jede verfügbare Funktion zu nutzen.

Optimierung bedeutet, die Cloud nicht nur als Speicherort zu sehen, sondern als Teil einer ganzheitlichen Strategie. Sie hilft, Kosten transparent zu machen, Prozesse zu automatisieren und die Zusammenarbeit zu verbessern. Doch das Wichtigste bleibt: Sie muss zu Ihnen und Ihren Zielen passen. Denn nur so wird die Cloud von einem netten Zusatz zu einem echten Gewinn.

26. Datensicherung bei Anbieterwechsel

Nehmen wir das Beispiel von Bob, der in den letzten Jahren fleißig seine Fotos, Dokumente und sogar Videos bei einem Cloud-Anbieter gespeichert hat. Alles ist wunderbar organisiert, doch dann entscheidet sich Bob, den Anbieter zu wechseln. Vielleicht wegen der Kosten, besserer Funktionen oder weil der neue Anbieter mit mehr Datenschutz wirbt. Doch wie kriegt er seine Daten sicher von A nach B, ohne dass etwas verloren geht oder – schlimmer noch – in falsche Hände gerät? Genau darum geht es in diesem Kapitel.

Warum ein Wechsel notwendig sein kann

Zunächst einmal: Es gibt viele Gründe, einen Cloud-Anbieter zu wechseln. Vielleicht hat Ihr aktueller Anbieter angekündigt, die Preise zu erhöhen. Oder er speichert die Daten nicht in Europa, und Sie machen sich Gedanken über den Datenschutz. Manchmal ist es einfach nur der Wunsch, von einem limitierten Angebot zu einem besseren zu wechseln.

Egal, warum – der Prozess will gut geplant sein. Ein Wechsel »auf Teufel komm raus« kann sonst mehr Schaden anrichten, als er Nutzen bringt.

Die richtige Vorbereitung: lokale Sicherung

Bevor Sie überhaupt an einen Wechsel denken, sollten Sie eine vollständige Sicherung Ihrer Daten anlegen. Und damit meine ich: wirklich alles. Laden Sie Ihre Daten auf ein lokales Speichermedium herunter, wie eine externe Festplatte oder ein NAS. Warum das so wichtig ist? Weil es beim Wechsel immer mal zu technischen Problemen kommen kann. Vielleicht bietet der neue Anbieter keine Unterstützung für Ihr Dateiformat, oder während des Transfers gehen Datenpakete verloren. Mit einer lokalen Kopie haben Sie immer ein Backup, das unabhängig von der Cloud funktioniert.

Den neuen Anbieter richtig auswählen

Stellen Sie sich vor, Sie ziehen um – von einer Wohnung in ein Haus. Sie würden nicht einfach das erstbeste Haus nehmen, oder? So ähnlich ist es bei der Wahl eines neuen Cloud-Anbieters. Überlegen Sie, welche Features Ihnen wichtig sind: Verschlüsselung, Speicherplatz, Zugriffsgeschwindigkeit oder vielleicht die Integration mit bestimmten Geräten. Prüfen Sie auch, ob der neue Anbieter Tools anbietet, die den Umzug erleichtern. Manche Dienste, wie pCloud oder IONOS, haben spezielle Importfunktionen, die Ihnen den Wechsel abnehmen.

Datenmigration Schritt für Schritt

Jetzt wird es konkret. Es gibt mehrere Wege, wie Sie Ihre Daten von einem Anbieter zum anderen bringen können:

- Manueller Download und Upload: Das ist die sicherste Methode, aber auch die zeitaufwendigste. Laden Sie alle Daten herunter, prüfen Sie die Vollständigkeit und laden Sie sie dann Stück für Stück beim neuen Anbieter hoch.

- Direkter Anbieter-zu-Anbieter-Transfer: Einige Cloud-Dienste unterstützen direkte Übertragungen, oft über APIs. Dies ist schneller, setzt aber voraus, dass beide Anbieter diese Funktion unterstützen.

- Verwendung eines Migrationstools: Es gibt spezielle Software, die Cloud-Migrationen vereinfacht, wie etwa MultCloud. Damit können Sie Daten direkt zwischen Anbietern verschieben, ohne sie lokal speichern zu müssen. Aber Vorsicht: Vertrauen Sie solchen Tools nur, wenn sie eine gute Reputation und starke Sicherheitsfunktionen bieten.

Sicherheit beim Wechsel

Während der Migration sollten Sie besonders auf die Sicherheit achten. Hier einige Tipps:

- Verschlüsseln Sie Ihre Daten: Wenn Sie sensible Daten übertragen, sollten Sie diese vor dem Upload verschlüsseln. So sind sie auch dann sicher, wenn jemand die Übertragung abfangen sollte.

- Nutzen Sie sichere Verbindungen: Achten Sie darauf, dass alle Übertragungen über HTTPS oder andere verschlüsselte Protokolle laufen.

- Überprüfen Sie den Datenschutz des neuen Anbieters: Lesen Sie die Datenschutzerklärung sorgfältig. Besonders wichtig ist, wo der Anbieter die Daten speichert und wer darauf Zugriff hat.

Nach dem Wechsel: Daten prüfen

Wenn der Transfer abgeschlossen ist, sollten Sie sich die Zeit nehmen, Ihre Daten beim neuen Anbieter gründlich zu prüfen. Sind alle Dateien vorhanden? Sind die Ordnerstrukturen intakt? Falls etwas fehlt, greifen Sie auf Ihr lokales Backup zurück. Löschen Sie erst dann Ihr altes Cloud-Konto, wenn Sie sicher sind, dass alles reibungslos funktioniert. Aber Achtung: Manche Anbieter behalten Ihre Daten noch eine Weile im »Papierkorb«. Stellen Sie sicher, dass wirklich alles gelöscht wird, wenn Sie das Konto endgültig schließen.

Gut geplant ist halb gewechselt

Ein Anbieterwechsel ist keine Hexerei, erfordert aber Vorbereitung und ein gewisses Maß an Sorgfalt. Nehmen wir wieder Bob: Er hat alles gründlich geplant, seine Daten gesichert und schließlich erfolgreich zum neuen Anbieter migriert. Und das Beste? Er kann nun sicher sein, dass seine

Daten nicht nur vollständig, sondern auch optimal geschützt sind. Mit den richtigen Maßnahmen kann jeder diesen Wechsel problemlos meistern.

27. Cloud für mobile Geräte

Stellen wir uns vor, Lisa ist ständig unterwegs – sei es zur Arbeit, ins Fitnessstudio oder zu einem Café mit Freunden. Sie nutzt ihr Smartphone wie ein Schweizer Taschenmesser: für Fotos, E-Mails, Notizen und natürlich auch, um ihre Lieblingsmusik zu streamen. Doch wo landen all diese Daten, und wie greift sie darauf zu? Richtig, in der Cloud. Aber das bringt nicht nur Vorteile, sondern auch ein paar Hürden mit sich, die wir in diesem Kapitel klären.

Rolle der Cloud auf mobilen Geräten

Smartphones und Tablets sind wie geschaffen für die Cloud. Der begrenzte Speicherplatz macht es fast unvermeidlich, auf externe Dienste zurückzugreifen. Musik, Fotos, Apps und sogar Backups – alles findet in der Cloud seinen Platz. Doch warum ist das so wichtig? Weil mobile Geräte mit begrenztem Speicherplatz arbeiten und Cloud-Dienste diese Grenze quasi aufheben. So kann Lisa beispielsweise ihre Fotos sofort in die Cloud hochladen, ohne Angst haben zu müssen, dass der interne Speicher irgendwann überläuft.

Ein weiterer Vorteil ist die Synchronisation. Lisa kann unterwegs auf ihrem Smartphone ein Dokument erstellen, das sie später auf ihrem Tablet weiterbearbeitet. Die Cloud sorgt dafür, dass alle Geräte synchron bleiben, ohne dass man ständig Dateien per E-Mail hin- und herschicken muss.

Vorteile der Cloud auf mobilen Geräten

Cloud-Dienste auf mobilen Geräten bieten eine beeindruckende Palette an Vorteilen:

- Speichererweiterung: Mobile Geräte können problemlos Daten in die Cloud auslagern, was gerade bei Smartphones mit kleinem Speicher Gold wert ist.

- Automatische Backups: Moderne Systeme wie iCloud oder Google Drive erstellen automatisch Backups, sodass Daten nach einem Geräteverlust schnell wiederhergestellt werden können.

- Plattformübergreifender Zugriff: Egal ob Android, iOS oder Windows – die meisten Cloud-Dienste funktionieren auf allen Plattformen, was den Zugriff erleichtert.

- Offline-Funktionalität: Viele Anbieter ermöglichen das Herunterladen von Dateien für den Offline-Zugriff. Das ist ideal, wenn Lisa mal in einer Gegend ohne Netzabdeckung unterwegs ist.

Herausforderungen der Cloud-Nutzung

Doch die Cloud auf mobilen Geräten hat auch ihre Tücken. Hier kommen ein paar Beispiele, die Lisa nur zu gut kennt:

- Datenverbrauch: Besonders bei mobilen Datentarifen kann die Cloud-Nutzung schnell ins Geld gehen. Der automatische Upload von Fotos oder Videos im Hintergrund verbraucht Unmengen an Datenvolumen.

- Sicherheitsrisiken: Öffentliche WLAN-Netzwerke, wie sie Lisa im Café nutzt, sind ein Paradies für Hacker. Wenn die Verbindung nicht verschlüsselt ist, können sensible Daten leicht abgefangen werden.

- Abhängigkeit vom Internet: Ohne stabile Verbindung ist die Cloud oft nur begrenzt nutzbar. Das kann frustrierend sein, wenn wichtige Dateien genau dann benötigt werden, wenn das Netz streikt.

- Speicherlimits: Viele Cloud-Anbieter bieten nur begrenzten Speicherplatz kostenlos an. Lisa musste schon einmal extra zahlen, weil ihre Fotos den kostenlosen Speicher überschritten hatten.

Tipps für Cloud auf mobilen Geräten

Damit die Cloud-Nutzung auf dem Smartphone oder Tablet reibungslos funktioniert, gibt es ein paar einfache Tricks:

- Upload-Einstellungen anpassen: Lisa hat gelernt, den automatischen Upload nur bei WLAN-Verbindungen zu aktivieren, um ihr Datenvolumen zu schonen.

- Dateien verschlüsseln: Mit zusätzlichen Verschlüsselungstools kann sie sicherstellen, dass ihre Daten auch bei einem Hackerangriff geschützt sind.

- Speicherplatz überwachen: Regelmäßiges Aufräumen der Cloud hilft, unnötige Kosten zu vermeiden.

- Mehrere Clouds nutzen: Lisa verteilt ihre Daten auf verschiedene Anbieter. So minimiert sie das Risiko, bei einem Ausfall den Zugang zu allen Daten zu verlieren.

Zukunft der Cloud auf mobilen Geräten

Die Integration von Cloud-Diensten in mobile Betriebssysteme wird immer besser. Apple und Google machen es Nutzern leicht, Backups, Fotos und Apps direkt in die Cloud zu verschieben. Gleichzeitig kommen neue Technologien wie 5G ins Spiel, die die Geschwindigkeit und Zuverlässigkeit der Cloud-Nutzung revolutionieren. Denkbar ist auch, dass Clouds in Zukunft intelligenter werden, um den Speicherplatz noch effizienter zu nutzen – etwa durch automatische Komprimierung von selten genutzten Dateien.

Cloud ist der Freund Ihres Smartphones

Für Menschen wie Lisa ist die Cloud unverzichtbar. Sie bietet Flexibilität, spart Speicherplatz und hält wichtige Daten immer griffbereit. Doch wie bei jeder Technologie gibt es auch hier Hürden, die man kennen und meistern muss. Mit den richtigen Einstellungen und einem bewussten Umgang wird die Cloud jedoch zu einem unverzichtbaren Helfer, der den mobilen Alltag enorm erleichtert.

pCloud auf dem Smartphone

Natürlich darf meine Lieblingscloud pCloud in diesem Kapitel nicht fehlen. pCloud bietet sowohl für Android als auch iOS praktische Apps, die nahtlos mit der Desktop-Version und dem Web-Interface zusammenarbeiten.

Stellen wir uns vor, Lisa macht unterwegs ein Foto – sei es von einem wichtigen Dokument oder einem besonderen Moment. Mit der pCloud-App wird dieses Foto automatisch in die Cloud hochgeladen, sobald sie wieder online ist. Das bedeutet nicht nur Sicherheit, sondern auch Komfort, da sie sich keine Gedanken mehr über den Verlust wichtiger Dateien machen muss.

Die pCloud-App überzeugt mit einer klaren und intuitiven Benutzeroberfläche. Sie ermöglicht nicht nur das Hochladen von Fotos und Videos, sondern auch das Abrufen von Dateien, die auf anderen Geräten gespeichert wurden. Lisa kann also ganz entspannt auf ihre Arbeitsdokumente oder Präsentationen zugreifen, die sie vorher zu Hause auf ihrem Laptop in die Cloud hochgeladen hat. Besonders hilfreich ist dabei die Offline-Funktion: Wichtige Dateien können direkt in der App für den Offline-Zugriff markiert werden. So steht auch ohne Internetverbindung alles Nötige zur Verfügung.

Ein weiterer Pluspunkt der pCloud-App ist die integrierte Verschlüsselung. Mit dem sogenannten Crypto-Add-on lassen sich besonders sensible Dateien direkt auf dem Smartphone verschlüsseln, bevor sie in die Cloud hochgeladen werden. Das bedeutet, dass nur Lisa selbst den Schlüssel zur Entschlüsselung hat – nicht einmal pCloud selbst kann auf die Inhalte zugreifen. Diese zusätzliche Sicherheitsebene macht pCloud zu einem idealen Begleiter, wenn es um den Schutz von persönlichen oder geschäftlichen Daten geht.

Für den täglichen Gebrauch ist die automatische Sicherung von Fotos und Videos ein echtes Highlight. Lisa hat in den App-Einstellungen festgelegt, dass alle neuen Aufnahmen direkt in die Cloud geladen werden – aber nur, wenn sie mit einem WLAN verbunden ist. Das spart Datenvolumen und sorgt trotzdem dafür, dass kein einziges Bild verloren geht. Gerade im Urlaub, wenn das Smartphone schnell an seine Speichergrenzen stößt, ist das ein echter Lebensretter.

pCloud bietet zudem eine Vielzahl an praktischen Integrationen. Dateien können direkt in der App bearbeitet und freigegeben werden, ohne dass zusätzliche Tools benötigt werden. Lisa kann also spontan eine Präsentation aktualisieren oder ein Dokument mit Kollegen teilen – alles mit ein paar Klicks in der App. Die Möglichkeit, Links zu teilen, sorgt dafür, dass große Dateien nicht mehr per E-Mail verschickt werden müssen. Stattdessen reicht ein Klick, und der Empfänger hat direkten Zugriff.

Kurzum: Die pCloud-App macht das Leben einfacher, sicherer und effizienter. Wer wie Lisa viel unterwegs ist und auf seine Daten angewiesen ist, wird schnell merken, wie unverzichtbar eine solche Lösung sein kann. Die Kombination aus Mobilität, Sicherheit und Benutzerfreundlichkeit und das Lifetime-Abo hebt pCloud deutlich von vielen anderen Anbietern ab. Egal, ob Fotos, Videos oder Arbeitsdokumente – alles ist stets griffbereit und sicher verwahrt.

28. Hybridlösungen für sensible Daten

Nehmen wir das Beispiel von Bob, der in einer kleinen Kanzlei arbeitet. Bob verwaltet täglich sensible Dokumente wie Mandantenakten, Verträge und vertrauliche E-Mails. Die Vorstellung, all diese Daten ausschließlich in der Cloud zu speichern, macht ihn nervös – schließlich sind Datenschutzverletzungen oder Ausfälle von Cloud-Diensten immer ein Risiko. Gleichzeitig reicht der Platz auf seiner lokalen Festplatte kaum aus, und die ständige manuelle Sicherung raubt ihm wertvolle Zeit. Genau hier kommen Hybridlösungen ins Spiel, die die Vorteile lokaler und cloudbasierter Speicherung kombinieren.

Was ist eine Hybridlösung?

Eine Hybridlösung bedeutet, dass Daten gleichzeitig auf einem lokalen Speichermedium – etwa einer externen Festplatte, einem NAS (Network Attached Storage) oder sogar auf einem Unternehmensserver – und in der Cloud gespeichert werden. Beide Systeme arbeiten parallel und ergänzen sich, um eine optimale Balance aus Sicherheit, Flexibilität und Verfügbarkeit zu schaffen.

Bob kann beispielsweise seine sensiblen Dokumente lokal speichern, um sicherzugehen, dass sie jederzeit greifbar sind – unabhängig von einer Internetverbindung. Gleichzeitig werden die Dateien regelmäßig in die Cloud hochgeladen, um sie vor Datenverlust durch Hardwareausfälle zu schützen.

Warum Hybridlösungen sinnvoll sind

Hybridlösungen bieten mehrere entscheidende Vorteile:

- Doppelte Sicherheit: Eine lokale Kopie schützt vor Cloud-Ausfällen, während die Cloud einen Schutz vor Hardwaredefekten oder Diebstahl bietet.

- Datenschutz: Hochsensible Daten, die nur lokal gespeichert werden, bleiben vollständig unter Ihrer Kontrolle und verlassen das lokale Netzwerk nicht.

- Zugänglichkeit: Die Cloud ermöglicht den Zugriff von überall, während die lokale Speicherung eine schnelle Bearbeitung auch ohne Internetverbindung erlaubt.

- Skalierbarkeit: Während lokale Speicher begrenzt sind, kann die Cloud als Erweiterung genutzt werden, wenn größere Datenmengen anfallen.

- Für Bob bedeutet das: Er kann sicherstellen, dass seine sensiblen Dokumente durch lokale Speicherung geschützt sind, ohne auf die Flexibilität der Cloud verzichten zu müssen.

Wann Hybridlösung besonders sinnvoll ist

Hybridlösungen eignen sich vor allem für Situationen, in denen der Schutz sensibler Daten entscheidend ist. Beispiele hierfür sind:

- Unternehmensdaten: Finanzunterlagen, interne Berichte oder Kundeninformationen sollten nie ausschließlich in der Cloud liegen, da dies das Risiko eines Datenschutzverstoßes erhöht. Eine lokale Kopie bietet hier zusätzliche Sicherheit.

- Persönliche Dokumente: Steuerunterlagen, Passkopien oder andere vertrauliche Daten können lokal verschlüsselt und in die Cloud synchronisiert werden, sodass sie im Notfall verfügbar sind.

- Langzeitarchivierung: Daten, die langfristig aufbewahrt werden müssen – etwa rechtliche Dokumente oder Forschungsunterlagen – sollten an mindestens zwei Orten gespeichert sein, um einem potenziellen Datenverlust vorzubeugen.

Wie man eine Hybridlösung richtig umsetzt

Die Umsetzung einer Hybridlösung erfordert eine sorgfältige Planung. Hier sind die wichtigsten Schritte:

- Die richtige Hardware wählen: Für die lokale Speicherung eignen sich robuste externe Festplatten oder ein NAS. Letzteres bietet den Vorteil, dass es über das lokale Netzwerk zugänglich ist.

- Einen vertrauenswürdigen Cloud-Anbieter wählen: Anbieter wie pCloud, IONOS oder Strato HiDrive bieten sichere und DSGVO-konforme Cloud-Dienste, die sich ideal in eine Hybridlösung integrieren lassen.

- Daten verschlüsseln: Sowohl die lokalen als auch die cloudbasierten Daten sollten verschlüsselt werden, um sie vor unbefugtem Zugriff zu schützen. Tools wie VeraCrypt oder pCloud Crypto können hier helfen.

- Automatische Synchronisation einrichten: Synchronisationstools wie Synology Drive oder Software von Drittanbietern wie GoodSync erleichtern die Arbeit, indem sie Daten regelmäßig zwischen lokalen und Cloud-Speichern abgleichen.

- Regelmäßige Backups erstellen: Die lokale Speicherung sollte regelmäßig auf ein separates Medium gesichert werden, um einen weiteren Schutz vor Hardwareausfällen zu gewährleisten.

Risiken von Hybridlösungen

So überzeugend Hybridlösungen auch sind, sie bringen einige Herausforderungen mit sich. Bob muss sicherstellen, dass die Synchronisation zuverlässig funktioniert, um Datenverluste zu vermeiden. Zudem erfordert die lokale Speicherung eine regelmäßige Wartung – etwa das Überprüfen von Festplatten auf Defekte. Ein weiteres Risiko ist die Komplexität: Ohne klare Organisation können schnell verschiedene Versionen einer Datei entstehen, die Verwirrung stiften.

Auch die Kosten sind nicht zu unterschätzen. Während die Anschaffung eines NAS oder externer Festplatten eine einmalige Investition ist, fallen für Cloud-Dienste laufende Gebühren an. Diese Kosten sollten im Voraus kalkuliert werden, um Überraschungen zu vermeiden.

Zukunftsaussichten für Hybridlösungen

Mit der Weiterentwicklung von Technologien wie Edge Computing könnten Hybridlösungen in Zukunft noch effizienter werden. Intelligente Systeme könnten beispielsweise automatisch entscheiden, welche Daten lokal bleiben und welche in die Cloud wandern. Zudem wird erwartet, dass die Integration zwischen NAS-Systemen und Cloud-Diensten weiter verbessert wird, um die Benutzerfreundlichkeit zu erhöhen.

Ein weiterer Trend ist die zunehmende Nutzung von Zero-Knowledge-Clouds, bei denen selbst der Anbieter keinen Zugriff auf die gespeicherten Daten hat. In Kombination mit lokaler Speicherung könnte dies einen noch höheren Sicherheitsstandard bieten.

Die perfekte Balance für sensible Daten

Für Menschen wie Bob, die mit hochsensiblen Informationen arbeiten, ist eine Hybridlösung oft der beste Kompromiss zwischen Sicherheit und Flexibilität. Sie bietet doppelte Sicherheit, schützt vor Datenverlust und ermöglicht den Zugriff von überall. Mit der richtigen Planung und den passenden Tools können Sie das Beste aus beiden Welten nutzen – und dabei ruhig schlafen, weil Ihre Daten sicher verwahrt sind.

29. Rolle der Cloud in globaler Infrastruktur

Stellen wir uns vor, Anna leitet ein mittelständisches Unternehmen, das Kunden in Europa, Asien und den USA betreut. Ihre Mitarbeiter arbeiten von verschiedenen Standorten aus, oft sogar aus dem Homeoffice. Was Anna ermöglicht, diesen Betrieb am Laufen zu halten, ist die Cloud. Sie verbindet nicht nur die einzelnen Teams miteinander, sondern sorgt dafür, dass Informationen in Echtzeit über Ländergrenzen hinweg ausgetauscht werden können. Doch genau diese Vernetzung bringt neben beeindruckenden Möglichkeiten auch neue Herausforderungen mit sich.

Wie die Cloud globale Netzwerke verbindet

Die Cloud ist heute das Rückgrat der globalen Infrastruktur. Sie ermöglicht Unternehmen, Daten und Anwendungen über große Entfernungen hinweg zugänglich zu machen, ohne auf teure physische Server an jedem Standort angewiesen zu sein. Dienste wie Microsoft Azure, Amazon-Web-Services (AWS) oder Google Cloud bieten globale Netzwerke von Rechenzentren, die auf allen Kontinenten verteilt sind.

Für Anna bedeutet das, dass ihre Mitarbeiter unabhängig von ihrem Standort auf dieselben Systeme zugreifen können. Ob es um das Teilen von Projektplänen, die Analyse von Verkaufszahlen oder die Kommunikation mit Kunden geht – die Cloud macht es möglich, dass jeder im Team immer auf dem neuesten Stand ist.

Vorteile globaler Cloud-Infrastrukturen

Die Vorteile dieser weltweiten Vernetzung liegen auf der Hand:

- Geschwindigkeit und Skalierbarkeit: Unternehmen wie Annas können ihre Dienste schnell skalieren, um auf plötzliche Anforderungen zu reagieren, etwa bei einem neuen Kunden in Asien. Dank Content Delivery Networks (CDNs) werden Daten zudem so verteilt, dass sie von jedem Ort aus schnell abgerufen werden können.

- Kosteneffizienz: Statt eigene Server zu betreiben, nutzt Anna die Ressourcen der Cloud-Anbieter, die ihre Kapazitäten flexibel anpassen können. Das spart nicht nur Geld, sondern auch Energie.

- Verfügbarkeit: Globale Netzwerke sorgen dafür, dass Daten auch dann zugänglich sind, wenn in einer Region ein Server ausfällt. Diese Redundanz minimiert die Risiken von Ausfällen erheblich.

Geopolitische Risiken der globalen Cloud

Doch die globale Vernetzung bringt auch ernsthafte Herausforderungen mit sich, die Anna nicht ignorieren kann:

- Datenhoheit: Wer kontrolliert die Daten, die über Ländergrenzen hinwegfließen? Gerade in sensiblen Bereichen wie Gesundheitsdaten oder Finanztransaktionen gibt es strenge gesetzliche Vorgaben, die eingehalten werden müssen. Länder wie China und Russland bestehen darauf, dass Daten innerhalb ihrer Grenzen gespeichert werden. Das stellt Unternehmen wie Annas vor zusätzliche Herausforderungen.

- Abhängigkeit von wenigen Anbietern: AWS, Google Cloud und Azure dominieren den Markt. Diese Konzentration birgt das Risiko, dass Unternehmen von wenigen Anbietern abhängig werden – und deren Entscheidungen, etwa zu Preiserhöhungen oder Datenschutzrichtlinien, ausgeliefert sind.

- Cyberkriminalität: Je mehr Daten in der Cloud gespeichert werden, desto attraktiver werden sie für Hacker. Anna muss sicherstellen, dass ihre Daten nicht nur verschlüsselt, sondern auch vor Angriffen wie DDoS-Attacken oder Ransomware geschützt sind.

- Politische Spannungen: Handelskonflikte oder geopolitische Spannungen können dazu führen, dass der Zugriff auf Daten blockiert oder eingeschränkt wird. Das berüchtigte Beispiel ist der Konflikt zwischen den USA und China, bei dem Technologien wie Huawei und bestimmte Cloud-Dienste ins Visier geraten sind.

Strategien zur Minimierung der Risiken

Anna hat gelernt, dass sie sich nicht blind auf einen einzigen Cloud-Anbieter verlassen sollte. Stattdessen setzt sie auf eine Multi-Cloud-Strategie: Sie verteilt ihre Daten und Anwendungen auf mehrere Anbieter, um das Risiko von Abhängigkeiten zu minimieren. Darüber hinaus berücksichtigt sie die Datenhoheit, indem sie darauf achtet, dass sensible Daten in Rechenzentren innerhalb der EU gespeichert werden.

Weitere Maßnahmen, die Anna ergriffen hat, sind:

- Zero-Knowledge-Verschlüsselung: Nur ihr Unternehmen hat Zugriff auf die Daten. Selbst die Cloud-Anbieter können sie nicht entschlüsseln.

- Regelmäßige Audits: Anna lässt ihre IT regelmäßig überprüfen, um sicherzustellen, dass alle Systeme den aktuellen Sicherheitsstandards entsprechen.

- Lokale Backups: Trotz der Cloud hält Anna eine Kopie der wichtigsten Daten vor Ort vor. So bleibt sie auch im Falle eines geopolitischen Konflikts handlungsfähig.

Rolle der Cloud für globale Gesellschaft

Die Cloud ist nicht nur für Unternehmen wie das von Anna unverzichtbar. Sie hat auch die Art und Weise verändert, wie wir als Gesellschaft miteinander interagieren. Streaming-Dienste, soziale Netzwerke und sogar Online-Bildungsangebote wären ohne globale Cloud-Infrastrukturen kaum denkbar. Gleichzeitig ermöglicht sie die Vernetzung von Wissenschaftlern, NGOs und anderen Organisationen, die sich weltweit für wichtige Themen wie den Klimawandel oder die Bekämpfung von Krankheiten einsetzen.

Doch diese Vernetzung hat auch ihre Schattenseiten. Unternehmen wie Facebook oder Google nutzen die Cloud, um Daten über Nutzer zu sammeln und gezielt zu vermarkten. Das wirft die Frage auf, wie viel Kontrolle wir wirklich über unsere Daten haben – und wie diese in globalen Netzwerken eingesetzt werden.

Zukunft der Cloud in globaler Infrastruktur

Mit dem Aufstieg neuer Technologien wie Edge Computing und 5G wird die Cloud weiter an Bedeutung gewinnen. Daten könnten noch schneller verarbeitet werden, ohne dass sie lange Wege durch das Internet zurücklegen müssen. Gleichzeitig werden lokale Clouds und regionale Netzwerke an Bedeutung gewinnen, um die Abhängigkeit von großen Anbietern zu reduzieren und Datenschutzanforderungen besser zu erfüllen.

Für Anna bedeutet das, dass sie auch in Zukunft auf die Cloud setzen wird – aber mit einem kritischen Blick auf die Anbieter, die sie nutzt, und den Regionen, in denen ihre Daten gespeichert werden.

Chancen und Risiken im Gleichgewicht

Die Cloud ist ein wesentlicher Baustein der globalen Infrastruktur. Sie bietet Unternehmen wie Anna beeindruckende Möglichkeiten, Daten weltweit zu nutzen und Prozesse zu optimieren. Doch diese Chancen gehen mit erheblichen Risiken einher, die nicht ignoriert werden dürfen. Mit einer bewussten Strategie, die auf Sicherheit, Datenhoheit und Flexibilität setzt, können die Vorteile der Cloud genutzt und die Risiken minimiert werden.

30. Cloud, Cloud, Cloud – aufpassen!

Ich habe Ihnen jetzt schon ziemlich große Anwendungsbereiche vorgestellt, von der Datensicherung über mobile Geräte bis hin zu globalen Netzwerken. Doch wie bei jeder Technologie gibt es auch hier eine Kehrseite. Ein gewaltiger Nachteil ist, dass große Cloud-Dienste wie Google, Amazon oder Microsoft sehr genau wissen, was ihre Kunden in der Cloud tun. Sie haben Einblick in Nutzungsgewohnheiten, Datenmengen und sogar in Geschäftsprozesse. Das bringt diese Anbieter in eine vorteilhafte Situation – für sie, nicht unbedingt für Sie als Kunden.

Stellen Sie sich vor, Sie betreiben ein kleines oder mittelständisches Unternehmen (KMU) und nutzen einen dieser großen Dienste. Anfangs ist alles wunderbar: günstig, skalierbar, zuverlässig. Doch was passiert, wenn der Anbieter merkt, dass Sie inzwischen völlig von seinem Dienst abhängig sind? Vielleicht haben Sie wichtige Geschäftsprozesse in die Cloud verlagert oder große Datenmengen gespeichert, die nur schwer zu migrieren sind. Genau hier könnten die besagten »Daumenschrauben« ins Spiel kommen. Plötzlich ändern sich die Preise oder die Bedingungen, und Sie haben keine Wahl, als mitzugehen – weil ein Wechsel in diesem Moment schlicht zu aufwendig oder riskant wäre.

Ich will Ihnen keine Angst machen, aber ich möchte Sie zum Nachdenken anregen. Cloud-Dienste bieten großartige Möglichkeiten, aber sie verlangen auch, dass man sich bewusst macht, worauf man sich einlässt. Überlegen Sie sich daher ganz genau, was Sie wirklich brauchen und ob ein kompletter Umstieg in die Cloud die richtige Wahl ist.

Für KMUs gibt es oft Alternativen, die solche Abhängigkeiten vermeiden können. Eine Möglichkeit ist die Kombination aus lokaler Speicherung und regionalen Cloud-Diensten. Anbieter wie IONOS, Strato HiDrive oder luckycloud setzen auf europäische Datenschutzstandards und bieten flexible Lösungen, die speziell auf kleinere Unternehmen zugeschnitten sind. Sie können damit die Vorteile der Cloud nutzen, ohne die volle Kontrolle über Ihre Daten abzugeben.

Ein weiterer Ansatz ist der Aufbau einer privaten Cloud mit eigener Hardware, etwa mithilfe eines NAS-Systems oder einer Virtualisierungsplattform wie Proxmox. Damit behalten Sie die volle Kontrolle über Ihre Daten und vermeiden die Gefahr, von einem Anbieter diktiert zu werden. Diese Lösungen sind oft günstiger, als man denkt, und bieten Ihnen die Sicherheit, Ihre IT-Infrastruktur selbst in der Hand zu haben.

Denken Sie also strategisch: Wägen Sie die Vorteile der Cloud gegen ihre potenziellen Risiken ab, und überlegen Sie, wie Sie Ihre Daten und Prozesse so gestalten, dass Sie flexibel bleiben. Denn eines ist sicher: Die Freiheit, selbst zu entscheiden, sollte immer oberste Priorität haben.

31. Spezialisierte Cloud-Lösungen

Die Cloud ist nicht nur ein universelles Werkzeug, sondern auch ein maßgeschneidertes Werkzeug, wenn es um branchenspezifische Lösungen geht. Unterschiedliche Branchen haben ganz eigene Anforderungen – sei es an Datenschutz, Skalierbarkeit oder Funktionalität. Hier trennt sich die Spreu vom Weizen, denn nicht jeder Anbieter kann diese spezifischen Bedürfnisse erfüllen. Werfen wir einen Blick darauf, welche Lösungen in den Bereichen Gesundheitswesen, Bildung und Logistik besonders herausstechen.

32. Gesundheitswesen

Im Gesundheitswesen sind Datenschutz und Datensicherheit nicht nur ein »nice-to-have«, sondern eine absolute Notwendigkeit. Anbieter in dieser Branche müssen strenge Regulierungen wie die DSGVO in Europa oder den HIPAA-Standard in den USA einhalten. Hier kommen spezialisierte Anbieter ins Spiel.

Ein gutes Beispiel ist Synedra, ein Anbieter, der sich auf die Verwaltung medizinischer Daten spezialisiert hat. Synedra bietet eine sichere Cloud-Lösung für die Archivierung und den Austausch von Röntgenbildern, Patientenakten und anderen sensiblen Daten. Der Clou: Die Daten bleiben verschlüsselt und können nur von autorisierten Nutzern eingesehen werden.

Ein weiterer Anbieter ist Siilo, eine Kommunikationsplattform für medizinisches Fachpersonal. Mit einer sicheren Cloud-Infrastruktur ermöglicht Siilo den Austausch von Nachrichten und Dokumenten, ohne die sensiblen Daten zu gefährden.

Warum spezialisierte Anbieter? Ganz einfach: Allgemeine Cloud-Dienste wie Google Drive oder Dropbox sind oft nicht in der Lage, die strengen Anforderungen des Gesundheitssektors zu erfüllen.

Bildung

Der Bildungssektor hat wiederum andere Anforderungen. Hier stehen Zugänglichkeit, Skalierbarkeit und die Unterstützung kollaborativer Arbeit im Mittelpunkt. Gerade während der Pandemie hat sich gezeigt, wie wichtig es ist, dass Schüler, Lehrer und Eltern nahtlos miteinander kommunizieren können.

Ein Paradebeispiel ist MoodleCloud, eine spezialisierte Cloud-Lösung, die für Schulen und Universitäten entwickelt wurde. MoodleCloud bietet eine einfache Möglichkeit, Online-Kurse zu erstellen, Dokumente zu teilen und den Fortschritt der Schüler zu verfolgen. Besonders hervorzuheben ist die DSGVO-Konformität, die den Anbieter zu einer vertrauenswürdigen Wahl für europäische Institutionen macht.

Ein anderer Player in diesem Bereich ist Google-Workspace for Education. Trotz der Datenschutzbedenken bietet es mächtige Werkzeuge wie Google Classroom und Drive, die speziell für den Unterricht optimiert wurden. Aber auch hier gilt: Vor der Nutzung sollten Schulen die Datenschutzrichtlinien genau prüfen, um rechtliche Probleme zu vermeiden.

Logistik

In der Logistik dreht sich alles um Effizienz und die Fähigkeit, Echtzeit-daten zu nutzen. Cloud-Dienste, die speziell für diese Branche entwickelt wurden, müssen vor allem eines leisten: eine nahtlose Integration in bestehende Systeme und die Möglichkeit, große Datenmengen schnell zu verarbeiten.

Hier kommt Infor Nexus ins Spiel, eine spezialisierte Plattform für Supply Chain Management. Infor Nexus ermöglicht es Unternehmen, Lieferketten in Echtzeit zu überwachen, Engpässe zu identifizieren und schneller auf Probleme zu reagieren. Die Cloud-Architektur sorgt dafür, dass alle Beteiligten – vom Zulieferer bis zum Endkunden – stets auf dem Laufenden sind.

Ein weiteres Beispiel ist Flexport, eine Plattform, die Logistikdienstleistern hilft, Versandprozesse zu optimieren. Flexport bietet eine übersichtliche Benutzeroberfläche und leistungsstarke Tools, die Transparenz in komplexe Lieferketten bringen.

Warum spezialisierte Cloud-Lösungen?

Es gibt einen klaren Grund, warum spezialisierte Cloud-Dienste für bestimmte Branchen unverzichtbar sind: Sie bieten Funktionen und Sicherheitsstandards, die allgemeine Anbieter oft nicht leisten können. Die Gesundheitsbranche braucht maximale Sicherheit, der Bildungssektor optimierte Zusammenarbeit, und die Logistikbranche verlangt nach Geschwindigkeit und Präzision. Allgemeine Lösungen stoßen hier schnell an ihre Grenzen.

Aber wie bei jeder Technologie gibt es auch hier Fallstricke. Viele spezialisierte Anbieter sind teurer als universelle Cloud-Dienste, und die Abhängigkeit von einem einzigen Anbieter kann langfristig problematisch werden. Daher ist es ratsam, die Anbieter genau zu prüfen und sich nicht vorschnell für eine Lösung zu entscheiden.

Die richtige Wahl für jede Branche

Egal, ob Sie in der Gesundheitsbranche tätig sind, eine Schule leiten oder für die Logistik eines Unternehmens verantwortlich sind – die richtige Cloud-Lösung kann entscheidend für Ihren Erfolg sein. Nutzen Sie die Stärken spezialisierter Anbieter, aber behalten Sie dabei immer die Kosten, den Datenschutz und die langfristige Flexibilität im Blick. Die Cloud ist ein mächtiges Werkzeug, aber nur, wenn sie genau auf Ihre Bedürfnisse zugeschnitten ist.

33. Edge Computing und die Cloud

Die digitale Welt entwickelt sich ständig weiter, und Technologien wie Edge Computing verändern, wie Daten verarbeitet, gespeichert und genutzt werden. Doch bevor wir tiefer in die Verbindung von Edge Computing und der Cloud eintauchen, sollten wir klären, was Edge Computing überhaupt ist.

Was ist Edge Computing?

Stellen Sie sich vor, Sie streamen ein Video in einer ländlichen Gegend mit schlechter Internetverbindung. Normalerweise werden die Videodaten von einem zentralen Server, oft in einem entfernten Rechenzentrum, verarbeitet und zurück an Ihr Gerät geschickt. Dieser Prozess kann langsam sein, besonders wenn viele Nutzer gleichzeitig auf die Server zugreifen. Hier kommt Edge Computing zum Tragen.

Edge Computing bringt die Datenverarbeitung näher an den Nutzer heran – an den »Rand« (englisch: Edge) des Netzwerks. Das bedeutet, dass die Daten nicht erst in ein zentrales Rechenzentrum geschickt werden, sondern direkt vor Ort oder in der Nähe verarbeitet werden, etwa auf einem lokalen Server, einem Router oder sogar einem IoT-Gerät wie einer Kamera. Dadurch wird die Latenzzeit reduziert, die Geschwindigkeit erhöht und die Belastung der zentralen Infrastruktur verringert.

Warum ist Edge Computing wichtig?

Mit der Zunahme von datenintensiven Anwendungen – von autonomen Fahrzeugen über Industrie 4.0 bis hin zu Smart Citys – wächst der Bedarf an schneller und effizienter Datenverarbeitung. Edge Computing ermöglicht es, diese Anforderungen zu erfüllen, indem es:

- Echtzeitdatenverarbeitung bietet: Kritische Anwendungen wie autonome Autos benötigen sofortige Entscheidungen, die vor Ort getroffen werden müssen.

- Bandbreite spart: Weniger Daten müssen über das Internet übertragen werden, was besonders in Bereichen mit begrenztem Zugang oder hohen Kosten für Datenverbindungen von Vorteil ist.

- Datenschutz stärkt: Daten können lokal verarbeitet werden, bevor sie in die Cloud gelangen, was Sicherheits- und Datenschutzbedenken minimieren kann.

Verbindung Edge Computing und Cloud

Edge Computing ersetzt die Cloud nicht – vielmehr ergänzt es sie. Die beiden Technologien arbeiten Hand in Hand, um eine effizientere und flexiblere Datenverarbeitung zu ermöglichen. Die Cloud bleibt weiterhin der zentrale Ort für langfristige Speicherung, globale Verfügbarkeit und komplexe Datenanalysen. Edge Computing übernimmt hingegen die lokale, schnelle Verarbeitung und reduziert die Last auf die Cloud.

Ein Beispiel: In einer Smart Factory, in der Maschinen miteinander kommunizieren, verarbeitet Edge Computing die Daten von Sensoren und Aktoren in Echtzeit vor Ort. Diese Echtzeitdaten werden genutzt, um Maschinen sofort anzupassen und Prozesse zu optimieren. Gleichzeitig werden die Daten in regelmäßigen Intervallen in die Cloud übertragen, wo sie langfristig gespeichert und für umfassende Analysen verwendet werden.

Vorteile Kombination Edge und Cloud

Die Kombination beider Technologien bietet eine Reihe von Vorteilen:

- Skalierbarkeit und Flexibilität: Unternehmen können die Cloud für globale Aufgaben nutzen, während Edge Computing die lokale Effizienz erhöht.

- Resilienz: Auch bei einer Unterbrechung der Internetverbindung kann Edge Computing vor Ort weiterarbeiten, während die Cloud später synchronisiert wird.

- Kostenreduktion: Durch die Reduzierung des Datenverkehrs zur Cloud sinken die Betriebskosten, insbesondere bei datenintensiven Anwendungen.

Herausforderungen

Trotz der Vorteile gibt es auch Herausforderungen, die Unternehmen beachten sollten:

- Komplexität: Die Implementierung von Edge Computing erfordert zusätzliche Infrastruktur und Fachwissen.

- Sicherheit: Während die lokale Verarbeitung die Datensicherheit stärken kann, erfordert sie auch neue Sicherheitsmaßnahmen, um die Geräte vor Ort zu schützen.

- Standardisierung: Edge Computing ist eine vergleichsweise junge Technologie, und es fehlen oft standardisierte Lösungen, die eine nahtlose Integration mit der Cloud ermöglichen.

Anwendungsbeispiele Edge

Die Verbindung von Edge Computing und Cloud wird bereits in zahlreichen Bereichen erfolgreich genutzt:

- Autonome Fahrzeuge: Daten von Kameras und Sensoren werden direkt im Fahrzeug verarbeitet, um Entscheidungen in Echtzeit zu treffen. Gleichzeitig werden diese Daten später in die Cloud übertragen, um Flottenanalysen oder Software-Updates zu ermöglichen.

- Gesundheitswesen: Wearables wie Smartwatches analysieren Gesundheitsdaten direkt am Gerät und senden nur relevante Informationen an die Cloud, um den Datenschutz zu wahren.

- Einzelhandel: Kassenlose Supermärkte nutzen Edge Computing, um Bewegungen von Kunden und Artikeln in Echtzeit zu verfolgen, während die Cloud für die Bestandsverwaltung und langfristige Analysen zuständig ist.

In Zukunft wird Edge Computing immer stärker mit neuen Technologien wie 5G, künstlicher Intelligenz und IoT verknüpft. Die zunehmende Verbreitung von 5G ermöglicht schnellere Verbindungen, die Edge Computing weiter vorantreiben. Gleichzeitig könnten KI-Algorithmen direkt auf Edge-Geräten laufen, was die Möglichkeiten in Bereichen wie Smart Citys, Medizin und Industrie revolutionieren wird.

Fazit: Edge Computing und Cloud

Edge Computing verändert die Art und Weise, wie Daten verarbeitet und gespeichert werden, indem es Geschwindigkeit und Effizienz drastisch erhöht. In Kombination mit der Cloud entsteht eine leistungsstarke Infrastruktur, die den Anforderungen moderner Anwendungen gerecht wird. Doch wie bei jeder Technologie sollten Unternehmen die Vor- und Nachteile sorgfältig abwägen und die richtige Balance finden, um von beiden Welten zu profitieren. Die Zukunft gehört denen, die beide Technologien geschickt einsetzen – und damit schneller, sicherer und effizienter arbeiten können.

34. Umweltfreundliche Cloud-Lösungen

Die Cloud hat zweifellos viele Vorteile, aber sie bringt auch eine Verantwortung mit sich: den steigenden Energieverbrauch und die ökologischen Auswirkungen der Rechenzentren. Jede Datei, die hochgeladen, gespeichert und geteilt wird, hinterlässt einen Fußabdruck. Doch es gibt Anbieter, die sich dieser Herausforderung stellen und aktiv daran arbeiten, ihre Rechenzentren nachhaltiger zu gestalten. Besonders in Deutschland und der Schweiz gibt es Unternehmen, die sich auf umweltfreundliche Cloud-Lösungen spezialisiert haben und damit Vorbilder für die Branche sind.

Ein herausragendes Beispiel aus Deutschland ist IONOS. Der Anbieter hat sich verpflichtet, den Energieverbrauch seiner Rechenzentren durch den Einsatz von Ökostrom und energieeffiziente Hardware zu reduzieren.

IONOS betreibt seine Server in Deutschland und nutzt ausschließlich Strom aus erneuerbaren Quellen, um sicherzustellen, dass der Betrieb der Rechenzentren so klimafreundlich wie möglich ist. Gleichzeitig setzt das Unternehmen auf innovative Technologien, um die Kühlung der Server zu optimieren und den Energieverbrauch weiter zu senken. Dadurch wird nicht nur die Umwelt geschont, sondern auch die Effizienz der Infrastruktur gesteigert.

Ein weiteres Unternehmen, das in Sachen Nachhaltigkeit Maßstäbe setzt, ist luckycloud. Auch hier stehen Nachhaltigkeit und Datenschutz im Mittelpunkt. Luckycloud betreibt seine Server ebenfalls in Deutschland und verwendet ausschließlich Ökostrom. Darüber hinaus bietet das Unternehmen transparente Einblicke in seine Energiepolitik und legt großen Wert auf Datenschutz, was es zu einer idealen Wahl für umweltbewusste Nutzer macht. Die Kombination aus Nachhaltigkeit und dem Fokus auf Datensicherheit hebt luckycloud klar von anderen Anbietern ab.

In der Schweiz sticht insbesondere Infomaniak hervor. Der Anbieter ist bekannt für seine umweltfreundlichen Rechenzentren und seine konsequente Nutzung erneuerbarer Energien. Infomaniak investiert aktiv in die Entwicklung von Technologien, die den Energieverbrauch weiter senken, und arbeitet daran, den gesamten Betrieb CO_2-neutral zu gestalten. Mit Sitz in der Schweiz profitiert das Unternehmen zudem von strengen Datenschutzgesetzen, die sicherstellen, dass Kundendaten nicht nur umweltfreundlich, sondern auch sicher gespeichert werden.

Die Wahl eines umweltfreundlichen Cloud-Anbieters ist ein wichtiger Schritt, um den eigenen ökologischen Fußabdruck zu reduzieren. Die Entscheidung für Anbieter wie STRATO, IONOS, luckycloud oder Infomaniak bedeutet nicht nur den Umstieg auf nachhaltige Technologie, sondern auch die Unterstützung von Unternehmen, die aktiv zur Energiewende beitragen. Gerade in Zeiten steigender Umweltbelastungen und wachsender Datenmengen wird die Bedeutung solcher Anbieter weiter zunehmen.

Die Wahl eines Anbieters allein reicht jedoch nicht aus. Auch der bewusste Umgang mit Daten spielt eine wichtige Rolle. Je weniger unnötige Daten in der Cloud gespeichert werden, desto geringer ist der Energieverbrauch. Regelmäßiges Aufräumen, das Löschen nicht mehr benötigter Dateien und eine optimierte Datenverwaltung können zusätzlich helfen, Ressourcen zu schonen. Nachhaltigkeit in der Cloud beginnt also nicht nur bei der Wahl des richtigen Anbieters, sondern auch bei der Art und Weise, wie wir die Technologie nutzen. Wer umweltfreundliche Anbieter mit einem bewussten Datenmanagement kombiniert, leistet einen wertvollen Beitrag für die Umwelt, ohne auf die Vorteile der Cloud verzichten zu müssen.

35. Nachhaltigkeit konkret

Die Cloud mag auf den ersten Blick wie eine unsichtbare Technologie wirken, die einfach funktioniert – ganz ohne sichtbare Konsequenzen. Doch hinter jeder gespeicherten Datei, jedem abgerufenen Video und jeder durchgeführten Analyse stehen Rechenzentren, die riesige Mengen an Energie verbrauchen und damit einen erheblichen CO_2-ausstoß verursachen. Wer Cloud-Dienste nutzt, trägt unweigerlich zu diesem Verbrauch bei. Umso wichtiger ist es, genauer hinzusehen: Welche Rechenzentren arbeiten effizient und umweltfreundlich, und welche lassen in Sachen Nachhaltigkeit zu wünschen übrig?

Ein Rechenzentrum ist, vereinfacht gesagt, eine riesige Halle voller Server, die Daten speichern, Anwendungen betreiben und Dienste bereitstellen. Diese Server laufen rund um die Uhr und erzeugen dabei nicht nur eine enorme Rechenleistung, sondern auch Abwärme, die gekühlt werden muss. Das macht den Energieverbrauch von Rechenzentren zu einem der größten Posten ihrer Umweltbilanz. Nachhaltigkeit hängt also entscheidend davon ab, wie diese Energie erzeugt und genutzt wird.

Amazon-Web-Services (AWS)

AWS ist der größte Cloud-Anbieter der Welt und betreibt unzählige Rechenzentren in verschiedenen Ländern. In den letzten Jahren hat das Unternehmen große Fortschritte gemacht, um seinen Energieverbrauch nachhaltiger zu gestalten. Laut eigenen Angaben stammen mittlerweile über 85 % des Energieverbrauchs aus erneuerbaren Quellen, mit dem Ziel, bis 2025 vollständig CO_2-neutral zu arbeiten. AWS nutzt unter anderem Wind- und Solarparks, die speziell für seine Rechenzentren gebaut wurden. Doch trotz dieser Bemühungen bleibt AWS nicht unumstritten. Kritiker bemängeln, dass die genauen Zahlen zur Energieeffizienz und zum CO_2-ausstoß der Rechenzentren nicht transparent veröffentlicht werden.

Google Cloud

Ein anderes Beispiel ist Google Cloud, das sich in Sachen Nachhaltigkeit gerne als Vorreiter präsentiert. Google behauptet, seit 2007 CO_2-neutral zu sein und alle seine Rechenzentren vollständig mit erneuerbarer Energie zu betreiben. Tatsächlich setzt Google auf innovative Kühlungstechnologien, wie etwa den Einsatz von KI zur Optimierung des Energieverbrauchs in seinen Rechenzentren. Auch die Nutzung von Abwärme zur Beheizung umliegender Gebäude gehört zu den Strategien des Unternehmens. Google ist außerdem bekannt dafür, seine Umweltbilanz detailliert offenzulegen, was für Transparenz und Vertrauen sorgt.

Hetzner Online

Ein europäisches Beispiel ist Hetzner Online, ein Anbieter, der sich nicht nur durch günstige Preise, sondern auch durch seine nachhaltige Infrastruktur auszeichnet. Hetzner betreibt seine Rechenzentren in Deutschland und Finnland und setzt dabei auf Energie aus erneuerbaren Quellen, wie Wasserkraft. Besonders interessant ist die Architektur der Rechenzentren: Sie sind so gebaut, dass sie die entstehende Abwärme effizient abführen, was den Energieverbrauch für Kühlung deutlich reduziert. Hetzner legt großen Wert auf Nachhaltigkeit und gibt detaillierte Einblicke in die Umweltmaßnahmen seiner Standorte.

Infomaniak

Ein weiteres Vorbild in Sachen Nachhaltigkeit ist der Schweizer Anbieter Infomaniak. Dieses Unternehmen betreibt seine Rechenzentren mit 100 % erneuerbarer Energie und setzt auf CO_2-neutrale Technologien. Infomaniak hebt sich besonders durch den Einsatz von energieeffizienten Servern hervor, die speziell für minimalen Stromverbrauch optimiert sind. Zusätzlich wird die Abwärme der Server genutzt, um andere Gebäude zu beheizen. Auch bei der Bauweise der Rechenzentren achtet Infomaniak darauf, möglichst ressourcenschonend vorzugehen.

Leipziger Rechenzentrum

Neben den großen und mittleren Anbietern gibt es auch regionale Rechenzentren, die beeindruckende Nachhaltigkeitskonzepte verfolgen. Ein Beispiel aus Deutschland ist das Leipziger Rechenzentrum, das mit lokal erzeugtem Ökostrom betrieben wird. Hier wird zudem auf eine besonders nachhaltige Kühltechnik gesetzt, die mit natürlicher Verdunstung arbeitet und so den Stromverbrauch weiter reduziert.

Alte Technik

Doch nicht alle Rechenzentren schneiden in Sachen Nachhaltigkeit gut ab. Viele ältere Anlagen, die noch mit fossilen Brennstoffen betrieben werden, sind weiterhin im Einsatz, insbesondere in Ländern mit weniger strengen Umweltauflagen. Diese Rechenzentren sind oft ineffizient und tragen erheblich zur globalen CO_2-belastung bei. Nutzer, die nicht darauf achten, wo ihre Daten gespeichert werden, können unbewusst zur Förderung solcher umweltschädlichen Infrastrukturen beitragen.

Wie lässt sich die Nachhaltigkeit eines Rechenzentrums beurteilen? Ein wichtiger Indikator ist der PUE-Wert (Power Usage Effectiveness). Dieser Wert zeigt, wie viel zusätzliche Energie ein Rechenzentrum für Kühlung, Beleuchtung und andere Infrastruktur verbraucht. Ein idealer PUE-Wert liegt bei 1,0, was bedeutet, dass alle Energie ausschließlich für die Server selbst genutzt wird. Moderne, nachhaltige Rechenzentren erreichen Werte zwischen 1,1 und 1,2, während ältere Anlagen oft deutlich darüber liegen.

Was können Nutzer tun, um nachhaltige Rechenzentren zu unterstützen? Der erste Schritt ist, sich bewusst für Anbieter zu entscheiden, die ihre Umweltbilanz transparent offenlegen und aktiv an der Reduktion ihres CO_2-ausstoßes arbeiten. Dienste wie Hetzner, Infomaniak oder auch kleinere regionale Anbieter sind hier oft die bessere Wahl als die großen US-amerikanischen Konzerne. Zusätzlich sollten Sie den Speicherbedarf in der Cloud kritisch hinterfragen und unnötige Daten löschen. Weniger gespeicherte Daten bedeuten weniger Energieverbrauch – ein kleiner, aber wichtiger Beitrag zur Nachhaltigkeit.

Nachhaltigkeit in der Cloud beginnt bei der Wahl des richtigen Rechenzentrums. Transparenz, innovative Technologien und die Nutzung erneuerbarer Energien sind die Schlüssel, um die Umweltbelastung der digitalen Welt zu minimieren. Als Nutzer haben Sie mehr Einfluss, als Sie vielleicht denken – und jede bewusste Entscheidung für nachhaltige Anbieter ist ein Schritt in die richtige Richtung. Denn die Cloud mag digital sein, aber ihre Auswirkungen sind sehr real.

36. Cloud-Verträge verstehen

Kritische Klauseln und worauf Sie bei den Nutzungsbedingungen achten sollten. Wenn Sie sich für einen Cloud-Anbieter entscheiden, sollten Sie nicht nur die technischen Spezifikationen und Kosten im Blick haben, sondern auch die Vertragsdetails. Die Nutzungsbedingungen und Vertragsklauseln sind oft komplex und können Fallstricke enthalten, die erst später auffallen – wenn es möglicherweise schon zu spät ist. Deshalb ist es entscheidend, genau zu wissen, worauf Sie sich einlassen. Schauen wir uns an, welche Klauseln besonders kritisch sind und worauf Sie bei der Prüfung eines Cloud-Vertrags achten sollten.

Service Level Agreements (SLAs)

Ein zentraler Punkt in jedem Cloud-Vertrag sind die Service Level Agreements (SLAs). Diese regeln, welche Verfügbarkeit der Anbieter garantiert und welche Ausfallzeiten als akzeptabel gelten. Ein SLA, das eine Verfügbarkeit von 99,9% zusichert, klingt zunächst beeindruckend. Doch das bedeutet immer noch, dass der Dienst fast 9 Stunden im Jahr ausfallen kann, ohne dass der Anbieter gegen den Vertrag verstößt. Sie sollten daher genau prüfen, wie die Verfügbarkeit definiert ist und welche Entschädigungen Ihnen zustehen, falls die SLAs nicht eingehalten werden. Einige Anbieter schließen beispielsweise »geplante Wartungsarbeiten« von der Verfügbarkeitsberechnung aus, was den tatsächlichen Schutz reduziert.

Datenschutz und die Datenverarbeitung

Ein weiteres kritisches Element ist der Datenschutz und die Datenverarbeitung. Gerade wenn Sie sensible Daten in die Cloud auslagern, ist es wichtig zu wissen, wo diese Daten gespeichert werden und wer Zugriff darauf hat. In den Vertragsklauseln sollte klar geregelt sein, in welchen Ländern die Server stehen und welche Datenschutzgesetze gelten. Für europäische Unternehmen ist es oft entscheidend, dass die Daten innerhalb der EU gespeichert werden, um die DSGVO einzuhalten. Zudem sollten Sie sicherstellen, dass der Anbieter Ihre Daten nicht ohne Ihre Zustimmung an Dritte weitergeben darf. Ein Beispiel für eine problematische Klausen ist, wenn der Anbieter sich das Recht vorbehält, Daten zur »Verbesserung der Dienste« zu analysieren – das kann ein Einfallstor für unerwünschte Datenverarbeitung sein.

Kündigung und Vertragslaufzeit

Die Kündigungsbedingungen und die Vertragslaufzeit sind ebenfalls wichtige Aspekte. Viele Cloud-Anbieter locken mit günstigen Einstiegspreisen, binden ihre Kunden dann aber mit langen Vertragslaufzeiten. Achten Sie darauf, wie lange die Mindestvertragslaufzeit ist und welche Kündigungsfristen gelten. Ein Vertrag, der eine automatische Verlängerung um ein weiteres Jahr vorsieht, kann schnell zu einer finanziellen Falle werden, wenn Sie den Dienst nicht mehr benötigen. Idealerweise sollten Sie eine flexible Kündigungsmöglichkeit haben, die Ihnen erlaubt, den Vertrag innerhalb eines angemessenen Zeitraums zu beenden.

Haftungsbeschränkungen

Die Haftungsbeschränkungen im Vertrag sind ein weiteres Feld, das besondere Aufmerksamkeit erfordert. Cloud-Anbieter begrenzen oft ihre Haftung für Schäden, die durch Ausfälle oder Datenverluste entstehen. Wenn beispielsweise eine Klausel besagt, dass der Anbieter nur für direkte Schäden haftet, nicht aber für Folgeschäden wie entgangenen Gewinn, kann das für Ihr Unternehmen gravierende Folgen haben. Sie sollten prüfen, in welchem Umfang der Anbieter haftet und ob es Möglichkeiten gibt, diese Haftungsbeschränkungen zu verhandeln oder durch eine Versicherung abzusichern.

Datenlöschung und Anbieterwechsel

Nicht zu vernachlässigen ist auch die Regelung zur Datenlöschung und zum Anbieterwechsel. Was passiert mit Ihren Daten, wenn Sie den Vertrag kündigen oder den Anbieter wechseln möchten? Der Vertrag sollte

klarstellen, dass Ihre Daten nach Vertragsende vollständig und unwiederbringlich gelöscht werden. Einige Anbieter behalten sich das Recht vor,
Daten für einen bestimmten Zeitraum aufzubewahren oder berechnen
sogar Gebühren für die Datenlöschung. Eine problematische Klausel wäre,
wenn der Anbieter sich nicht zur sofortigen Löschung verpflichtet oder
hohe Kosten für den Export Ihrer Daten verlangt.

Vertragsänderungen

Schließlich sollten Sie auch auf Vertragsänderungen achten. Einige Cloud-
Anbieter behalten sich das Recht vor, die Vertragsbedingungen einseitig
zu ändern, oft mit nur kurzer Vorankündigung. Dies kann Ihre Nutzung
des Dienstes erheblich beeinflussen, insbesondere wenn sich Preise,
Datenschutzbestimmungen oder die Servicequalität ändern. Prüfen Sie, ob
der Vertrag eine Klausel enthält, die es Ihnen ermöglicht, bei wesentlichen Änderungen zu kündigen, oder ob Sie solchen Änderungen zustim-
men müssen.

Vertragsklauseln

Ein Cloud-Vertrag ist mehr als nur das Kleingedruckte. Er definiert die
Rahmenbedingungen, unter denen Sie die Dienste nutzen können, und
legt Ihre Rechte und Pflichten fest. Deshalb ist es entscheidend, die Vertragsklauseln sorgfältig zu prüfen und im Zweifel nachzufragen oder
rechtliche Beratung in Anspruch zu nehmen. Ein guter Vertrag schützt
nicht nur den Anbieter, sondern auch Sie als Kunden – und sorgt dafür,
dass Sie die Cloud mit einem guten Gefühl nutzen können.

37. Kostenfallen und Preisentwicklungen

Die Cloud wird oft als kosteneffiziente Lösung angepriesen: flexibel, skalierbar und perfekt anpassbar an Ihre Bedürfnisse. Doch wie so oft steckt
der Teufel im Detail. Gerade für kleine und mittelständische Unternehmen
(KMUs) können die tatsächlichen Kosten schnell höher ausfallen als
erwartet. Versteckte Gebühren, dynamische Preisanpassungen und mangelnde Transparenz bei den Abrechnungsmodellen sind nur einige der
Stolperfallen, die es zu vermeiden gilt. Ein genauer Blick auf die Kosten-
strukturen und mögliche Entwicklungen ist daher unerlässlich.

Eine der größten Gefahren bei der Nutzung von Cloud-Diensten sind versteckte Kosten, die oft nicht auf den ersten Blick ersichtlich sind. Viele Anbieter locken mit scheinbar günstigen Einstiegspreisen oder sogar kostenlosen Basisangeboten. Doch sobald Sie die Cloud intensiver nutzen, können die Kosten explodieren. Ein typisches Beispiel ist der Speicherplatz: Während der erste Gigabyte oft kostenlos ist, steigen die Gebühren exponentiell, wenn Sie größere Mengen an Daten speichern möchten. Dasselbe gilt für zusätzliche Funktionen wie erhöhte Sicherheit, erweiterte Kollaborationstools oder technische Unterstützung. Was anfangs nach einem guten Deal aussieht, kann schnell zur Kostenfalle werden, wenn Sie plötzlich für jedes kleine Extra zur Kasse gebeten werden.

Auch Datenübertragungskosten werden häufig übersehen. Viele Anbieter berechnen Gebühren für den Datenverkehr, insbesondere für das Herunterladen großer Datenmengen aus der Cloud. Wenn Sie beispielsweise regelmäßig Backups oder umfangreiche Dateien von der Cloud auf lokale Geräte übertragen, können diese Kosten erheblich sein. Für KMUs, die oft mit begrenzten Budgets arbeiten, ist dies eine Herausforderung, die unbedingt in die Kostenplanung einbezogen werden muss.

Ein weiteres Problem sind dynamische Preisstrukturen. Cloud-Anbieter passen ihre Preise regelmäßig an, und oft sind diese Änderungen nicht zugunsten der Nutzer. Besonders problematisch wird es, wenn Sie bereits tief in die Infrastruktur eines Anbieters eingebunden sind – sei es durch Datenmigration, spezifische Software-Integrationen oder die Schulung Ihrer Mitarbeiter. Diese sogenannte Lock-in-Situation macht es schwierig, den Anbieter zu wechseln, ohne erhebliche Kosten und Mühen in Kauf zu nehmen. Anbieter nutzen dies aus, um Preise anzuheben, wenn sie wissen, dass Kunden keine einfachen Alternativen haben. Die Folge sind steigende laufende Kosten, die sich nur schwer kontrollieren lassen.

Ein weiteres Element, das oft zu Kostenfallen führt, ist die fehlende Transparenz bei Abrechnungsmodellen. Während einige Anbieter feste monatliche Gebühren erheben, arbeiten andere mit nutzungsbasierten Modellen, die auf der tatsächlichen Inanspruchnahme von Speicherplatz, Rechenleistung oder Datenübertragungen basieren. Diese Modelle sind zwar flexibel, aber auch schwer vorhersehbar. Unternehmen, die keine genauen Monitoring-Systeme implementieren, stehen oft vor unerwartet hohen

Rechnungen, weil sie nicht genau wissen, wie viel sie tatsächlich verbrauchen.

Wie können Sie als Nutzer diese Kostenfallen vermeiden und langfristig Kosten kontrollieren? Der erste Schritt ist eine gründliche Planung. Analysieren Sie genau, welche Cloud-Dienste Sie benötigen und wie intensiv Sie diese nutzen werden. Für KMUs, die beispielsweise hauptsächlich Speicherplatz und einfache Kollaborationstools benötigen, kann ein lokaler Anbieter mit transparenten Preisen oft die bessere Wahl sein als ein großer globaler Dienst mit undurchsichtigen Abrechnungsmodellen.

Ein weiterer wichtiger Aspekt ist die Überwachung der Nutzung. Viele Cloud-Anbieter bieten Tools an, mit denen Sie Ihren Verbrauch in Echtzeit überwachen können. Nutzen Sie diese Tools, um Engpässe oder ineffiziente Nutzung zu identifizieren. Gleichzeitig sollten Sie regelmäßig überprüfen, ob Sie tatsächlich alle gebuchten Dienste nutzen. Viele Unternehmen zahlen für Funktionen, die sie nie in Anspruch nehmen, sei es aus Unwissenheit oder weil sie bei der Buchung übersehen wurden.

Die Wahl des richtigen Anbieters spielt ebenfalls eine entscheidende Rolle. Setzen Sie auf Anbieter, die klare und transparente Preismodelle anbieten, und scheuen Sie sich nicht, die Vertragsbedingungen genau zu prüfen. Europäische Anbieter wie luckycloud und ganz besonders pCloud haben oft einfache und verständliche Preismodelle, die gerade für KMUs attraktiv sind. Sie bieten zudem den Vorteil, dass sie sich an die DSGVO halten und somit keine versteckten Kosten durch zusätzliche Sicherheitsmaßnahmen entstehen.

Langfristig kann es auch sinnvoll sein, über eine Hybridlösung nachzudenken. Die Kombination aus lokaler Speicherung und Cloud-Nutzung ermöglicht es Ihnen, die Vorteile beider Welten zu nutzen und gleichzeitig die Kosten im Griff zu behalten. Kritische Daten können lokal gespeichert werden, während die Cloud nur für weniger sensible Anwendungen oder als Backup genutzt wird. So minimieren Sie sowohl die Datenübertragungskosten als auch das Risiko von Preissteigerungen bei Ihrem Anbieter.

Die Kostenfallen und dynamischen Preisentwicklungen in der Cloud sind real, aber sie lassen sich mit der richtigen Strategie vermeiden. Transparenz, regelmäßige Kontrolle und eine klare Priorisierung der benötigten Dienste sind der Schlüssel, um langfristig Kosten zu sparen. Die Cloud ist ein mächtiges Werkzeug, aber sie sollte niemals Ihre Finanzen oder Ihre Unabhängigkeit gefährden. Planen Sie bewusst, und Sie werden feststellen, dass Sie die Vorteile der Cloud nutzen können, ohne in die typischen Fallen zu tappen.

38. Cloud-Dienste und digitale Identität

Die Nutzung von Cloud-Diensten ist bequem, flexibel und in vielen Bereichen unverzichtbar geworden. Ob Fotos, Dokumente oder ganze Geschäftsprozesse – immer mehr unserer Daten und Aktivitäten verlagern sich in die Cloud. Doch mit dieser Bequemlichkeit geht auch ein Risiko einher: Ihre digitale Identität steht auf dem Spiel. Was passiert, wenn Ihre Zugangsdaten in die falschen Hände geraten oder Ihr Anbieter nicht ausreichend geschützt ist? In diesem Kapitel werfen wir einen genauen Blick darauf, wie Cloud-Dienste den Schutz Ihrer digitalen Identität beeinflussen und was Sie tun können, um sie zu sichern.

Die digitale Identität umfasst alles, was Sie online repräsentiert – Ihre Zugangsdaten, persönliche Informationen, Kommunikationsmuster und sogar die Daten, die Sie speichern. Cloud-Dienste speichern und verwalten viele dieser Elemente. Denken Sie an Dienste wie Google Drive, pCloud oder Dropbox. Ein einziger Login gibt Ihnen Zugriff auf alles, was Sie dort hinterlegt haben. Das ist praktisch, aber auch gefährlich: Wenn jemand Ihre Zugangsdaten stiehlt, hat er möglicherweise uneingeschränkten Zugriff auf all Ihre digitalen Güter.

Ein großes Problem ist die Wiederverwendung von Passwörtern. Viele Menschen nutzen dasselbe Passwort für mehrere Dienste. Wenn ein Cloud-Dienst gehackt wird und die Zugangsdaten in einer Datenbank im Darknet landen, können diese Informationen genutzt werden, um auf andere Dienste zuzugreifen. Das Risiko multipliziert sich also mit der Anzahl der Plattformen, die Sie nutzen. Ein unsicheres Passwort kann so schnell zur Katastrophe werden.

Ein weiterer Aspekt ist die Frage, wie gut Ihr Anbieter Ihre Daten schützt. Cloud-Dienste speichern Ihre Informationen oft auf zentralen Servern, die von außen angreifbar sind. Auch wenn die meisten Anbieter Verschlüsselungstechnologien verwenden, ist dies kein Garant für absolute Sicherheit. Die Schwachstelle ist oft der Mensch – genauer gesagt, der Benutzer. Phishing-Angriffe zielen darauf ab, Ihre Zugangsdaten zu stehlen, indem sie Sie auf gefälschte Login-Seiten locken. Ein unachtsamer Moment, und Ihre digitale Identität ist in Gefahr.

Aber nicht nur Angriffe von außen bedrohen Ihre digitale Identität. Auch die Cloud-Anbieter selbst können ein Risiko darstellen. Einige Dienste behalten sich in ihren Nutzungsbedingungen vor, Ihre Daten zu analysieren oder sogar weiterzugeben, sei es zu Werbezwecken oder zur Verbesserung ihrer eigenen Dienste. Das ist ein Eingriff in Ihre Privatsphäre, der oft nur im Kleingedruckten erwähnt wird. Hier zeigt sich, wie wichtig es ist, die Vertragsbedingungen eines Anbieters genau zu prüfen, bevor Sie Ihre Daten in die Cloud hochladen.

Was können Sie also tun, um Ihre digitale Identität zu schützen? Der erste und wichtigste Schritt ist die Wahl sicherer Zugangsdaten. Nutzen Sie niemals dasselbe Passwort für mehrere Dienste. Verwenden Sie stattdessen einen Passwortmanager, der komplexe und einzigartige Passwörter für jeden Dienst generiert und speichert. Dienste wie Bitwarden oder KeePass sind hier eine gute Wahl. Achten Sie außerdem darauf, die Zwei-Faktor-Authentifizierung (2FA) zu aktivieren. Diese Methode fügt eine zusätzliche Sicherheitsebene hinzu, indem sie einen zweiten Identitätsnachweis verlangt, etwa einen Code, der an Ihr Smartphone gesendet wird.

Ein weiterer wichtiger Punkt ist die Kontrolle über Ihre Daten. Laden Sie keine Informationen in die Cloud, die extrem sensibel sind, es sei denn, Sie verschlüsseln diese Daten vor dem Upload selbst. Tools wie VeraCrypt oder Cryptomator bieten Ihnen die Möglichkeit, Dateien zu verschlüsseln, bevor sie in die Cloud gelangen. Selbst wenn der Anbieter gehackt wird, bleiben Ihre Daten damit unlesbar.

Prüfen Sie außerdem regelmäßig die Sicherheitseinstellungen Ihrer Cloud-Dienste. Viele Anbieter bieten Sicherheitschecks an, die Ihnen helfen, schwache Punkte in Ihrem Konto zu identifizieren. Überprüfen Sie beispielsweise, welche Geräte Zugriff auf Ihr Konto haben, und entfernen Sie unbekannte oder nicht mehr genutzte Geräte.

Schließlich sollten Sie sich bewusst sein, welche Daten Sie einem Anbieter anvertrauen. Lesen Sie die Datenschutzrichtlinien und prüfen Sie, ob der Anbieter Ihre Daten weitergibt oder analysiert. Europäische Anbieter wie luckycloud oder Infomaniak sind oft strenger in Bezug auf Datenschutz, da sie den Vorgaben der DSGVO unterliegen.

Die Nutzung von Cloud-Diensten bietet viele Vorteile, birgt aber auch Risiken für Ihre digitale Identität. Mit den richtigen Maßnahmen können Sie sich jedoch schützen. Seien Sie wachsam, nutzen Sie starke Passwörter, verschlüsseln Sie sensible Daten und wählen Sie Ihre Anbieter mit Bedacht. Ihre digitale Identität ist ein wertvolles Gut – behandeln Sie sie entsprechend.

39. Notfallplanung: Cloud-Ausfälle

Jetzt kommen wir zu einem extrem wichtigen Thema, das in der Euphorie um die Cloud gerne vergessen wird: Was tun, wenn der Cloud-Dienst ausfällt? Ein plötzlicher Ausfall eines Cloud-Dienstes kann dramatische Folgen haben – egal, ob Sie privat oder beruflich auf die Dienste angewiesen sind. Stellen Sie sich vor, Sie benötigen dringend eine Präsentation aus Ihrer Cloud, aber der Anbieter hat eine Störung. Oder Sie verlieren plötzlich den Zugriff auf alle Ihre Daten, weil ein technisches Problem die Server lahmlegt. In solchen Momenten zeigt sich, wie wichtig eine gute Notfallplanung ist.

Cloud-Ausfall

Ein Cloud-Ausfall kann durch viele Faktoren verursacht werden: technische Probleme, Cyberangriffe, Naturkatastrophen oder sogar menschliches Versagen. Egal, wie groß und etabliert ein Anbieter ist, keine Cloud ist zu 100 Prozent vor Ausfällen geschützt. Dienste wie Amazon-Web-Services (AWS) oder Google Drive haben in der Vergangenheit bereits gezeigt, dass auch die Giganten der Branche anfällig für Störungen sind. Deshalb ist es entscheidend, sich auf solche Situationen vorzubereiten.

Lokale Backups

Der erste Schritt zur Sicherstellung der Datenverfügbarkeit ist die Einrichtung eines lokalen Backups. Das mag nach einer altmodischen Methode klingen, aber es ist nach wie vor eine der effektivsten. Lokale Backups bieten eine unabhängige Sicherheitsebene, die nicht von der Cloud oder einer Internetverbindung abhängig ist. Nutzen Sie dazu externe Festplatten, ein NAS (Network Attached Storage) oder spezielle Backup-Software, die regelmäßig Ihre wichtigsten Daten sichert. Diese Kopien können Ihnen im Notfall den Zugriff auf kritische Informationen ermöglichen, auch wenn der Cloud-Dienst nicht erreichbar ist.

Multi-Cloud-Strategie

Neben lokalen Backups sollten Sie auch über eine Multi-Cloud-Strategie nachdenken. Dabei verteilen Sie Ihre Daten und Anwendungen auf mehrere Cloud-Anbieter, um das Risiko eines vollständigen Datenverlusts zu minimieren. Wenn ein Anbieter ausfällt, können Sie auf die Dienste eines anderen zugreifen. Diese Methode erfordert allerdings eine gute Planung und Verwaltung, da Sie sicherstellen müssen, dass Ihre Daten auf allen Plattformen synchronisiert bleiben.

Offline-Kopien

Ein weiterer wichtiger Aspekt der Notfallplanung ist die Verfügbarkeit von Offline-Kopien. Viele Cloud-Dienste bieten die Möglichkeit, bestimmte Dateien oder Ordner für den Offline-Zugriff herunterzuladen. Diese Funktion sollten Sie regelmäßig nutzen, insbesondere für Daten, die Sie oft benötigen. So haben Sie auch dann Zugriff auf wichtige Informationen, wenn der Cloud-Dienst kurzfristig ausfällt.

Disaster-Recovery

Für Unternehmen ist die Einrichtung eines Disaster-Recovery-Plans (DRP) unverzichtbar. Ein DRP legt fest, wie auf einen Cloud-Ausfall reagiert werden soll, welche Daten als kritisch eingestuft werden und wie schnell diese wiederhergestellt werden müssen. Solche Pläne sollten regelmäßig getestet und aktualisiert werden, um sicherzustellen, dass sie im Ernstfall funktionieren. Ein wichtiger Bestandteil eines DRP ist die Nutzung von automatisierten Backup-Systemen, die in festen Intervallen Sicherungskopien erstellen.

Verfügbarkeit

Die Wahl des richtigen Anbieters spielt ebenfalls eine zentrale Rolle. Einige Anbieter garantieren in ihren Service Level Agreements (SLAs) eine hohe Verfügbarkeit und bieten finanzielle Entschädigungen bei längeren Ausfällen. Lesen Sie diese Vereinbarungen sorgfältig, um zu verstehen, welche Rechte Sie im Fall eines Ausfalls haben. Anbieter wie IONOS oder Infomaniak, die auf europäische Standards setzen, bieten oft zusätzliche Sicherheitsmechanismen und bessere Transparenz.

Kommunikation im Notfall

Ein oft übersehener Punkt ist die Kommunikation im Notfall. Wenn ein Cloud-Dienst ausfällt, sollten Sie wissen, wie Sie mit Ihrem Anbieter Kontakt aufnehmen können und welche Kanäle für Statusupdates genutzt werden. Viele Anbieter informieren über Statusseiten oder soziale Medien über den aktuellen Stand der Störung. Diese Informationen können Ihnen helfen, die Situation besser einzuschätzen und entsprechende Maßnahmen zu ergreifen.

Mögliche Störungen

Schließlich sollten Sie sich immer bewusst machen, dass keine Technologie perfekt ist. Selbst die beste Notfallplanung kann nicht jede mögliche Störung verhindern. Was Sie jedoch tun können, ist, die Auswirkungen eines Ausfalls auf ein Minimum zu reduzieren. Mit lokalen Backups, einer Multi-Cloud-Strategie und einem gut durchdachten Disaster-Recovery-Plan sind Sie auf der sicheren Seite.

Grundlegende Voraussetzung

Zusammenfassend lässt sich sagen, dass die Vorbereitung auf Cloud-Ausfälle kein optionaler Schritt, sondern eine grundlegende Voraussetzung für die sichere Nutzung von Cloud-Diensten ist. Investieren Sie Zeit und Ressourcen in eine robuste Notfallplanung, und Sie werden feststellen, dass Sie selbst im Falle eines Ausfalls ruhig bleiben können. Denn die wahre Stärke der Cloud zeigt sich nicht, wenn alles funktioniert – sondern wenn etwas schiefgeht.

40. Rolle der Cloud im IoT (Internet of Things)

Zwischen Bequemlichkeit und Überfluss! Das Internet der Dinge (IoT) hat längst Einzug in unseren Alltag gehalten. Von smarten Kühlschränken über vernetzte Zahnbürsten bis hin zu Lichtschaltern, die sich per App steuern lassen – fast alles kann heute mit dem Internet verbunden werden. Und wo es eine Verbindung gibt, da ist die Cloud nicht weit. Doch so beeindruckend diese Technologien auf den ersten Blick wirken, so wichtig ist es, sich auch die Frage zu stellen: Ist das alles wirklich nötig? Muss wirklich jedes Gerät in unserem Zuhause mit der Cloud kommunizieren? Oder könnten wir uns ein Stück Eigenständigkeit bewahren, indem wir manches einfach wieder selbst in die Hand nehmen?

Die Cloud spielt eine zentrale Rolle im IoT. Sie dient als Speicher- und Verarbeitungsort für die riesigen Datenmengen, die durch IoT-Geräte erzeugt werden. Ein smartes Thermostat beispielsweise sammelt Daten über Ihre Raumtemperatur, Ihre Vorlieben und Ihre täglichen Routinen. Diese Informationen werden in der Cloud analysiert, um Ihnen eine möglichst effiziente Heizstrategie vorzuschlagen. Doch hier stellt sich die erste kritische Frage: Warum müssen diese Daten in die Cloud? Könnte das Thermostat diese Analyse nicht lokal durchführen, ohne die Daten nach außen zu senden?

Ein weiteres Beispiel: Der smarte Kühlschrank, der Ihre Lebensmittel überwacht und Ihnen sagt, was fehlt. Das klingt praktisch, aber auch hier werden Daten gesammelt, gespeichert und analysiert – oft ohne dass wir uns bewusst sind, wer darauf Zugriff hat. Ist es wirklich notwendig, dass der Kühlschrank über die Cloud weiß, wie viele Eier Sie noch haben? Könnte man das nicht einfach selbst nachschauen? Und was passiert, wenn der Kühlschrank gehackt wird? Plötzlich weiß jemand, wann Sie am wahrscheinlichsten nicht zu Hause sind.

Auch Zahnbürsten, die über die Cloud Ihren Putzstil analysieren, werfen Fragen auf. Brauchen wir wirklich eine App, die uns sagt, ob wir gründlich genug geputzt haben? Oder könnte man sich diese Datenflut und die damit verbundenen Risiken sparen, indem man einfach ein bisschen mehr Zeit vor dem Spiegel verbringt? Die gleiche Überlegung gilt für Lichtschalter oder Radiowecker: Warum sollten diese Geräte mit der Cloud verbunden sein? Kann man nicht einfach hinlaufen und das Licht einschalten oder die Zeit manuell einstellen?

Die Bequemlichkeit, die das IoT mit sich bringt, hat ihren Preis – und dieser Preis ist nicht nur monetär, sondern auch datenschutzrechtlich und ökologisch. Jedes Gerät, das mit der Cloud verbunden ist, verbraucht

Energie, nicht nur bei Ihnen zu Hause, sondern auch in den Rechenzentren, die die Daten speichern und verarbeiten. Das summiert sich. Muss wirklich jeder Lichtschalter und jede Kaffeemaschine zu dieser Datenflut beitragen? Oder könnten wir nicht bewusster entscheiden, welche Geräte tatsächlich einen Mehrwert bieten und welche nur ein weiteres Zahnrad in der Maschinerie des Datenkapitalismus sind?

Eine weitere kritische Frage betrifft die Abhängigkeit von der Cloud. Was passiert, wenn der Cloud-Dienst, der Ihr smartes Zuhause steuert, ausfällt? Bleiben Sie dann buchstäblich im Dunkeln, weil der Lichtschalter ohne Internet nicht mehr funktioniert? Oder können Sie Ihre Geräte weiterhin lokal bedienen? Diese Abhängigkeit von externen Diensten ist nicht nur unbequem, sondern kann auch sicherheitsrelevant sein.

Natürlich gibt es Anwendungen, bei denen die Cloud im IoT einen echten Mehrwert bietet. In der Industrie beispielsweise ermöglicht sie die Überwachung und Steuerung von Maschinen über große Entfernungen hinweg. In der Medizin können IoT-Geräte lebensrettende Informationen in Echtzeit an Ärzte übermitteln. Hier ist der Nutzen klar erkennbar und rechtfertigt den Einsatz der Technologie. Aber im privaten Bereich? Müssen wirklich alle unsere Geräte so smart sein, dass sie ohne die Cloud nicht mehr auskommen?

Die Entscheidung, welche Geräte mit der Cloud verbunden sein sollten, liegt letztlich bei uns. Es ist wichtig, diese Entscheidungen bewusst zu treffen, anstatt blind jedem Trend zu folgen. Hinterfragen Sie, ob die Bequemlichkeit den Preis wert ist, den Sie in Form von Datenschutz, Energieverbrauch und Abhängigkeit zahlen. Und manchmal ist es vielleicht gar nicht so schlecht, einfach aufzustehen und selbst das Licht einzuschalten. Es kostet keine Daten, keine Energie – und vielleicht ein paar Sekunden Zeit. Aber dafür behalten Sie die Kontrolle und gesund ist es obendrein!

41. Cloud-Nutzung im internationalen Vergleich

Cloud-Dienste sind längst ein globales Phänomen. Egal ob Unternehmen oder Privatpersonen – überall auf der Welt greifen Menschen auf die Cloud zurück, um Daten zu speichern, Prozesse zu optimieren und die digitale Vernetzung voranzutreiben. Doch die Art und Weise, wie die Cloud genutzt wird, unterscheidet sich stark von Land zu Land. Dabei spielen nicht nur technische Aspekte, sondern auch kulturelle Unterschiede, Datenschutzgesetze und die generelle Akzeptanz der Technologie eine entscheidende Rolle. Schauen wir uns genauer an, wie verschiedene Länder mit der Cloud umgehen und welche Konsequenzen das für Nutzer hat.

Die weltweite Nutzung der Cloud bringt erhebliche Sicherheitsherausforderungen mit sich. Cyberangriffe wie Datenlecks, Ransomware und DDoS-Angriffe sind eine ständige Bedrohung. Nationale Konflikte und geopolitische Spannungen erhöhen die Risiken für Datenmanipulation und Spionage. Insbesondere die Überwachung durch staatliche Akteure bleibt ein kritisches Thema, vor allem in Ländern mit weniger strengen Datenschutzgesetzen. Ein weiteres Problem ist die Abhängigkeit von wenigen großen Anbietern. Diese Konzentration schafft Angriffsflächen, da ein erfolgreicher Angriff auf ein einzelnes Unternehmen potenziell Millionen von Nutzern betreffen kann.

Gleichzeitig bietet die Cloud neue Möglichkeiten zur Verbesserung der Sicherheit. Fortschritte in der Verschlüsselungstechnologie, Zero-Trust-Modelle und KI-gestützte Bedrohungserkennung helfen, Angriffe frühzeitig zu erkennen und zu verhindern. Viele Anbieter investieren massiv in Sicherheitsmaßnahmen, um das Vertrauen ihrer Kunden zu gewinnen. Auch die Dezentralisierung durch hybride und Multi-Cloud-Strategien bietet eine Möglichkeit, das Risiko zu verteilen und die Sicherheit zu erhöhen. Regionale Anbieter in Europa, Asien und Afrika spielen hier eine wichtige Rolle, da sie Datenschutzanforderungen lokaler Märkte besser erfüllen können.

Europa

Fangen wir in Europa an. Die EU hat sich in den letzten Jahren zum Vorreiter in Sachen Datenschutz entwickelt. Mit der Datenschutz-Grundverordnung (DSGVO) hat die Europäische Union einen Standard geschaffen, der weltweit als Maßstab gilt. Dienste wie luckycloud aus Deutschland oder pCloud aus der Schweiz profitieren davon, dass sie diese strengen Richtlinien einhalten und somit Vertrauen bei ihren Nutzern schaffen. Viele europäische Nutzer schätzen die Transparenz und den Schutz ihrer Daten, den lokale Anbieter bieten. Doch genau hier wird es spannend: Während europäische Anbieter oft mit dem Thema Datenschutz punkten, dominieren globale Player wie Amazon Web Services (AWS), Microsoft Azure und Google Cloud weiterhin den Markt. Das zeigt, dass selbst in

Europa viele bereit sind, Datenschutz zugunsten von Komfort und Skalierbarkeit hintenanzustellen.

USA

Ein ganz anderes Bild zeigt sich in den USA. Hier sind die großen Cloud-Anbieter zu Hause, und ihre Dominanz ist unübersehbar. AWS, Azure und Google Cloud stellen den Großteil der Infrastruktur, die von Unternehmen weltweit genutzt wird. Doch der Datenschutz spielt in den USA eine untergeordnete Rolle. Der Patriot Act und der Cloud Act erlauben es US-Behörden, auf Daten zuzugreifen, die von US-Anbietern gespeichert werden – auch wenn diese Daten auf Servern außerhalb der USA liegen – liebe Bundesregierung! Für Unternehmen und Privatnutzer in Europa ist das ein massives Problem, da es mit den Vorgaben der DSGVO kollidiert. Trotzdem vertrauen viele amerikanische und europäische Nutzer auf die Cloud, da hier Bequemlichkeit und technische Innovationen oft höher bewertet werden als Datenschutz.

Asien

Blicken wir nach Asien, wird die Sache noch komplexer. In Ländern wie China spielt die Cloud eine zentrale Rolle für die Digitalisierung. Doch hier sind die Anbieter fast ausschließlich lokal: Alibaba Cloud, Tencent Cloud und Huawei Cloud dominieren den Markt. Die chinesische Regierung überwacht und reguliert den Datenverkehr streng, was dazu führt, dass ausländische Anbieter nur begrenzt tätig sein können. Datenschutz im europäischen Sinne gibt es in China nicht. Daten werden oft zentral gesammelt und analysiert, und die Nutzung der Cloud ist eng mit staatlichen Interessen verknüpft. Für ausländische Unternehmen, die in China tätig sind, stellt das eine große Herausforderung dar, da sie oft gezwungen sind, ihre Daten auf chinesischen Servern zu speichern.

Auch in Japan und Südkorea ist die Cloud weit verbreitet, doch hier liegt der Fokus stärker auf der Integration von Cloud-Diensten in den Alltag. In Japan spielen IoT und Smart-City-Projekte eine große Rolle, die eng mit der Cloud verknüpft sind. Südkorea hingegen setzt auf die Cloud als Rückgrat für seine technologische Vorreiterrolle, besonders im Bereich 5G und künstliche Intelligenz. Beide Länder haben eigene Datenschutzgesetze, die jedoch nicht so streng wie die DSGVO sind. Nutzer vertrauen hier oft auf heimische Anbieter, da diese besser auf lokale Bedürfnisse eingehen.

Australien

Ein weiteres spannendes Beispiel ist Australien. Hier ist die Cloud-Nutzung besonders im Unternehmensbereich stark verbreitet. Australische Unternehmen setzen auf eine Mischung aus internationalen und lokalen Anbietern, wobei der Datenschutz eine immer größere Rolle spielt. Das Land hat eigene Datenschutzgesetze, die sich teilweise an der DSGVO orientieren, aber auch Elemente des US-amerikanischen Modells enthalten.

Der Blick auf den internationalen Vergleich zeigt deutlich, wie unterschiedlich die Cloud wahrgenommen und genutzt wird. Während Länder wie die USA und China die Cloud vor allem als wirtschaftliches und politisches Werkzeug betrachten, steht in Europa der Schutz der Privatsphäre im Vordergrund. Länder wie Japan und Südkorea wiederum sehen die Cloud als Treiber für Innovation und technologische Integration. Doch all diese Unterschiede werfen eine zentrale Frage auf: Wo liegen eigentlich Ihre Daten, und wer hat Zugriff darauf?

Für Nutzer, die weltweit unterwegs sind oder internationale Partner haben, ist es entscheidend, diese Unterschiede zu verstehen. Wählen Sie Ihren Anbieter nicht nur nach Kosten und Funktionen, sondern auch danach, welche Datenschutzgesetze in dem Land gelten, in dem Ihre Daten gespeichert werden. Und fragen Sie sich, ob es wirklich nötig ist, auf globale Anbieter zu setzen, oder ob ein lokaler Dienst nicht genauso gut – oder sogar besser – geeignet ist. Denn eines ist klar: Die Cloud kennt keine Grenzen, aber die Gesetze tun es. Und diese Unterschiede können am Ende darüber entscheiden, wie sicher Ihre Daten wirklich sind.

Lateinamerika

In Lateinamerika ist die Cloud ein wichtiger Treiber der Digitalisierung. Länder wie Brasilien und Mexiko setzen auf Cloud-Dienste, um Bildung, Gesundheitswesen und öffentliche Verwaltung zu modernisieren. Die Nutzung in der Privatwirtschaft wächst, bleibt jedoch hinter Nordamerika und Europa zurück, da mangelnde Infrastruktur und hohe Kosten weiterhin Barrieren darstellen.

Afrika

Afrika hat in den letzten Jahren bedeutende Fortschritte in der Cloud-Nutzung gemacht, getrieben durch den Ausbau von Internetinfrastrukturen und mobilem Breitband. Unternehmen und Start-ups nutzen die Cloud, um Dienstleistungen anzubieten, die von der Gesundheitsversorgung bis zur Landwirtschaft reichen. Internationale Anbieter wie Microsoft und AWS investieren zunehmend in den afrikanischen Markt, während lokale Anbieter wie Liquid Telecom ihre eigenen Rechenzentren aufbauen.

42. Psychologische Seite der Cloud-Nutzung

Die Cloud hat zweifellos unsere Arbeitsweise, unsere Kommunikation und unseren Alltag revolutioniert. Daten sind jederzeit und überall verfügbar. Projekte, die früher Wochen dauerten, lassen sich heute in Stunden erledigen, Dokumente sind in Echtzeit abrufbar, und die Kommunikation mit Kollegen und Freunden ist nur einen Klick entfernt. Doch diese ständige Verfügbarkeit hat auch eine Kehrseite, die weit über technische Fragen hinausgeht. Sie beeinflusst uns psychologisch – subtil, aber spürbar. Es lohnt sich, einmal genauer hinzuschauen, wie die Cloud unser Verhalten, unseren Umgang mit Daten und letztlich auch unser Denken verändert.

Fangen wir mit der offensichtlichsten Veränderung an: der ständigen Erreichbarkeit. Früher bedeutete das Verlassen des Büros oft auch das Ende des Arbeitstages. Heute können wir dank der Cloud immer und überall arbeiten. Das klingt zunächst wie ein Gewinn an Flexibilität, doch tatsächlich verwischen die Grenzen zwischen Arbeit und Freizeit. Wer seine Arbeit jederzeit »dabei hat«, fühlt sich oft verpflichtet, auch außerhalb der regulären Arbeitszeiten verfügbar zu sein. E-Mails werden abends beantwortet, Dokumente am Wochenende überarbeitet. Das führt schnell zu einem Gefühl der Dauerbelastung, das psychisch belastend sein kann.

Auch die Art, wie wir mit Informationen umgehen, hat sich durch die Cloud verändert. Die schier unbegrenzten Speichermöglichkeiten verleiten dazu, immer mehr Daten zu sammeln und aufzubewahren – oft ohne klare Struktur oder Priorisierung. Warum etwas löschen, wenn der Speicherplatz ohnehin reicht? Das Ergebnis ist eine Art digitaler Messie-Mentalität, in der wir von einer Datenflut umgeben sind, die uns manchmal mehr lähmt, als hilft. Die ständige Verfügbarkeit aller möglichen Informationen kann dazu führen, dass wir Entscheidungen hinauszögern, weil wir glauben, immer noch mehr Daten prüfen zu müssen.

Die Cloud hat auch unsere Erwartungen an Geschwindigkeit und Effizienz verändert. Wir sind es gewohnt, dass alles sofort verfügbar ist – ob ein Dokument, ein Film oder eine Antwort auf eine Nachricht. Wenn dann mal etwas nicht funktioniert – sei es eine langsame Verbindung oder ein Ausfall des Cloud-Dienstes –, führt das schnell zu Frustration. Diese Erwartungshaltung, dass alles immer und überall zugänglich sein muss, setzt uns unter Druck und verändert, wie wir Geduld und Resilienz wahrnehmen. Dinge, die früher selbstverständlich etwas Zeit brauchten, werden heute als störend empfunden, wenn sie nicht sofort erledigt sind.

Ein weiterer psychologischer Aspekt ist die Frage der Kontrolle. Die Cloud gibt uns das Gefühl, dass wir unsere Daten und unser digitales Leben »in der Hand haben«. Doch wie viel Kontrolle haben wir wirklich? In Wirklichkeit vertrauen wir unsere Daten oft anonymen Anbietern an, ohne genau zu wissen, was damit geschieht oder ob wir im Ernstfall darauf zugreifen können. Dieses Vertrauen kann trügerisch sein und im Hinterkopf ein Gefühl der Unsicherheit erzeugen – auch wenn es uns im Alltag selten bewusst ist.

Auch der soziale Druck spielt eine Rolle. Wer in einer Welt lebt, in der »immer online« die Norm ist, fühlt sich schnell ausgeschlossen, wenn er diesem Tempo nicht folgen kann oder will. Kolleginnen und Kollegen, die Dokumente in Echtzeit bearbeiten, oder Freunde, die Fotos sofort in die Cloud hochladen, setzen unbewusst Maßstäbe, die man erfüllen möchte. Wer nicht mithält, fühlt sich schnell »abgehängt« – ein Effekt, der besonders bei jüngeren Generationen zu spüren ist.

Doch es gibt auch positive Aspekte. Die Cloud ermöglicht es uns, kreativer und kollaborativer zu arbeiten. Sie fördert den Austausch und die Flexibilität und schafft neue Möglichkeiten, die ohne sie undenkbar wären. Doch wie bei jeder Technologie liegt die Herausforderung darin, ein gesundes Maß zu finden. Müssen wirklich alle Daten jederzeit verfügbar sein? Oder könnten wir uns bewusst entscheiden, bestimmte Dinge wieder offline zu erledigen, um uns selbst ein Stück Gelassenheit zurückzugeben?

Die Cloud hat unser Verhalten und unsere Erwartungen grundlegend verändert. Sie bietet unzählige Vorteile, aber sie fordert auch, dass wir bewusst mit ihr umgehen. Die ständige Verfügbarkeit sollte ein Werkzeug sein, das uns unterstützt – nicht eine Last, die uns antreibt und unter Druck setzt. Manchmal kann es helfen, einen Schritt zurückzutreten und sich zu fragen: Muss das wirklich jetzt sein? Oder kann ich mir erlauben, die Dinge auch mal ruhen zu lassen? Denn nicht alles, was sofort verfügbar ist, muss auch sofort genutzt werden.

43. Langzeitarchivierung in der Cloud

Was passiert mit Daten, die über Jahrzehnte in der Cloud gespeichert werden sollen? Welche Herausforderungen und Kosten entstehen dabei?

Daten in der Cloud zu speichern, scheint auf den ersten Blick so einfach wie das Einlagern von Dokumenten in einen Aktenschrank. Doch wenn es um Langzeitarchivierung geht, also die Speicherung von Daten über Jahrzehnte hinweg, zeigt sich schnell, dass die Sache komplexer ist. Welche Herausforderungen entstehen, wenn Daten langfristig sicher, zugänglich und intakt bleiben sollen? Und welche Kosten können dabei auf Sie zukommen? Schauen wir uns das genauer an.

Die Grundidee der Langzeitarchivierung in der Cloud ist, wichtige Daten über viele Jahre hinweg sicher zu speichern, ohne dass diese verloren gehen oder beschädigt werden. Das betrifft sowohl private Daten wie Fotos, Videos und Dokumente als auch geschäftliche Daten, die aus rechtlichen oder strategischen Gründen archiviert werden müssen. Denken wir an Steuerunterlagen, Verträge oder Forschungsdaten – diese Informationen müssen oft über Jahrzehnte hinweg aufbewahrt werden, manchmal sogar für die Ewigkeit. Doch hier zeigt sich die erste Herausforderung: Nichts ist in der digitalen Welt wirklich für die Ewigkeit gemacht.

Ein zentrales Problem ist die Abhängigkeit von Technologien, die sich ständig weiterentwickeln. Cloud-Anbieter passen ihre Plattformen regelmäßig an, ändern Speicherformate oder stellen Dienste ein. Was passiert mit Ihren Daten, wenn ein Anbieter in zehn Jahren beschließt, eine bestimmte Technologie nicht mehr zu unterstützen? Ohne regelmäßige Updates und Migrationen könnten Ihre Daten plötzlich unlesbar werden. Die Langzeitarchivierung erfordert also nicht nur das Speichern der Daten, sondern auch eine kontinuierliche Pflege, um sicherzustellen, dass sie in Zukunft noch genutzt werden können.

Ein weiteres Problem ist die Sicherheit. Je länger Daten gespeichert werden, desto größer wird die Gefahr, dass sie durch Fehler, Angriffe oder versehentliches Löschen verloren gehen. Cloud-Anbieter bieten zwar Sicherheitsmechanismen wie redundante Speicherung und Verschlüsselung an, aber auch diese Systeme sind nicht unfehlbar. Daten, die über Jahrzehnte hinweg sicher bleiben sollen, erfordern zusätzliche Maßnahmen wie regelmäßige Backups, die auf verschiedenen Plattformen oder sogar offline gespeichert werden.

Die Kosten der Langzeitarchivierung sind ein weiterer entscheidender Faktor. Cloud-Speicher mag auf den ersten Blick günstig erscheinen, insbesondere bei Diensten wie Amazon Glacier oder Google Archive, die speziell für selten genutzte Daten konzipiert sind. Doch wenn man diese Kosten über Jahrzehnte hinweg hochrechnet, wird klar, dass sich die Ausgaben summieren. Besonders problematisch wird es, wenn Anbieter die Preise anpassen – was nicht selten vorkommt. Unternehmen und Privatpersonen sollten sich daher bewusst sein, dass die Langzeitarchivierung in der Cloud eine langfristige finanzielle Verpflichtung ist, die genau kalkuliert werden muss.

Ein weiterer Aspekt ist die Frage der Datenintegrität. Selbst in der Cloud können Daten mit der Zeit beschädigt werden. Anbieter verwenden zwar Mechanismen wie Checksummen, um die Daten regelmäßig zu überprüfen und zu reparieren, aber auch das ist keine Garantie. Daten, die über Jahrzehnte hinweg unverändert bleiben müssen, erfordern eine aktive Überwachung und gegebenenfalls eine manuelle Wiederherstellung.

Eine besonders heikle Frage ist die Rechtslage. Was passiert mit Ihren Daten, wenn der Cloud-Anbieter insolvent geht oder übernommen wird? In solchen Fällen können Nutzungsrechte und Zugriffsbedingungen plötzlich geändert werden. Für geschäftliche Daten, die aus rechtlichen Gründen archiviert werden müssen, ist das ein ernsthaftes Risiko. Es ist daher ratsam, sich nicht ausschließlich auf einen Anbieter zu verlassen und alternative Speicherorte einzuplanen.

Wie lässt sich die Langzeitarchivierung also sinnvoll gestalten? Der Schlüssel liegt in einer Kombination aus verschiedenen Strategien. Einerseits sollten Sie sich für einen Anbieter entscheiden, der auf Langzeitarchivierung spezialisiert ist und klare Garantien bietet, etwa in Form von Service Level Agreements (SLAs). Andererseits sollten Sie regelmäßig überprüfen, ob Ihre Daten noch intakt und zugänglich sind, und gegebenenfalls Migrationen durchführen, um mit der technologischen Entwicklung Schritt zu halten. Darüber hinaus ist es sinnvoll, kritische Daten auch lokal zu speichern, etwa auf externen Festplatten oder in einem NAS-System, das unabhängig von der Cloud funktioniert.

Die Langzeitarchivierung in der Cloud ist zweifellos eine Herausforderung, aber sie bietet auch enorme Vorteile. Sie ermöglicht es, Daten sicher zu bewahren, ohne dass physische Speichermedien wie CDs oder Festplatten altern oder beschädigt werden. Doch diese Vorteile kommen nicht ohne Preis. Die langfristige Pflege, die Kosten und die technologische Abhängigkeit erfordern eine sorgfältige Planung und eine bewusste Entscheidung, welche Daten wirklich archiviert werden müssen und welche vielleicht auch gelöscht werden können. Denn nicht jedes Byte ist es wert, für Jahrzehnte gespeichert zu werden. Manchmal ist weniger eben doch mehr.

44. Lokale Clouds und regionale Netzwerke

Die Abhängigkeit von globalen Cloud-Anbietern wie Amazon Web Services, Google Cloud oder Microsoft Azure wirft immer wieder Fragen auf. Nicht nur die Kontrolle über Daten, sondern auch Datenschutz, Kosten und die politische Einflussnahme großer Anbieter stehen oft in der Kritik. Doch es gibt Alternativen: Lokale Clouds und regionale Netzwerke bieten die Möglichkeit, unabhängig von globalen Anbietern Daten zu speichern und zu verwalten. Diese Lösungen setzen auf Nähe, Kontrolle und oft auch auf mehr Nachhaltigkeit. Aber wie sehen solche regionalen Ansätze aus, und welche Vorteile bieten sie?

Eine Möglichkeit, eine lokale Cloud aufzubauen, besteht darin, ein NAS-System (Network Attached Storage) zu verwenden. NAS-Geräte wie die von Synology oder QNAP ermöglichen es, eine private Cloud zu erstellen, die vollständig unter der Kontrolle des Nutzers steht. Solche Systeme sind ideal für kleinere Unternehmen oder Privatpersonen, die ihre Daten nicht in die Hände externer Anbieter geben möchten. Mit einem NAS können Dateien im lokalen Netzwerk gespeichert, geteilt und sogar von unterwegs abgerufen werden – ohne dass Daten durch ein globales Rechenzentrum gehen. Besonders attraktiv ist, dass viele NAS-Systeme Funktionen wie automatische Backups, Verschlüsselung und Benutzerverwaltung bieten. Doch auch hier gibt es Herausforderungen, etwa die regelmäßige Wartung der Hardware und die Notwendigkeit, sich um Sicherheitsupdates zu kümmern.

Ein weiterer Ansatz sind regionale Cloud-Anbieter, die ihre Rechenzentren bewusst lokal betreiben. Anbieter wie IONOS, STRATO, luckycloud in Deutschland oder pCloud und Infomaniak in der Schweiz haben sich darauf spezialisiert, Daten ausschließlich in ihrer jeweiligen Region zu speichern. Diese Unternehmen setzen oft auf höchste Datenschutzstandards, da sie beispielsweise der DSGVO in Europa unterliegen. Für Nutzer, die sichergehen wollen, dass ihre Daten nicht durch internationale Gesetze oder Handelsabkommen beeinträchtigt werden, sind solche Anbieter eine interessante Alternative. Regionale Clouds bieten zudem den Vorteil, dass sie oft persönlicher und flexibler auf die Bedürfnisse ihrer Kunden eingehen können als globale Konzerne.

Eine besondere Rolle spielen lokale Clouds und Netzwerke auch im öffentlichen Sektor und in der Forschung. Universitäten, Krankenhäuser und staatliche Institutionen betreiben oft eigene Rechenzentren oder greifen auf Lösungen zurück, die speziell für ihren Bedarf entwickelt wurden. Projekte wie GAIA-X, eine europäische Initiative zur Schaffung einer vertrauenswürdigen Dateninfrastruktur, zielen darauf ab, solche regionalen Netzwerke zu fördern und die technologische Souveränität Europas zu stärken. Diese Netzwerke ermöglichen nicht nur die sichere Speicherung sensibler Daten, sondern auch den Austausch von Informationen zwischen verschiedenen Institutionen, ohne auf externe Anbieter angewiesen zu sein.

Für Unternehmen, die eine größere Infrastruktur benötigen, bieten sich Hybridlösungen an, bei denen lokale Systeme mit regionalen Cloud-Diensten kombiniert werden. Diese Strategie verbindet die Vorteile beider Ansätze: Die Daten bleiben größtenteils lokal und unter Kontrolle, während die Cloud für zusätzliche Flexibilität und Skalierbarkeit sorgt. Ein Unternehmen könnte beispielsweise sensible Kundendaten lokal speichern, während weniger kritische Daten wie Marketingmaterialien in der Cloud liegen. Solche Hybridlösungen reduzieren die Abhängigkeit von globalen Anbietern und bieten gleichzeitig die Möglichkeit, bei Bedarf zusätzliche Ressourcen schnell zu nutzen.

Der Aufbau regionaler Clouds ist jedoch nicht ohne Herausforderungen. Einer der größten Faktoren sind die Kosten. Der Betrieb lokaler Rechenzentren erfordert Investitionen in Hardware, Strom und Wartung, die gerade für kleinere Unternehmen eine Hürde darstellen können. Zudem ist die Skalierbarkeit oft begrenzt – während globale Anbieter riesige Kapazitäten bieten, stoßen lokale Clouds schneller an ihre Grenzen. Ein weiteres Problem ist der technische Aufwand: Wer eine eigene lokale Cloud betreibt, muss sich selbst um Sicherheitsupdates, Datenmanagement und Backups kümmern. Für viele ist dies der Grund, sich doch für externe Anbieter zu entscheiden.

Trotz dieser Herausforderungen bieten lokale Clouds und regionale Netzwerke enorme Vorteile. Sie fördern die Unabhängigkeit, erhöhen den Datenschutz und stärken regionale Wirtschaftskreisläufe. Besonders in sensiblen Bereichen wie dem Gesundheitswesen, der Forschung oder bei KMUs, die mit vertraulichen Daten arbeiten, sind sie oft die bessere Wahl. Zudem tragen sie dazu bei, die Abhängigkeit von globalen Konzernen zu reduzieren und langfristig eine nachhaltigere und sicherere digitale Infrastruktur aufzubauen.

Wer sich für eine lokale oder regionale Lösung entscheidet, sollte genau abwägen, welche Anforderungen erfüllt werden müssen und welche Ressourcen zur Verfügung stehen. Für Privatpersonen und kleine Unternehmen kann ein gut eingerichtetes NAS-System bereits eine hervorragende Alternative zur Cloud sein. Für größere Organisationen oder staatliche Institutionen bieten regionale Anbieter oder Hybridlösungen die nötige Skalierbarkeit und Flexibilität. Die Zukunft der Cloud muss nicht zwangsläufig global sein – sie kann auch lokal, sicher und nachhaltig gestaltet werden. Es ist eine Frage der Prioritäten, und die Kontrolle über die eigenen Daten sollte dabei immer an erster Stelle stehen.

45. Linux, Proxmox und Nextcloud

Es gibt kaum etwas Beruhigenderes, als zu wissen, dass wirklich jede Datei unter Ihrer Kontrolle bleibt. Keine versteckten AGB-Klauseln, keine undurchsichtigen Datenströme zu unbekannten Servern irgendwo auf der Welt. Alles liegt dort, wo es hingehört – auf Ihrer eigenen Infrastruktur. Ich selbst betreibe einen dedizierten Server bei Hetzner, einem der führenden Anbieter für Serverlösungen in Deutschland. Auf diesem »fetten Server«, wie ich ihn gerne nenne, laufen Linux Debian, Proxmox als Virtualisierungsplattform und eine VM mit Nextcloud. Es ist eine Kombination, die nicht nur maximale Kontrolle bietet, sondern auch Datenschutz auf höchstem Niveau ermöglicht.

Doch bevor wir tiefer einsteigen, lassen Sie uns klären, was ein dedizierter Server eigentlich ist. Im Gegensatz zu einem Shared Server, bei dem sich mehrere Kunden denselben physischen Server teilen, steht ein dedizierter Server ausschließlich Ihnen zur Verfügung. Das bedeutet, dass alle Ressourcen – Rechenleistung, Speicher und Bandbreite – nur für Ihre Anwendungen und Daten genutzt werden. Keine Nachbarn, die Ihre Performance beeinflussen, und vor allem: keine Daten, die mit anderen geteilt werden.

Auf meinem Server sorgt Linux Debian für eine stabile und zuverlässige Basis. Als Betriebssystem ist Debian bekannt für seine Sicherheit und Flexibilität, was es zur idealen Wahl für eine solche Konfiguration macht. Darüber läuft Proxmox, eine Open-Source-Virtualisierungsplattform, die es mir ermöglicht, mehrere virtuelle Maschinen (VMs) zu betreiben. Eine dieser VMs ist meiner Nextcloud gewidmet – meiner privaten Cloud, die alles kann, was kommerzielle Anbieter wie Google Drive oder Dropbox bieten, nur eben ohne deren Zugriff auf meine Daten.

Natürlich ist so ein System nicht einfach eingerichtet und vergessen. Die Wartung erfolgt über die Shell-Konsole, und das bedeutet, dass ich mich selbst um Updates, Sicherheitskonfigurationen und die Firewall kümmern muss. Doch genau das ist der Punkt: Es ist meine Verantwortung, und ich weiß, dass jede Einstellung, jede Regel und jedes Update genau meinen Anforderungen entspricht. Die Firewall ist so konfiguriert, dass nur der nötigste Datenverkehr erlaubt ist, und die Zugriffe werden regelmäßig überwacht. So bleibt das System nicht nur stabil, sondern auch sicher.

Ein weiterer zentraler Punkt ist die Verschlüsselung. Jede einzelne Datei, die auf meiner Nextcloud liegt, ist verschlüsselt. Selbst wenn jemand physischen Zugang zum Server hätte – was bei Hetzner übrigens durch strenge Sicherheitsvorkehrungen praktisch ausgeschlossen ist – könnte er mit den Daten nichts anfangen. Der Schlüssel liegt bei mir, und das bleibt auch so. Diese Verschlüsselung, kombiniert mit anderen Sicherheitsmaßnahmen wie Zwei-Faktor-Authentifizierung (2FA), bietet Datenschutz auf höchstem Niveau. Proxmox selbst unterstützt ebenfalls eine Vielzahl von Sicherheitsfunktionen, um die Infrastruktur zusätzlich abzusichern.

Die einzige laufende Kostenposition ist die Miete des Servers. Hetzner bietet dabei ein hervorragendes Preis-Leistungs-Verhältnis. Für einen dedizierten Server, der mehr Leistung bietet, als ich im Alltag brauche, zahle ich einen festen monatlichen Betrag. Verglichen mit den Kosten, die bei großen Cloud-Anbietern für ähnliche Kapazitäten anfallen würden, ist das eine echte Ersparnis – und das bei maximaler Kontrolle.

Das System bietet nicht nur Datenschutz par excellence, sondern auch eine beeindruckende Flexibilität. Mit Nextcloud habe ich Zugriff auf meine Daten von überall, kann Dateien teilen, mit anderen zusammenarbeiten und sogar Apps wie Kalender und Kontakte synchronisieren. Proxmox ermöglicht es mir zudem, bei Bedarf weitere VMs für spezielle Zwecke aufzusetzen, sei es für Tests, weitere Dienste oder gar als Spielwiese für neue Projekte.

Doch die wahre Stärke dieses Setups liegt in der Kontrolle. Jede Datei, jeder Zugriff, jede Konfiguration liegt in meiner Hand. Es gibt keine Abhängigkeit von einem externen Anbieter, keine versteckten Risiken durch unklare Datenschutzrichtlinien. Natürlich erfordert ein solches System mehr Aufwand als ein einfacher Cloud-Speicher, aber dieser Aufwand zahlt sich aus – sowohl in Form von Sicherheit als auch in dem beruhigenden Wissen, dass niemand außer mir die Kontrolle hat.

Wenn Sie über das nötige technische Wissen oder die Bereitschaft verfügen, sich einzuarbeiten, bietet ein Setup mit Linux, Proxmox und Nextcloud eine solide Basis für Ihre private oder geschäftliche Cloud. Es ist nicht nur eine Alternative zu kommerziellen Anbietern – es ist eine echte Investition in Ihre digitale Souveränität. Und glauben Sie mir: Das Gefühl, die Dinge selbst in der Hand zu haben, ist unbezahlbar.

Open-Source-Cloud-Lösungen

Die Cloud-Welt wird von großen Anbietern wie Amazon-Web-Services (AWS), Google Cloud und Microsoft Azure dominiert. Diese Dienste bieten bequeme Lösungen, sind aber oft mit hohen Kosten, undurchsichtigen Strukturen und einer Abhängigkeit verbunden, die vielen Nutzern ein mulmiges Gefühl bereitet. Genau hier kommen Open-Source-Cloud-Lösungen auf den Plan. Sie stehen für Unabhängigkeit, Transparenz und eine aktive Gemeinschaft, die gemeinsam an der Weiterentwicklung arbeitet. Doch wie genau funktionieren diese Alternativen, welche Vorteile bieten sie, und wo liegen die Herausforderungen? Zeit für einen umfassenden Blick.

Was sind Open-Source-Cloud-Lösungen?

Open-Source-Cloud-Lösungen sind Plattformen, deren Quellcode offen zugänglich ist. Das bedeutet, dass jeder den Code einsehen, verändern und anpassen kann. Bekannte Beispiele sind Nextcloud, ownCloud, Proxmox und OpenStack. Anders als bei proprietären Lösungen großer Anbieter entscheiden die Nutzer hier selbst, wie sie die Software einsetzen und konfigurieren. Oft werden solche Lösungen auf eigener Hardware betrieben, sei es auf einem lokalen Server, in einem Rechenzentrum oder sogar als Hybridlösung.

Das Besondere an Open-Source ist die Gemeinschaft dahinter. Entwickler aus aller Welt arbeiten an der Weiterentwicklung, schließen Sicherheitslücken und erweitern die Funktionalitäten. Dieser kollektive Ansatz sorgt für eine Dynamik, die proprietäre Anbieter oft nur schwer erreichen.

Vorteile von Open-Source-Cloud

Der größte Vorteil ist die vollständige Kontrolle. Nutzer entscheiden selbst, wie und wo ihre Daten gespeichert werden. Nehmen wir das Beispiel von Nextcloud: Hier liegen alle Daten entweder auf Ihrem eigenen Server oder bei einem Anbieter Ihrer Wahl, der die Software hostet. Es gibt keine versteckten Datensammler, keine Abhängigkeit von globalen Unternehmen und keine Gefahr, dass Ihre Daten für Werbezwecke missbraucht werden.

Datenschutz ist ein weiteres starkes Argument. Viele Open-Source-Lösungen bieten integrierte Verschlüsselung, und da der Quellcode offen liegt, kann jeder prüfen, ob die Implementierung sicher ist. Für Unternehmen, die mit sensiblen Daten arbeiten, sind solche Lösungen oft die einzige realistische Alternative, um Datenschutzrichtlinien wie die DSGVO einzuhalten.

Kosten sind ein weiterer Punkt. Während große Anbieter oft nutzungsbasierte Gebühren verlangen, sind die meisten Open-Source-Cloud-Lösungen kostenlos verfügbar. Die einzigen Kosten entstehen durch die Hardware, den Betrieb und die Wartung – was insbesondere für kleine und mittelständische Unternehmen (KMUs) attraktiv ist. Ein Beispiel: Mit Proxmox als Virtualisierungsplattform können Sie mehrere virtuelle Maschinen auf einem Server betreiben, ohne Lizenzgebühren zahlen zu müssen.

Ein oft übersehener Vorteil ist die Anpassungsfähigkeit. Open-Source-Lösungen können an spezifische Bedürfnisse angepasst werden, sei es durch eigene Entwicklungen oder durch die Nutzung der zahlreichen Erweiterungen, die von der Community bereitgestellt werden. Nextcloud beispielsweise bietet Module für Kollaboration, Videokonferenzen und sogar Online-Bearbeitung von Dokumenten – alles nach Ihren Wünschen konfigurierbar.

Herausforderungen Open-Source-Cloud

Doch so viele Vorteile Open-Source-Cloud-Lösungen auch bieten, sie kommen nicht ohne Herausforderungen. Der größte Punkt ist der technische Aufwand. Während große Anbieter benutzerfreundliche Oberflächen und umfangreichen Support bieten, erfordert der Betrieb einer Open-Source-Lösung oft technisches Know-how. Die Einrichtung, Wartung und Sicherheitsupdates liegen in der Verantwortung des Nutzers. Wer beispielsweise Nextcloud auf einem eigenen Server betreibt, muss sich um Firewall-Regeln, Backup-Strategien und regelmäßige Updates kümmern.

Auch Skalierbarkeit ist ein Thema. Während große Anbieter problemlos riesige Datenmengen und Nutzerzahlen bewältigen können, stoßen selbst gehostete Open-Source-Lösungen schnell an ihre Grenzen. Dies ist besonders relevant für Unternehmen, die mit stark schwankenden Anforderungen arbeiten.

Ein weiterer Punkt ist die Support-Frage. Open-Source-Lösungen verlassen sich auf die Community, was oft hervorragend funktioniert. Doch wenn es um geschäftskritische Anwendungen geht, fehlt manchmal ein Ansprechpartner, der schnelle Hilfe leisten kann. Einige Projekte bieten zwar kostenpflichtigen Support an, aber dieser ist nicht immer auf dem Niveau großer Anbieter.

Open-Source gegen große Anbieter

Trotz dieser Herausforderungen erleben Open-Source-Cloud-Lösungen einen Aufschwung. Ein wichtiger Faktor ist das gestiegene Bewusstsein für Datenschutz und digitale Souveränität. Viele Unternehmen und öffentliche Institutionen wollen sich nicht mehr von den Bedingungen großer Anbieter abhängig machen. Projekte wie Nextcloud, Proxmox und OpenStack profitieren von diesem Trend und bieten eine echte Alternative. Ich habe über Proxmox einige Fachbücher geschrieben: https://ralf-peter-kleinert.de/meine-fachbuecher.html.

Ein weiteres Erfolgsgeheimnis ist die Innovationskraft der Open-Source-Community. Während große Anbieter oft auf Profitmaximierung fokussiert sind, steht bei Open-Source-Projekten der Nutzen für die Nutzer im Mittelpunkt. Das führt dazu, dass neue Funktionen schneller umgesetzt werden und die Lösungen oft flexibler sind.

Auch die Integration in bestehende Infrastrukturen ist ein Pluspunkt. Open-Source-Lösungen lassen sich oft nahtlos mit anderen Systemen verbinden, sei es durch offene Standards oder APIs. Unternehmen, die bereits eigene Server oder spezifische Software nutzen, profitieren von dieser Offenheit.

46. Cyberkriminalität und Cloudsicherheit

Cloud-Anbieter und ihre Nutzer stehen im Visier von Cyberangriffen, die oft mit erstaunlicher Raffinesse und Hartnäckigkeit ausgeführt werden. Ransomware, Phishing und DDoS-Angriffe gehören zu den häufigsten Bedrohungen. Wer glaubt, in der Cloud sicher zu sein, weil ein großer Anbieter die Infrastruktur stellt, täuscht sich gewaltig. Sicherheit ist in der Cloud immer eine gemeinsame Verantwortung von Anbieter und Nutzer. Wer diese Verantwortung nicht ernst nimmt, spielt den Angreifern direkt in die Hände.

Beginnen wir mit Ransomware, einer der größten Bedrohungen für Cloud-Nutzer. Ransomware verschlüsselt Daten und verlangt von den Opfern ein Lösegeld, um den Zugriff wiederherzustellen. Was in der Vergangenheit vor allem lokale Systeme betraf, ist inzwischen auch in der Cloud ein Problem. Wenn ein Gerät mit Ransomware infiziert ist, können synchronisierte Cloud-Daten ebenfalls verschlüsselt werden. Stellen Sie sich vor, ein Unternehmen speichert seine gesamte Projektarbeit in der Cloud, und ein einzelner infizierter Laptop verbreitet die Ransomware auf die synchronisierten Daten. Ohne Backups sind solche Angriffe verheerend. Der Schutz vor Ransomware beginnt mit einem soliden Backup-Plan, der sicherstellt, dass unversehrte Kopien der Daten an einem separaten Ort gespeichert werden. Zusätzlich sollte die Cloud durch Funktionen wie Schreibschutz-Backups oder Versionierung abgesichert sein, um verseuchte Dateien schnell zurückzusetzen.

Phishing ist ein weiterer Klassiker unter den Cyberbedrohungen und richtet sich zunehmend gegen Cloud-Nutzer. Angreifer täuschen dabei legitime E-Mails oder Login-Seiten vor, um Zugangsdaten abzugreifen. Gerade bei Cloud-Diensten ist der Schaden immens: Mit einem einzigen gekaperten Zugang können Angreifer auf sämtliche Daten zugreifen, diese Löschen oder verkaufen. Die beste Verteidigung gegen Phishing ist Wachsamkeit und die Verwendung von Zwei-Faktor-Authentifizierung (2FA). Selbst wenn ein Passwort gestohlen wird, verhindert 2FA den Zugriff, da ein zusätzlicher Code benötigt wird, der in der Regel nur dem rechtmäßigen Nutzer vorliegt.

Dann wären da noch DDoS-Angriffe (Distributed Denial of Service), die gezielt Cloud-Infrastrukturen lahmlegen. Bei einem DDoS-Angriff überschwemmen Angreifer die Server eines Anbieters mit so vielen Anfragen, dass diese unter der Last zusammenbrechen. Für Cloud-Nutzer bedeutet das, dass ihre Dienste und Daten vorübergehend nicht erreichbar sind. Große Anbieter wie AWS oder Microsoft haben zwar umfangreiche Schutzmechanismen gegen DDoS-Angriffe, aber sie sind nicht unverwundbar. Unternehmen, die geschäftskritische Anwendungen in der Cloud betreiben, sollten daher mit ihren Anbietern klären, welche Maßnahmen bei einem solchen Angriff greifen und welche Garantien in den Service Level Agreements (SLAs) festgelegt sind.

Neben diesen bekannten Angriffstypen gibt es auch subtilere Bedrohungen, wie Insider-Angriffe. Hier nutzen Mitarbeiter oder Partner ihre Zugriffsrechte aus, um Daten zu stehlen oder zu manipulieren. Solche Angriffe sind besonders schwer zu erkennen und erfordern strikte Zugriffsverwaltungen und regelmäßige Audits. Sensible Daten sollten mit Ende-zu-Ende-Verschlüsselung geschützt werden, sodass selbst Insider ohne die entsprechenden Schlüssel keinen Zugriff auf die Inhalte haben.

Die Abwehr solcher Bedrohungen beginnt bei den Nutzern selbst. Sichere Passwörter, regelmäßige Updates der verwendeten Software und der bewusste Umgang mit verdächtigen E-Mails sind die Basis für eine solide Sicherheitsstrategie. Doch auch die Wahl des Cloud-Anbieters spielt eine entscheidende Rolle. Anbieter, die Sicherheitsfeatures wie Verschlüsselung, 2FA, Protokollierung und regelmäßige Sicherheitsüberprüfungen bieten, sollten bevorzugt werden. Transparenz ist hier der Schlüssel: Ein guter Anbieter erklärt klar und verständlich, welche Maßnahmen ergriffen werden, um die Daten seiner Kunden zu schützen.

Trotz aller Vorsichtsmaßnahmen bleibt ein gewisses Restrisiko. Cyberkriminelle entwickeln ständig neue Methoden, um Sicherheitsmechanismen zu umgehen. Deshalb sollten Unternehmen und Privatnutzer gleichermaßen auf Notfallpläne setzen. Ein regelmäßiges Backup der Daten, unabhängig von der Cloud, ist die letzte Verteidigungslinie gegen einen totalen Datenverlust. Zudem ist es ratsam, im Ernstfall schnell handeln zu können – sei es durch die Kontaktaufnahme mit dem Anbieter, die Wiederherstellung von Backups oder die Sperrung kompromittierter Konten.

Die Cloud bietet enorme Vorteile, aber sie ist kein magischer Schutzschild gegen Cyberkriminalität. Wer ihre Dienste nutzt, muss sich der Risiken bewusst sein und aktiv an der Sicherheit mitarbeiten. Mit den richtigen Maßnahmen und einem gesunden Maß an Vorsicht kann die Cloud jedoch zu einem sicheren und zuverlässigen Ort für Ihre Daten werden – auch in einer Welt, in der Cyberangriffe zum Alltag gehören.

47. Die Rolle von KI in der Cloud

Die Cloud hat sich längst als das Rückgrat unserer digitalen Welt etabliert, doch die Integration von künstlicher Intelligenz (KI) hebt sie auf ein völlig neues Niveau. Ob es um die Optimierung von Rechenzentren, die Automatisierung von Prozessen oder die Verbesserung der Benutzerfreundlichkeit geht – KI ist dabei, die Art und Weise, wie Cloud-Dienste funktionieren, grundlegend zu verändern. Doch wie bei jeder Technologie stellen sich auch hier Fragen: Wie profitieren wir von diesen Entwicklungen, und welche Risiken müssen wir im Blick behalten?

Fangen wir bei den Rechenzentren an, den physikalischen Herzstücken der Cloud. Der Betrieb dieser gigantischen Datenlager ist teuer und energieintensiv. Hier kommt KI ins Spiel, um Prozesse zu optimieren und den Ressourcenverbrauch zu minimieren. KI-Algorithmen analysieren in Echtzeit den Energiebedarf der Server, passen Kühlungs- und Stromversorgungssysteme automatisch an und verhindern so unnötigen Energieverbrauch. Google setzt beispielsweise KI ein, um die Effizienz seiner

Rechenzentren zu steigern, und konnte dadurch den Energieverbrauch um bis zu 30 Prozent senken. Das ist nicht nur ein Gewinn für die Umwelt, sondern auch ein wirtschaftlicher Vorteil für die Anbieter. Doch hier stellt sich die Frage: Wer kontrolliert diese KI, und was passiert, wenn die Automatisierung einmal versagt?

Ein weiteres Feld, in dem KI in der Cloud eine zentrale Rolle spielt, ist die Datenanalyse. Die schiere Menge an Informationen, die in der Cloud gespeichert wird, ist überwältigend. KI hilft dabei, diese Daten zu sortieren, Muster zu erkennen und wertvolle Erkenntnisse zu gewinnen. Unternehmen können so schneller auf Marktveränderungen reagieren, Kundenverhalten analysieren oder Produktionsprozesse optimieren. Doch auch hier ist Vorsicht geboten. Die Daten, die analysiert werden, sind oft sensibel. Wenn KI-Modelle Zugriff auf personenbezogene Daten erhalten, stellt sich die Frage: Wie anonym sind diese Daten wirklich? Und wer garantiert, dass die Analyse nicht missbraucht wird?

Die Integration von KI in Cloud-Dienste verbessert auch die Benutzerfreundlichkeit. Sprachassistenten, intelligente Suchfunktionen und automatisierte Empfehlungen sind heute Standard in vielen Cloud-Plattformen. Nehmen wir das Beispiel eines Cloud-Speicherdienstes: KI kann Dateien automatisch kategorisieren, doppelte Inhalte erkennen und löschen oder sogar vorschlagen, welche Dokumente Sie für ein bestimmtes Projekt benötigen könnten. Das spart Zeit und macht die Nutzung der Cloud intuitiver. Doch diese Bequemlichkeit hat ihren Preis: KI sammelt ständig Daten über das Verhalten der Nutzer, um ihre Funktionen zu verbessern. Damit wächst die Menge an persönlichen Informationen, die in der Cloud verarbeitet wird – und damit auch das Risiko, dass diese Daten in die falschen Hände geraten.

Die wohl kontroverseste Rolle von KI in der Cloud ist ihre Fähigkeit, Entscheidungen zu treffen. In Bereichen wie Cybersicherheit wird KI bereits eingesetzt, um Bedrohungen zu erkennen und automatisch darauf zu reagieren. Ein KI-gestütztes Sicherheitssystem könnte beispielsweise ungewöhnliche Zugriffsversuche erkennen und verdächtige Aktivitäten blockieren, bevor ein Mensch überhaupt merkt, dass etwas nicht stimmt. Das klingt beeindruckend, aber was passiert, wenn die KI falschliegt? Ein falsch erkannter Sicherheitsvorfall könnte legitime Zugriffe blockieren und damit den Betrieb stören.

Auch bei der Automatisierung von Prozessen in der Cloud zeigt KI ihr Potenzial. Sie kann beispielsweise den Speicherbedarf vorhersagen, Lastspitzen bewältigen oder sogar Software-Updates selbstständig durchführen. Doch hier lauert ein weiteres Risiko: die Abhängigkeit. Je mehr wir uns auf KI verlassen, desto schwieriger wird es, manuelle Eingriffe vorzunehmen, wenn etwas schiefgeht. Ein System, das ohne KI nicht mehr funktioniert, stellt eine neue Art von Abhängigkeit dar – und das sollte niemand leichtfertig übersehen.

Die Chancen, die KI in der Cloud bietet, sind enorm. Sie verbessert die Effizienz, macht Dienste intelligenter und eröffnet Möglichkeiten, die vor wenigen Jahren noch undenkbar waren. Doch wie bei jeder mächtigen Technologie gibt es Risiken, die wir ernst nehmen müssen. Datenschutz, Kontrolle und die Frage nach der Verantwortung sind zentrale Themen, die uns noch lange beschäftigen werden.

Die Integration von KI in die Cloud ist ein Balanceakt zwischen Innovation und Vorsicht. Sie kann unsere digitale Welt revolutionieren, aber nur, wenn wir klug mit ihr umgehen. Die wichtigste Frage bleibt: Wer behält am Ende die Kontrolle? Ist es der Nutzer, der Anbieter – oder die KI selbst? Solange wir diese Frage nicht eindeutig beantworten können, bleibt KI in der Cloud eine faszinierende, aber auch potenziell gefährliche Entwicklung. Es liegt an uns, sie richtig einzusetzen.

48. Barrierefreiheit und Inklusion in der Cloud

Ein Aspekt, der oft übersehen wird, ist die Barrierefreiheit von Cloud-Diensten. Wie können Cloud-Anbieter sicherstellen, dass ihre Plattformen für alle Menschen zugänglich sind, einschließlich Menschen mit Behinderungen?

Die Cloud hat das Potenzial, ein universeller Zugangspunkt zu Informationen, Anwendungen und Kommunikation zu sein. Doch dieses Potenzial wird nur dann vollständig ausgeschöpft, wenn Cloud-Dienste auch für alle Menschen zugänglich sind – unabhängig von ihren individuellen Fähigkeiten oder Einschränkungen. Barrierefreiheit und Inklusion sind Themen, die in der Diskussion um Technologie oft übersehen werden, aber für viele Menschen entscheidend sind. Was nützt eine innovative Plattform, wenn ein Teil der Gesellschaft sie nicht nutzen kann?

Barrierefreiheit bedeutet, dass digitale Dienste so gestaltet werden, dass sie auch von Menschen mit Behinderungen genutzt werden können. Das betrifft unter anderem Menschen mit eingeschränktem Seh- oder Hörvermögen, motorischen Einschränkungen oder kognitiven Beeinträchtigungen. Die Herausforderung für Cloud-Anbieter besteht darin, sicherzustellen, dass ihre Plattformen diesen Bedürfnissen gerecht werden, ohne dabei Kompromisse bei Funktionalität oder Design einzugehen.

Ein zentraler Aspekt der Barrierefreiheit ist die Kompatibilität mit assistiven Technologien. Menschen mit Sehbehinderungen nutzen beispielsweise Screenreader, die Texte auf dem Bildschirm vorlesen. Damit diese Geräte funktionieren, müssen Cloud-Dienste klare und gut strukturierte Inhalte bieten. Das bedeutet, dass Schaltflächen beschreibbare Labels benötigen, Bilder mit Alt-Text versehen werden müssen und die Navigation auch ohne Maus möglich sein sollte. Anbieter, die diese Grundregeln ignorieren, schließen einen großen Teil der Nutzer automatisch aus.

Auch Farbgestaltung spielt eine wichtige Rolle. Für Menschen mit Farbsehschwäche können bestimmte Farbkombinationen problematisch sein. Cloud-Dienste sollten daher Kontraste so gestalten, dass Inhalte auch ohne Farbdifferenzierung lesbar bleiben. Viele Plattformen bieten inzwischen »Dark Modes« oder kontrastreiche Ansichten an, doch das ist oft nur der Anfang. Die Einhaltung von Standards wie den Web Content Accessibility Guidelines (WCAG) kann hier als Orientierung dienen.

Ein weiterer Punkt ist die Sprachsteuerung. Für Menschen mit motorischen Einschränkungen kann das Tippen auf einer Tastatur oder das Bedienen einer Maus schwierig sein. Cloud-Dienste, die Sprachbefehle unterstützen oder vollständig über die Tastatur steuerbar sind, bieten hier eine wichtige Alternative. Sprachassistenten, die in Cloud-Plattformen integriert sind, können nicht nur Barrieren abbauen, sondern auch die Benutzerfreundlichkeit für alle verbessern.

Doch Barrierefreiheit geht über technische Anpassungen hinaus. Auch kognitive Zugänglichkeit ist ein entscheidender Faktor. Cloud-Dienste sollten einfach und intuitiv zu bedienen sein, mit klaren Anweisungen und einer logischen Navigation. Komplexe Oberflächen oder schwer verständliche Fachbegriffe können für Menschen mit Lern- oder Konzentrationsschwierigkeiten große Hürden darstellen. Eine klare, einfache Sprache und visuelle Hilfsmittel wie Symbole oder Erklärvideos können hier Abhilfe schaffen.

Die Verfügbarkeit in verschiedenen Sprachen ist ein weiterer wichtiger Aspekt der Inklusion. Eine Cloud-Plattform, die nur in einer Sprache verfügbar ist, grenzt automatisch Nutzer aus, die diese Sprache nicht sprechen. Mehrsprachigkeit ist nicht nur ein Zeichen von Respekt, sondern auch ein essenzielles Werkzeug, um die Reichweite und Nutzbarkeit eines Dienstes zu maximieren.

Cloud-Anbieter, die sich ernsthaft mit Barrierefreiheit und Inklusion beschäftigen, profitieren davon auf mehreren Ebenen. Sie erreichen nicht nur eine größere Zielgruppe, sondern stärken auch ihr Image als verantwortungsbewusste Unternehmen. Doch Barrierefreiheit darf kein nachträglicher Gedanke sein. Sie muss von Anfang an in den Entwicklungsprozess integriert werden. Dazu gehört auch, Menschen mit Behinderungen aktiv einzubeziehen und ihre Erfahrungen in die Gestaltung der Plattformen einfließen zu lassen.

Die Herausforderungen sind nicht zu unterschätzen, doch die Technologie bietet auch hier Lösungen. Künstliche Intelligenz kann beispielsweise dabei helfen, Barrieren abzubauen – sei es durch automatische Untertitelung von Videos, Echtzeitübersetzungen oder die Anpassung von Benutzeroberflächen an individuelle Bedürfnisse.

Barrierefreiheit und Inklusion in der Cloud sind nicht nur eine ethische Verpflichtung, sondern auch eine Chance, die digitale Welt für alle zugänglicher zu machen. Jeder Mensch hat das Recht, von den Möglichkeiten der Cloud zu profitieren, und es liegt in der Verantwortung der Anbieter, dieses Recht zu gewährleisten. Denn eine Cloud, die alle einschließt, ist nicht nur ein besserer Service – sie ist auch ein Schritt in Richtung einer gerechteren digitalen Gesellschaft.

49. Rechtliche Aspekte und Stolperfallen

Die Cloud ist praktisch, effizient und flexibel. Doch hinter der Bequemlichkeit lauern oft rechtliche Fallstricke, die man nicht unterschätzen sollte. Gerade im Hinblick auf Datenschutz, Haftung und die Rechte an den gespeicherten Daten ist es wichtig, die Details genau zu kennen. Ohne eine gründliche Prüfung kann die Nutzung der Cloud schnell von einem

Vorteil zu einer Belastung werden. Dieses Kapitel beleuchtet die rechtlichen Aspekte und die typischen Stolperfallen, die es zu vermeiden gilt.

Ein zentraler Punkt ist die Prüfung der Datenschutzvereinbarungen. Jeder Cloud-Dienst bietet eine Datenschutzerklärung, die festlegt, wie Ihre Daten verarbeitet, gespeichert und geschützt werden. Doch nicht jede Vereinbarung entspricht den hohen Anforderungen, die insbesondere in der Europäischen Union durch die Datenschutz-Grundverordnung (DSGVO) gestellt werden. Anbieter aus Drittstaaten, vor allem aus den USA, unterliegen oft anderen Gesetzen, die weniger strenge Datenschutzstandards haben. Das bedeutet, dass Ihre Daten potenziell für Zwecke genutzt werden könnten, denen Sie nicht ausdrücklich zugestimmt haben.

Um rechtlich auf der sicheren Seite zu sein, sollten Sie prüfen, ob der Anbieter DSGVO-konform arbeitet. Dienste, die ihre Rechenzentren in Europa oder der Schweiz betreiben, sind hier oft im Vorteil. Diese Länder unterliegen strengen Datenschutzregelungen, die sicherstellen, dass Ihre Daten nicht ohne Ihre Zustimmung weitergegeben oder verarbeitet werden. Doch auch bei europäischen Anbietern lohnt ein Blick ins Kleingedruckte: Sind die Daten verschlüsselt? Wer hat Zugriff? Welche Rechte haben Sie im Falle eines Datenverlusts?

Die Haftung bei Datenverlust ist ein weiterer kritischer Punkt. Cloud-Anbieter werben oft mit Sicherheit und Verlässlichkeit, doch was passiert, wenn Daten tatsächlich verloren gehen? Die meisten Anbieter schließen in ihren Nutzungsbedingungen die Haftung für Datenverlust weitgehend aus. Das bedeutet, dass Sie im Ernstfall auf sich allein gestellt sind, selbst wenn der Fehler auf Seiten des Anbieters liegt. Hier hilft nur, die Bedingungen genau zu lesen und auf der sicheren Seite zu bleiben, indem Sie regelmäßig eigene Backups erstellen. Auch wenn die Cloud ein zusätzlicher Schutz ist, sollte sie niemals die einzige Sicherung Ihrer Daten sein.

Ein besonders oft übersehener Punkt sind die Rechte an den gespeicherten Daten. Viele Cloud-Anbieter sichern sich in ihren AGB weitgehende Nutzungsrechte. Das bedeutet nicht, dass der Anbieter Ihre Daten verkauft, aber in manchen Fällen räumen Sie ihm Rechte ein, die weit über das hinausgehen, was nötig wäre, um den Dienst zu betreiben. Besonders bei Anbietern aus Drittstaaten können diese Klauseln problematisch sein, da Sie möglicherweise nicht kontrollieren können, was mit Ihren Daten geschieht.

Es ist wichtig, zu wissen, dass Ihre Daten in der Cloud nicht automatisch Ihnen gehören, nur weil Sie sie dort gespeichert haben. Der Anbieter verwaltet die Daten, und in manchen Fällen könnten Sie in eine rechtliche Grauzone geraten, wenn etwa die Rechte an Bildern, Texten oder anderen Inhalten betroffen sind. Besonders bei geschäftskritischen Daten oder kreativen Werken sollten Sie darauf achten, dass Sie alle Rechte behalten und der Anbieter keine unangemessenen Rechte an Ihren Inhalten einfordert.

Die rechtlichen Aspekte der Cloud-Nutzung sind komplex, aber keineswegs unüberwindbar. Indem Sie die Datenschutzvereinbarungen sorgfältig prüfen, sich über die Haftungsregelungen im Klaren sind und die Rechte an Ihren Daten im Auge behalten, können Sie viele Stolperfallen vermeiden. Die Cloud kann ein sicherer und effizienter Ort für Ihre Daten sein, aber nur, wenn Sie wissen, welche rechtlichen Rahmenbedingungen Sie beachten müssen. Denn auch hier gilt: Sicherheit beginnt mit Wissen und Aufmerksamkeit.

50. Auftragsdatenverarbeitung (AVV)

Denken Sie immer daran, wer Ihre Daten verarbeitet. Die Auftragsdatenverarbeitung ist ein zentraler Bestandteil moderner IT-Infrastrukturen und unverzichtbar, wenn Sie Daten an Dritte weitergeben, die diese in Ihrem Auftrag speichern, analysieren oder verwalten. Doch was bedeutet das konkret, und warum ist es so wichtig, sich mit diesem Thema auseinanderzusetzen? Denken Sie immer daran: Sobald Sie Daten aus der Hand geben, ist es entscheidend zu wissen, wer damit arbeitet, wie diese verarbeitet werden und welche Sicherheitsstandards dabei eingehalten werden. Die Verantwortung liegt letztendlich bei Ihnen, selbst wenn ein externer Dienstleister im Spiel ist.

Die Auftragsdatenverarbeitung beschreibt den Vorgang, bei dem ein Unternehmen personenbezogene Daten an einen externen Dienstleister übergibt, der diese im Auftrag verarbeitet. Typische Beispiele sind die Nutzung von Cloud-Speicherdiensten, die Auslagerung von Lohnbuchhaltungsdaten oder die Verarbeitung von Kundeninformationen durch Drittanbieter-Software. Auch wenn die Daten physisch nicht mehr bei Ihnen gespeichert werden, bleibt die rechtliche Verantwortung bei Ihnen als

Auftraggeber. Die DSGVO schreibt hier klare Regeln vor, um sicherzustellen, dass die Verarbeitung sicher und im Sinne des Datenschutzes erfolgt.

Personenbezogene Daten sind eine der sensibelsten Ressourcen in der heutigen digitalen Welt. Sobald Sie diese an Dritte weitergeben, steigt das Risiko, dass sie in die falschen Hände geraten, unrechtmäßig verarbeitet oder gar für andere Zwecke missbraucht werden. Denken Sie immer daran: Sie tragen die Verantwortung für den Schutz dieser Daten – auch wenn ein Dienstleister sie verarbeitet. Ein Verstoß gegen Datenschutzrichtlinien kann nicht nur rechtliche Konsequenzen haben, sondern auch das Vertrauen Ihrer Kunden nachhaltig schädigen.

Ein weiteres Problem ist die Transparenz. Viele Anbieter nutzen komplexe Vertragsbedingungen, die schwer verständlich sind und nicht immer offenlegen, wie Daten verarbeitet werden. Hier müssen Sie als Auftraggeber besonders wachsam sein. Lesen Sie Verträge sorgfältig, und stellen Sie sicher, dass alle relevanten Punkte zur Datenverarbeitung klar geregelt sind.

Die Wahl des richtigen Dienstleisters ist entscheidend, um Risiken zu minimieren und den Datenschutz zu gewährleisten. Achten Sie bei der Auswahl eines Anbieters auf folgende Kriterien: Der Dienstleister muss nachweislich die DSGVO oder vergleichbare Standards einhalten. Lassen Sie sich entsprechende Zertifikate wie ISO 27001 vorlegen, die die Einhaltung von Sicherheitsstandards belegen. Der Anbieter sollte offenlegen, wie und wo Ihre Daten verarbeitet werden. Werden die Daten innerhalb der EU gespeichert, gelten automatisch die strengen DSGVO-Vorgaben. Werden sie jedoch in Drittländer wie die USA übertragen, müssen zusätzliche Sicherheitsmaßnahmen wie Standardvertragsklauseln greifen. Achten Sie darauf, dass der Anbieter Daten sowohl bei der Übertragung (in transit) als auch während der Speicherung (at rest) verschlüsselt. Idealerweise sollten die Verschlüsselungsschlüssel nur Ihnen zugänglich sein. Recherchieren Sie, ob der Anbieter Erfahrung in Ihrem Bereich hat und ob es in der Vergangenheit Vorfälle wie Datenlecks gegeben hat.

Die DSGVO schreibt vor, dass ein Auftragsverarbeitungsvertrag (AVV) zwischen Ihnen und dem Dienstleister geschlossen werden muss. Dieser Vertrag regelt die Rechte und Pflichten beider Parteien und stellt sicher, dass die Datenverarbeitung im Einklang mit den gesetzlichen Anforderungen erfolgt. Ein AVV sollte mindestens folgende Punkte enthalten: Es muss klar definiert werden, warum und wie lange die Daten verarbeitet werden. Der Dienstleister muss garantieren, dass alle Mitarbeiter, die Zugriff auf die Daten haben, zur Vertraulichkeit verpflichtet sind. Der Vertrag sollte detailliert beschreiben, welche technischen und organisatorischen Maßnahmen (TOMs) der Anbieter ergreift, um die Daten zu schützen. Der Dienstleister darf Daten nicht an Subunternehmer weitergeben, ohne Sie darüber zu informieren und Ihre Zustimmung einzuholen. Nach Beendigung der Zusammenarbeit müssen die Daten entweder zurückgegeben oder sicher gelöscht werden.

Trotz klarer gesetzlicher Vorgaben gibt es viele Bereiche, in denen Fehler passieren können. Einer der häufigsten Fallstricke ist die mangelnde Kontrolle über den Dienstleister. Viele Unternehmen verlassen sich blind darauf, dass der Anbieter die gesetzlichen Vorgaben einhält, ohne dies zu überprüfen. Denken Sie immer daran: Sie sind für die Daten verantwortlich, nicht der Dienstleister. Ein weiteres Problem ist die Nutzung von Anbietern in Drittländern. Obwohl diese Anbieter oft günstigere oder innovativere Lösungen anbieten, kann die Datenübertragung in Länder außerhalb der EU rechtlich problematisch sein. Besonders in den USA greifen Gesetze wie der Cloud Act, die es Behörden ermöglichen, auf gespeicherte Daten zuzugreifen – selbst wenn diese durch europäische Anbieter gespeichert werden. Auch unzureichende Sicherheitsmaßnahmen stellen ein Risiko dar. Wenn der Dienstleister keine Verschlüsselung einsetzt oder keine regelmäßigen Sicherheitsprüfungen durchführt, können Datenlecks leicht entstehen. Überprüfen Sie deshalb regelmäßig, ob der Anbieter seine Sicherheitsstandards einhält.

Als Auftraggeber haben Sie mehrere Möglichkeiten, sich rechtlich und praktisch abzusichern: Vereinbaren Sie im AVV das Recht, regelmäßige Audits durchzuführen oder Audit-Berichte des Anbieters einzusehen. Legen Sie im Vertrag fest, welche Mindestanforderungen an die Sicherheit gestellt werden – etwa Verschlüsselung, Zugriffskontrollen oder die geografische Begrenzung der Datenverarbeitung. Entwickeln Sie Strategien, wie Sie im Falle eines Datenlecks reagieren. Dazu gehört auch die Meldung des Vorfalls an die Datenschutzbehörden und betroffene Personen.

Auftragsdatenverarbeitung ist ein unverzichtbarer Bestandteil der modernen Geschäftswelt, birgt aber auch erhebliche Risiken. Denken Sie immer daran, dass die Verantwortung für den Schutz der Daten bei Ihnen bleibt – selbst wenn ein externer Dienstleister sie verarbeitet. Mit der richtigen

Vorbereitung, der Wahl eines vertrauenswürdigen Anbieters und einem klaren Auftragsverarbeitungsvertrag können Sie diese Herausforderungen meistern und Ihre Daten sicher in der digitalen Welt bewegen. Denn Datenschutz ist kein Luxus, sondern eine Pflicht, die Vertrauen schafft – für Sie und Ihre Kunden.

51. Die Zukunft der Cloud

Die Cloud, wie wir sie heute kennen, ist nur der Anfang. Sie entwickelt sich ständig weiter, getrieben von neuen Technologien, wachsender Nachfrage und dem immer stärker werdenden Wunsch nach Sicherheit und Datenschutz. In den nächsten Jahren werden wir Veränderungen erleben, die weit über die bloße Speicherung von Daten hinausgehen. Die Zukunft der Cloud wird geprägt sein von Künstlicher Intelligenz, Automatisierung und neuen Sicherheitsstandards, aber auch von der Suche nach europäischen Alternativen zu den großen Tech-Konzernen. Ein Blick in diese Zukunft zeigt, was uns erwartet und wie sich die Cloud weiter in unseren Alltag integrieren wird.

Ein großer Trend, der die Entwicklung der Cloud antreibt, ist die Integration Künstlicher Intelligenz (KI). Schon heute unterstützen KI-Algorithmen in der Cloud viele Anwendungen – von der Bilderkennung bis hin zur Analyse großer Datenmengen. In Zukunft wird KI noch stärker genutzt, um Cloud-Dienste intelligenter und effizienter zu machen. Denken Sie an Automatisierungen, die nicht nur Daten synchronisieren, sondern diese auch selbstständig kategorisieren, Duplikate erkennen oder sogar Vorschläge machen, welche Dateien gelöscht werden können, um Platz zu schaffen. Unternehmen könnten durch KI-gestützte Systeme große Datenmengen analysieren und Trends vorhersagen, was in Bereichen wie Marketing, Produktion oder Forschung enorme Vorteile bietet.

Automatisierung wird eine zentrale Rolle spielen. In der heutigen Cloud müssen viele Prozesse noch manuell eingerichtet werden – Backups, Synchronisationen oder Zugriffsrechte erfordern Planung und Eingreifen. Die Zukunft der Cloud wird diese Aufgaben weitgehend automatisieren. Stellen Sie sich vor, ein System erkennt selbstständig, welche Daten kritisch sind und priorisiert diese für eine Sicherung. Oder es schlägt Ihnen basierend auf Ihrem Nutzungsverhalten vor, wie Sie Ihre Cloud effizienter organisieren können. Automatisierung wird nicht nur Zeit sparen, sondern auch Fehler minimieren, die durch menschliches Versäumnis entstehen können.

Ein weiteres wichtiges Thema der Zukunft sind Sicherheitstechnologien der nächsten Generation. Mit der wachsenden Verbreitung der Cloud steigen auch die Bedrohungen durch Cyberangriffe. Doch auch hier schreitet die Technologie voran. Fortschritte in der Verschlüsselung, wie beispielsweise Quantenkryptografie, könnten Daten sicherer machen, als es mit heutigen Methoden möglich ist. Selbst wenn ein Hacker auf die Daten zugreift, wären sie für ihn unlesbar, weil die notwendigen Schlüssel praktisch unmöglich zu knacken sind. Ein anderer spannender Bereich sind Zero-Trust-Modelle, bei denen jeder Zugriff streng überwacht und überprüft wird, unabhängig davon, ob er aus einem „vertrauenswürdigen" Netzwerk stammt.

Auch der Datenschutz wird in der Zukunft der Cloud eine noch größere Rolle spielen, insbesondere in Europa. Die wachsende Skepsis gegenüber großen Tech-Unternehmen wie Google, Amazon oder Microsoft hat bereits zu einer verstärkten Suche nach europäischen Alternativen geführt. Anbieter wie Tresorit, Hetzner oder pCloud zeigen, dass es möglich ist, Cloud-Dienste mit höchsten Sicherheits- und Datenschutzstandards anzubieten. Diese Dienste setzen nicht nur auf modernste Technologien, sondern auch auf Transparenz und eine klare Einhaltung der DSGVO. In den kommenden Jahren wird Europa vermutlich eine führende Rolle bei der Entwicklung von Cloud-Diensten übernehmen, die die Privatsphäre der Nutzer respektieren und gleichzeitig wettbewerbsfähige Leistungen bieten.

Neben europäischen Alternativen könnte auch die Dezentralisierung der Cloud an Bedeutung gewinnen. Statt Daten bei einem zentralen Anbieter zu speichern, könnten zukünftige Systeme auf Peer-to-Peer-Netzwerke setzen. Hierbei wird die Speicherung auf viele verschiedene Knoten verteilt, was die Ausfallsicherheit erhöht und gleichzeitig die Kontrolle der Nutzer über ihre Daten stärkt. Kombiniert mit Blockchain-Technologien könnten solche Ansätze völlig neue Möglichkeiten eröffnen, Daten sicher, transparent und unabhängig von großen Anbietern zu verwalten.

Die Cloud wird also nicht nur größer und leistungsfähiger, sondern auch sicherer und vielseitiger. Unternehmen und Privatpersonen werden von intelligenten, automatisierten Systemen profitieren, die ihre Daten nicht nur speichern, sondern aktiv nutzen und schützen. Gleichzeitig wird die Wahlfreiheit wachsen, insbesondere durch europäische Anbieter, die ethische Standards setzen und zeigen, dass Technologie und Datenschutz Hand in Hand gehen können.

Die Zukunft der Cloud ist aufregend und voller Möglichkeiten. Wer sich schon heute mit den Grundlagen vertraut macht und die richtigen Anbieter wählt, wird von diesen Entwicklungen profitieren und sich in einer digitalisierten Welt sicherer bewegen können. Es bleibt spannend, wie sich die Cloud weiterentwickelt – eines ist jedoch klar: Sie wird ein fester Bestandteil unserer Zukunft bleiben, intelligenter, sicherer und noch näher an unseren Bedürfnissen.

Zukunftsszenarien der Cloud-Nutzung

Was ich jetzt hier schreibe, ist teils spekulativ. Die Cloud hat in den letzten zwei Jahrzehnten einen beispiellosen Wandel durchgemacht – von einer Idee zur Speicherung von Daten zu einem zentralen Nervensystem der digitalen Welt. Doch was erwartet uns in den nächsten 10 bis 20 Jahren? Werden Rechenzentren durch Quantencomputer ersetzt? Wird die Cloud vollständig mit neuen Technologien wie dem Metaverse verschmelzen? Dieses Kapitel wagt einen Blick in die Zukunft und beleuchtet mögliche Szenarien und ihre Auswirkungen auf unser Leben.

Die Ära des Quantencomputings

Quantencomputing gilt als eine der vielversprechendsten Technologien der nächsten Jahrzehnte. Im Gegensatz zu klassischen Computern, die Informationen in Bits speichern (0 oder 1), nutzt der Quantencomputer Qubits, die mehrere Zustände gleichzeitig einnehmen können. Diese revolutionäre Technik hat das Potenzial, komplexe Berechnungen in Sekunden durchzuführen, für die heutige Supercomputer Jahre benötigen würden. Doch was bedeutet das für die Cloud?

Quantencomputing in der Cloud könnte zunächst in spezialisierten Bereichen wie der Medikamentenentwicklung, Klimamodellierung oder der Optimierung von Lieferketten zum Einsatz kommen. Unternehmen könnten die immense Rechenleistung von Quantencomputern nutzen, ohne eigene Hardware betreiben zu müssen – ähnlich wie heute bei der Nutzung von KI-Diensten in der Cloud. Anbieter wie Google und IBM arbeiten bereits an Cloud-basierten Quantenlösungen. Allerdings bleibt die Technologie vorerst auf wenige spezialisierte Anwendungsfälle beschränkt, da sie extrem teuer und technisch anspruchsvoll ist.

Für Nutzer stellt sich die Frage, wie sicher die Cloud in einer Welt mit Quantencomputing bleibt. Quantencomputer könnten herkömmliche Verschlüsselungen in Sekunden brechen, was die Sicherheit vieler heutiger Cloud-Dienste infrage stellt. Die Entwicklung sogenannter quantenresistenter Verschlüsselung (daran arbeitet der deutsche Anbieter Tuta intensiv)wird daher ein zentrales Thema sein, um die Cloud zukunftssicher zu machen.

Cloud und das Metaverse

Das Metaverse – eine immersive, virtuelle Welt, in der Menschen miteinander interagieren, arbeiten und spielen können – wird ebenfalls eine wichtige Rolle in der Zukunft der Cloud spielen. Die Grundlage des Metaverse sind riesige Datenmengen und Echtzeitverarbeitung, die nur durch leistungsstarke Cloud-Infrastrukturen möglich werden. Von der Bereitstellung von 3D-Inhalten bis hin zur Koordination von Millionen gleichzeitiger Nutzer – ohne die Cloud wäre das Metaverse nicht denkbar.

Ein denkbares Szenario ist, dass die Cloud zum »Betriebssystem« des Metaverse wird. Dienste wie dezentrale Cloud-Netzwerke könnten dazu beitragen, diese virtuelle Welt effizient und nachhaltig zu betreiben. Gleichzeitig stellt das Metaverse neue Anforderungen an die Cloud, etwa in Bezug auf Latenzzeiten und die Integration von Augmented Reality (AR) und Virtual Reality (VR). Anbieter, die diese Anforderungen erfüllen können, werden eine Schlüsselrolle in der digitalen Wirtschaft der Zukunft spielen. Doch auch hier lauern Herausforderungen. Das Metaverse könnte die Abhängigkeit von großen Cloud-Anbietern verstärken, da die für den Betrieb benötigte Infrastruktur nur von wenigen Unternehmen bereitgestellt wird. Eine weitere Sorge ist der immense Energieverbrauch, den das Metaverse und seine zugrunde liegende Cloud-Infrastruktur mit sich bringen könnten.

Dezentralisierung und die Rolle der Edge-Cloud

Während die Cloud heute größtenteils in zentralen Rechenzentren betrieben wird, könnten wir in Zukunft einen Wandel hin zur Dezentralisierung erleben. Edge Computing, bei dem Daten direkt am »Rand« des Netzwerks verarbeitet werden, wird eine immer wichtigere Rolle spielen. In Kombination mit der Cloud könnte eine hybride Struktur entstehen, bei der Daten dort verarbeitet werden, wo sie entstehen – sei es in IoT-Geräten, autonomen Fahrzeugen oder Smart Citys.

Diese Entwicklung hat mehrere Vorteile: Sie reduziert die Latenzzeit, spart Bandbreite und macht die Cloud weniger anfällig für zentrale Ausfälle. Gleichzeitig bietet sie neue Möglichkeiten für Anwendungen wie autonome Fahrzeuge, die in Echtzeit auf lokale Daten zugreifen müssen, oder smarte Fabriken, die ihre Prozesse autonom optimieren.

Dezentralisierung könnte auch in Form von Blockchain-Technologie Einzug in die Cloud halten. Dezentrale Cloud-Lösungen, die auf Blockchain basieren, bieten mehr Sicherheit und Transparenz, da sie keinen zentralen Kontrollpunkt haben. Diese Systeme könnten die Cloud-Nutzung revolutionieren, insbesondere in Bereichen wie Finanzdienstleistungen oder Gesundheitswesen, wo Datensicherheit entscheidend ist.

Nachhaltigkeit und die grüne Cloud
Angesichts der wachsenden Aufmerksamkeit für Klimaschutz wird Nachhaltigkeit in der Cloud eine noch größere Rolle spielen. Rechenzentren der Zukunft könnten vollständig mit erneuerbaren Energien betrieben werden und innovative Kühltechnologien nutzen, um den Energieverbrauch zu minimieren. Die Entwicklung von CO_2-neutralen Cloud-Diensten könnte zum Wettbewerbsvorteil für Anbieter werden.

Ein spannendes Zukunftsszenario ist die Nutzung von Unterwasser-Rechenzentren, wie sie Microsoft bereits testet. Diese Anlagen nutzen die natürliche Kühlung des Wassers, um Energie zu sparen, und könnten eine nachhaltige Alternative zu traditionellen Rechenzentren darstellen.

Cloud-Integration in den Alltag
Die Cloud der Zukunft wird noch stärker in unseren Alltag integriert sein. KI-gestützte Assistenten könnten Cloud-Dienste nahtlos in unsere Geräte und Anwendungen einbinden, sodass wir uns keine Gedanken mehr darüber machen müssen, wo unsere Daten gespeichert oder verarbeitet werden. Gleichzeitig werden Datenschutz und Datensouveränität zentrale Themen bleiben, da immer mehr persönliche Informationen in der Cloud gespeichert werden.

Eine Cloud im Wandel
Die Cloud der nächsten 10 bis 20 Jahre wird vielseitiger, intelligenter und integrativer sein. Technologien wie Quantencomputing und das Metaverse

eröffnen neue Möglichkeiten, bringen aber auch Herausforderungen mit sich, insbesondere in Bezug auf Sicherheit, Nachhaltigkeit und Abhängigkeit von großen Anbietern. Gleichzeitig wird die Dezentralisierung durch Edge Computing und Blockchain-Technologien die Art und Weise, wie wir die Cloud nutzen, grundlegend verändern.

Die Cloud der Zukunft ist ein Ort voller Chancen – für Unternehmen, Privatpersonen und Gesellschaften. Doch diese Chancen müssen bewusst genutzt werden, um eine Balance zwischen Innovation, Sicherheit und Nachhaltigkeit zu schaffen. Es liegt an uns, diese Entwicklung aktiv mitzugestalten und sicherzustellen, dass die Cloud auch in 20 Jahren ein Werkzeug bleibt, das unser Leben bereichert, ohne uns zu beherrschen.

52. Ethische Fragen rund um die Cloud

Die Cloud ist aus unserem digitalen Alltag nicht mehr wegzudenken. Sie speichert unsere Fotos, verwaltet unsere Arbeitsdokumente und ermöglicht globale Zusammenarbeit. Doch mit der Cloud gehen auch komplexe ethische Fragen einher, die weit über technische Details hinausgehen. Wem gehören die Daten wirklich, die wir in der Cloud speichern? Wie viel Verantwortung tragen die Anbieter für die Sicherheit und den Umgang mit diesen Daten? Und wie kann ein Gleichgewicht zwischen Komfort, Innovation und ethischer Integrität gefunden werden? Zeit, genauer hinzusehen.

Wem gehören die Daten?

Die Grundannahme vieler Nutzer ist, dass die Daten, die sie in die Cloud hochladen, weiterhin ihnen gehören. Schließlich sind es ihre Fotos, Dokumente oder Ideen. Doch ein Blick in die Nutzungsbedingungen vieler Anbieter zeigt ein differenziertes Bild. Während die meisten Cloud-Dienste versichern, dass die Daten rechtlich im Besitz des Nutzers bleiben, sichern sich viele gleichzeitig weitreichende Nutzungsrechte.

Beispielhaft sind Formulierungen wie »Wir haben das Recht, Ihre Daten zur Verbesserung unserer Dienste zu analysieren.« Das klingt harmlos, bedeutet aber oft, dass Anbieter Einblicke in gespeicherte Inhalte nehmen können – sei es für die Optimierung von Algorithmen, die Entwicklung neuer Produkte oder, in einigen Fällen, sogar für Werbezwecke. Hier stellt sich die Frage: Ist das noch die Cloud im Sinne des Nutzers, oder wird der Nutzer zum Produkt, dessen Daten kommerzialisiert werden?

Die Frage des Datenbesitzes wird besonders brisant, wenn es zu rechtlichen Konflikten kommt. In einigen Ländern, wie den USA, können Behörden auf Cloud-Daten zugreifen, selbst wenn diese in anderen Ländern gespeichert sind. Der sogenannte Cloud Act erlaubt es beispielsweise US-Behörden, auf Daten zuzugreifen, die von amerikanischen Unternehmen verwaltet werden – unabhängig davon, wo sich die Rechenzentren befinden. Für europäische Nutzer stellt dies einen klaren Widerspruch zur DSGVO dar, die einen strengen Schutz persönlicher Daten vorsieht. Wer trägt hier die Verantwortung?

Verantwortung der Anbieter

Cloud-Anbieter stehen vor einer zentralen ethischen Herausforderung: Sie müssen einerseits für die Sicherheit der Daten sorgen, andererseits aber auch wirtschaftlich erfolgreich sein. Diese beiden Ziele stehen oft im Konflikt. Sicherheit kostet Geld – und jedes zusätzliche Feature, das die Sicherheit erhöht, kann den Profit schmälern. Gleichzeitig verlangen Investoren Wachstum und Rendite, was Anbieter dazu verleitet, Daten zu analysieren und zu monetarisieren.

Die Verantwortung der Anbieter wird besonders dann auf die Probe gestellt, wenn es um sensible Daten geht. Denken wir an Gesundheitsdaten, die in der Cloud gespeichert werden. Anbieter, die solche Daten verwalten, tragen eine immense Verantwortung, da ein Datenleck nicht nur finanziellen Schaden, sondern auch persönliches Leid verursachen kann. Doch wie können Nutzer sicher sein, dass die Anbieter dieser Verantwortung gerecht werden? Transparenz ist hier entscheidend, doch genau diese Transparenz fehlt oft. Viele Anbieter veröffentlichen keine detaillierten Berichte darüber, wie sie Daten sichern, wer darauf zugreifen kann oder welche Maßnahmen bei einem Sicherheitsvorfall ergriffen werden.

Ein weiteres ethisches Dilemma ist die Frage der Zugänglichkeit. Cloud-Dienste sind für viele Nutzer unverzichtbar geworden, doch nicht jeder kann sich die oft hohen Kosten leisten. Sollte der Zugang zur Cloud als Grundrecht betrachtet werden, ähnlich wie der Zugang zu sauberem Wasser oder Elektrizität? Und wenn ja, wie kann ein solches Recht umge-

setzt werden, ohne dass Anbieter ihre wirtschaftlichen Grundlagen verlieren?

Rolle des Nutzers und der Nutzerin

Auch die Nutzer tragen eine gewisse Verantwortung im Umgang mit der
Cloud. Sie entscheiden, welche Daten hochgeladen werden, welche
Sicherheitsfeatures aktiviert sind und welche Anbieter sie wählen. Doch
hier zeigt sich ein weiteres ethisches Problem: Viele Nutzer verstehen die
technischen und rechtlichen Zusammenhänge nicht vollständig. Wer liest
schon die seitenlangen Nutzungsbedingungen? Und wer weiß genau,
welche Daten in der Cloud verschlüsselt sind und welche nicht?

Die mangelnde Transparenz und Komplexität der Cloud-Systeme führt
dazu, dass viele Nutzer ihre Verantwortung nicht wahrnehmen können,
selbst wenn sie es wollten. Hier stehen Anbieter und Regulierungsbehör-
den in der Pflicht, einfache und verständliche Informationen bereitzustel-
len. Gleichzeitig sollte die Frage erlaubt sein: Ist es ethisch vertretbar,
Nutzer für Entscheidungen verantwortlich zu machen, die sie aufgrund
mangelnder Informationen nicht fundiert treffen können?

Cloud im globalen Kontext

Ein weiteres ethisches Thema ist die globale Ungleichheit in der Nutzung
und Kontrolle der Cloud. Die großen Cloud-Anbieter kommen fast ausschließlich aus den USA, während Nutzer und Daten aus aller Welt stammen. Dieses Ungleichgewicht führt dazu, dass Datenströme und Gewinne
stark zugunsten weniger Länder verteilt sind. Während Unternehmen wie
Amazon, Google oder Microsoft Milliarden verdienen, haben viele Länder
keinen Zugang zu den Technologien oder den Daten, die auf ihrem Boden
generiert werden.

Ein Beispiel ist der sogenannte Digital Divide, die digitale Kluft zwischen
entwickelten und weniger entwickelten Ländern. Während die Cloud für
Unternehmen in Europa und den USA eine Selbstverständlichkeit ist,
haben viele Länder im globalen Süden nur begrenzten Zugang zu diesen
Technologien. Ist es ethisch vertretbar, dass ein so zentrales Werkzeug
der Digitalisierung von wenigen Unternehmen und Ländern kontrolliert
wird? Oder sollte es internationale Initiativen geben, die den Zugang zur

Cloud demokratisieren und die Kontrolle über Daten global gerechter verteilen?

Wie kann Cloud ethischer werden?

Die Cloud hat unser Leben revolutioniert. Sie bietet uns unvergleichliche Flexibilität, ermöglicht weltweite Kollaboration und hat das Potenzial, die digitale Gesellschaft fairer zu gestalten. Doch mit ihrer zunehmenden Bedeutung werden auch die ethischen Fragen drängender: Wer kontrolliert die Cloud? Wie können wir Missbrauch verhindern? Und wie schaffen wir eine Infrastruktur, die wirklich allen zugutekommt? Um diese Herausforderungen zu meistern, braucht es durchdachte Ansätze, die Anbieter, Nutzer, Regierungen und Entwickler gleichermaßen einbeziehen. Dieses Buch widmet sich genau diesen Fragen und zeigt, wie groß das kleine Wort „Cloud" wirklich ist – und wie viele Chancen und Risiken es birgt. Doch so umfassend die Diskussion hier auch ist, sie kratzt dennoch nur an der Oberfläche eines Themas, das die digitale Welt noch für Jahrzehnte prägen wird.

Einer der größten Schwachpunkte der Cloud ist ihre oft undurchsichtige Funktionsweise. Viele Nutzer wissen nicht, was mit ihren Daten geschieht, welche Sicherheitsmaßnahmen greifen oder wie ihre Daten monetarisiert werden.

Transparenz ist der erste Schritt, um die Cloud ethischer zu machen: Verpflichtende Offenlegung: Anbieter sollten gesetzlich verpflichtet werden, klar darzulegen, wie sie Daten speichern, verarbeiten und weitergeben. Solche Informationen müssen einfach verständlich und leicht zugänglich sein.

Unabhängige Überprüfung: Regelmäßige Auditierungen durch unabhängige Institutionen könnten sicherstellen, dass Anbieter ihre Versprechen einhalten. Diese Berichte sollten öffentlich zugänglich sein, um Vertrauen zu schaffen.

Standardisierte Datenschutzberichte: Ähnlich wie bei Lebensmitteln Inhaltsstoffe deklariert werden, könnten Cloud-Dienste standardisierte Datenschutzberichte verwenden, die auf einen Blick zeigen, wie sicher und transparent ein Dienst ist.

Globale Regulierung: Einheitliche Standards schaffen. Die Cloud kennt keine Landesgrenzen, doch Datenschutz und Kontrolle werden national geregelt. Diese Fragmentierung führt zu Konflikten und öffnet Tür und Tor für Missbrauch. Globale Standards könnten hier Abhilfe schaffen:

Internationale Zusammenarbeit: Regierungen sollten gemeinsam an einheitlichen Datenschutzgesetzen arbeiten, die sicherstellen, dass Daten unabhängig von ihrem Speicherort denselben Schutz genießen.

Föderierte Modelle: Projekte wie GAIA-X könnten als Blaupause dienen. Sie zeigen, wie eine Infrastruktur aufgebaut werden kann, die auf Transparenz, Fairness und Datenschutz basiert – und gleichzeitig internationale Zusammenarbeit ermöglicht.

Rechenschaftspflicht: Internationale Gremien könnten geschaffen werden, um Verstöße gegen Datenschutzstandards zu ahnden und sicherzustellen, dass Anbieter nicht durch Schlupflöcher in nationalen Gesetzen profitieren.

Bildung: Wissen als Schlüssel zur Selbstbestimmung. Ein großer Teil der ethischen Probleme in der Cloud entsteht durch mangelndes Verständnis. Viele Nutzer wissen nicht, welche Daten sie preisgeben, wie sie sich schützen können oder welche Rechte sie haben. Bildung ist daher ein zentraler Pfeiler:

Nutzerfreundliche Kommunikation: Anbieter sollten technische und rechtliche Informationen so aufbereiten, dass sie für jeden verständlich sind – etwa durch visuelle Erklärungen oder interaktive Tutorials.

Digitale Bildung in Schulen: Schon Kinder sollten lernen, wie sie sicher mit digitalen Diensten umgehen, welche Risiken es gibt und wie sie ihre Daten schützen können.

Fortbildung für Unternehmen: KMUs, die Cloud-Dienste nutzen, sollten Zugang zu Schulungen erhalten, die ihnen helfen, Risiken zu minimieren und ihre Daten effektiv zu schützen.

Technologische Innovation: Kontrolle zurück zu den Nutzern. Technologie ist nicht nur Teil des Problems, sondern auch Teil der Lösung. Mit den richtigen Ansätzen könnte die Cloud wieder zu dem Werkzeug werden, das den Nutzern dient – und nicht den Anbietern:

Open-Source-Lösungen: Plattformen wie Nextcloud oder Proxmox bieten transparente Alternativen zu proprietären Anbietern. Sie ermöglichen Nutzern, ihre Daten vollständig zu kontrollieren und an ihre Bedürfnisse anzupassen.

Dezentralisierung durch Blockchain: Blockchain-Technologien könnten helfen, Daten nicht mehr zentral in Rechenzentren zu speichern, sondern auf ein Netzwerk von Knoten zu verteilen. Das macht die Cloud sicherer und weniger anfällig für Missbrauch.

KI-gestützte Datenschutzlösungen: Künstliche Intelligenz könnte genutzt werden, um Sicherheitsrisiken automatisch zu erkennen und Nutzer besser zu schützen – etwa durch die Überwachung von Zugriffsprotokollen oder die automatische Verschlüsselung sensibler Daten.

Verantwortung der Anbieter: Ethik statt Profitmaximierung. Anbieter tragen eine immense Verantwortung, denn sie verwalten nicht nur Daten, sondern auch Vertrauen. Um diese Verantwortung wahrzunehmen, könnten folgende Maßnahmen eingeführt werden:

Haftung für Datenschutzverletzungen: Anbieter sollten für Schäden haftbar gemacht werden, die durch Sicherheitslücken oder Datenmissbrauch entstehen.

Ethische Geschäftsmodelle: Anstatt Daten für Werbung zu nutzen, könnten Anbieter alternative Geschäftsmodelle entwickeln – etwa durch Abonnements oder gemeinnützige Strukturen.

Investitionen in Nachhaltigkeit: Anbieter sollten verpflichtet werden, ihre Rechenzentren nachhaltig zu betreiben und ihre CO_2-Bilanz offen darzulegen.

Neue Perspektiven: Die Cloud als Gemeingut. Ein radikaler, aber faszinierender Gedanke ist die Vorstellung, dass die Cloud als öffentliches Gut betrachtet wird – ähnlich wie Wasser oder Luft. In diesem Modell könnten Regierungen oder gemeinnützige Organisationen Cloud-Infrastrukturen betreiben, die allen Bürgern zugänglich sind. Diese »Gemeinschafts-Cloud« könnte auf Transparenz, Fairness und demokratischer Kontrolle basieren und eine echte Alternative zu den profitorientierten Angeboten großer Konzerne bieten.

Dieses Buch als Teil der Lösung.

Die Cloud ist weit mehr als ein digitaler Speicherplatz – sie ist ein Spiegelbild unserer digitalen Gesellschaft und birgt enorme Chancen sowie Herausforderungen. Dieses Buch zeigt, wie groß das kleine Wort »Cloud« wirklich ist und wie vielschichtig die ethischen Fragen dahinter sind. Es beleuchtet, welche Verantwortung wir als Nutzer und Anbieter haben, um die Cloud sicherer, fairer und transparenter zu machen.

Dieses Buch gehört zu den Ansätzen, die die Cloud ethischer gestalten können. Es zeigt die Vorteile europäischer Anbieter wie IONOS, Strato, Tuta und pCloud auf, erklärt die strengen EU-Datenschutzgesetze und wirft einen kritischen Blick auf die Risiken von US-Diensten. Dabei kratzt selbst dieses Buch nur an der Oberfläche der komplexen, sich ständig weiterentwickelnden Themen der Cloud. Ziel ist es, ein Bewusstsein zu schaffen und zum Nachdenken und Handeln zu bewegen.

Die Cloud hat das Potenzial, die Welt zu verändern – aber nur, wenn wir sie aktiv mitgestalten. Dieses Buch ist ein erster Schritt. Der Rest liegt in unseren Händen.

Dieses Projekt liegt mir besonders am Herzen, da es nicht nur mein Wissen und meine Erfahrungen widerspiegelt, sondern auch meine Leidenschaft für IT und die faszinierende Welt der Cloud. Als Voll-Nerd und Ossi, der mit einer Kultur des Teilens und Weitergebens groß geworden ist, sehe ich es als meine Aufgabe, mein Wissen zu teilen. In der DDR war vieles knapp, doch der Zusammenhalt und der Austausch standen im Mittelpunkt. Diese Werte prägen mich bis heute.

Um dieses Wissen für möglichst viele zugänglich zu machen, biete ich dieses Buch zum niedrigsten Preis an, den die Plattform für ein E-Book erlaubt. Wissen sollte kein Luxus sein, sondern ein Werkzeug, das jedem zur Verfügung steht.

Ich lade Sie ein, gemeinsam mit mir einen ersten Schritt zu machen, um die digitale Welt fairer und verständlicher zu gestalten. Dieses Buch ist mehr als eine Sammlung von Fakten – es ist eine Herzensangelegenheit. Und vielleicht inspiriert es Sie, Ihr eigenes Wissen weiterzugeben. Denn am Ende profitieren wir alle, wenn wir unsere Erfahrungen und unser Können teilen.

53. Checklisten: Cloud-Auswahl, Sicherheit, Backup

Damit Sie bei der Nutzung der Cloud nichts übersehen und Ihre Daten sicher speichern können, habe ich drei praktische Checklisten erstellt. Diese helfen Ihnen dabei, die richtige Cloud auszuwählen, die Sicherheit Ihrer Daten zu gewährleisten und eine solide Backup-Strategie zu entwickeln. Einfach Schritt für Schritt durchgehen und sicherstellen, dass alle wichtigen Punkte abgedeckt sind.

Checkliste: Cloud-Auswahl

1. Datenschutz und DSGVO-Konformität

- Sitzt der Anbieter in der EU oder der Schweiz?

- Werden Ihre Daten verschlüsselt, sowohl während der Übertragung als auch im Ruhezustand?

- Gibt es eine Zero-Knowledge-Option?

2. Serverstandort und Datenspeicherung

- Wo befinden sich die Rechenzentren?

- Gibt es eine Möglichkeit, Daten nur in bestimmten Regionen zu speichern?

- Kosten und Tarife

3. Passt der Preis zum Nutzen?

- Gibt es flexible Preismodelle oder kostenlose Testphasen?

4. Funktionen und Flexibilität

- Unterstützt der Anbieter Synchronisation, Versionierung und Backups?

- Lassen sich die Dienste in bestehende Systeme integrieren?

5. Support und Verfügbarkeit

- Bietet der Anbieter Support in Ihrer Sprache?

- Gibt es eine Garantie für Verfügbarkeit (SLA)?

Checkliste: Sicherheit

1. Passwortmanagement

- Haben Sie ein starkes Passwort erstellt (mindestens 18 Zeichen, Sonderzeichen, Zahlen)?

- Nutzen Sie einen Passwortmanager wie KeePass oder Bitwarden?

2. Zwei-Faktor-Authentifizierung (2FA)

- Ist die 2FA für Ihr Cloud-Konto aktiviert?

- Verwenden Sie eine Authentifizierungs-App statt SMS?

3. Verschlüsselung

- Sind Ihre Daten lokal verschlüsselt, bevor Sie sie hochladen?

- Haben Sie ein sicheres Verschlüsselungspasswort?

4. Freigaben und Zugriffsrechte

- Sind geteilte Links mit Passwort und Ablaufdatum geschützt?

- Haben Sie die Zugriffsrechte regelmäßig überprüft?

5. Regelmäßige Überprüfung

- Prüfen Sie regelmäßig, welche Geräte und Nutzer Zugriff auf Ihre Daten haben.

- Aktualisieren Sie Ihr Passwort regelmäßig.

Checkliste: Backup

1. Backup-Planung

- Haben Sie definiert, welche Daten gesichert werden sollen?

- Haben Sie entschieden, ob Sie vollständige, inkrementelle oder differenzielle Backups nutzen?

2. Backup-Speicherorte

- Nutzen Sie eine Kombination aus lokalen und Cloud-Backups?

- Sind Ihre Daten geografisch getrennt gespeichert (z. B. durch die **Cloud)?**

3. Automatisierung

- Sind Ihre Backups automatisiert, um menschliche Fehler zu vermeiden?

- Haben Sie eine regelmäßige Überprüfung der Backup-Prozesse eingerichtet?

4. Wiederherstellungstest

- Haben Sie Ihre Backups getestet, um sicherzustellen, dass sie wiederhergestellt werden können?

- Sind ältere Dateiversionen verfügbar?

5. Sicherheitskopie des Passworts

- Haben Sie das Passwort Ihrer verschlüsselten Backups sicher gespeichert?

- Nutzen Sie einen Passwortmanager oder eine sichere Offline-Methode?

Checklisten erläutert

Bei der Auswahl der richtigen Cloud ist es wichtig, zuerst auf Datenschutz und DSGVO-Konformität zu achten. Anbieter mit Sitz in der EU oder der Schweiz bieten oft höhere Standards und klarere Regelungen. Prüfen Sie, ob der Anbieter Daten sowohl bei der Übertragung als auch im Ruhezustand verschlüsselt. Noch besser ist eine Zero-Knowledge-Option, bei der der Anbieter keine Einsicht in Ihre Daten hat. Auch der Standort der Server spielt eine Rolle. Rechenzentren in sicheren Regionen mit klaren Datenschutzgesetzen bieten zusätzlichen Schutz. Achten Sie darauf, dass der Anbieter flexible Preismodelle anbietet, die zu Ihrem Bedarf passen. Viele Dienste bieten Testphasen an, die es Ihnen ermöglichen, den Funktionsumfang vor einer endgültigen Entscheidung zu prüfen.

Für die Sicherheit Ihrer Cloud-Daten ist ein starkes Passwort unerlässlich. Dieses sollte aus mindestens zwölf Zeichen bestehen und Sonderzeichen sowie Zahlen enthalten. Die Verwendung eines Passwortmanagers wie KeePass erleichtert die Verwaltung sicherer Zugangsdaten. Aktivieren Sie außerdem die Zwei-Faktor-Authentifizierung. Eine Authentifizierungs-App bietet dabei eine sicherere Lösung als SMS. Verschlüsseln Sie Ihre Daten lokal, bevor Sie sie hochladen. So bleibt der Zugriff auch bei einem Sicherheitsvorfall auf Ihre verschlüsselten Daten begrenzt. Teilen Sie Dateien nur mit Bedacht. Schützen Sie geteilte Links mit einem Passwort und einer zeitlichen Begrenzung und überprüfen Sie regelmäßig, wer Zugriff auf Ihre Daten hat.

Beim Aufbau einer Backup-Strategie ist eine klare Planung entscheidend. Überlegen Sie, welche Daten unbedingt gesichert werden müssen, und wählen Sie die passende Backup-Methode. Eine Kombination aus lokalen und Cloud-Backups bietet den besten Schutz, da sie Ausfallsicherheit und geografische Trennung kombiniert. Automatisierte Backups minimieren das Risiko menschlicher Fehler. Ein regelmäßiger Test, ob die Backups tatsächlich wiederherstellbar sind, ist ebenfalls wichtig. Auch ältere Dateiversionen sollten verfügbar sein, um versehentliche Änderungen oder Löschungen rückgängig zu machen. Verschlüsseln Sie Ihre Backups und speichern Sie das Passwort sicher, idealerweise in einem Passwortmanager oder auf einer gut gesicherten Offline-Methode.

Diese Punkte sorgen dafür, dass Ihre Cloud-Dienste effizient, sicher und zuverlässig arbeiten. Von der richtigen Auswahl des Anbieters bis hin zur konsequenten Umsetzung einer Backup-Strategie schaffen Sie so eine robuste Basis für die sichere Nutzung der Cloud.

54. Meine absolute Cloud- Empfehlung

Der Cloud-Dienst, den ich derzeit uneingeschränkt empfehle, ist pCloud. Die Funktionen von pCloud überzeugen mich jeden Tag aufs Neue. Vor allem die Möglichkeit, den Dienst unkompliziert unter Linux zu installieren, war für mich ein Hauptgrund, pCloud zu wählen. Doch das absolute Highlight ist der Lifetime-Plan – eine Einmalzahlung, und alles ist erledigt. Kein lästiges Nachdenken mehr über monatliche oder jährliche Abo-Kosten. Einfach Ruhe.

pCloud ist für mich ein echter Hammer. Ich muss nie wieder etwas bezahlen, und wenn der Dienst fünf Jahre durchhält, habe ich schon gewonnen. Sollte es danach anders kommen, hätte ich zwar Pech gehabt, aber ich bin zuversichtlich, dass pCloud mindestens diese fünf Jahre problemlos übersteht – und wahrscheinlich deutlich länger. Mit etwas Glück brauche ich den Rest meines Lebens keinen Gedanken mehr an Cloud-Abos verschwenden.

Ich kann Ihnen nur raten: Sehen Sie sich pCloud an. Eröffnen Sie einen kostenlosen Account und testen Sie, ob der Dienst zu Ihnen passt. Schauen Sie sich die Funktionen an, probieren Sie aus, wie gut alles für Ihre Bedürfnisse funktioniert. Wenn Sie dann den Schritt zum Lifetime-Plan wagen, haben Sie erst einmal die nächsten Jahre Ruhe – und mit ein wenig Glück sogar ein Leben lang.

Selbst für Unternehmen ist dieser Lifetime-Plan von pCloud eine ernsthafte Überlegung wert. Stellen Sie sich vor, Ihre Firma sichert wichtige Daten, Backups und Arbeitsdateien – mit einer Kapazität von bis zu 10 TB – durch eine einzige Einmalzahlung. Keine monatlichen Rechnungen, keine jährlichen Preiserhöhungen und keine unerwarteten Zusatzkosten, die das Budget belasten. Einmal bezahlt, und die Sache ist erledigt. Das ist nicht nur der Knaller, das ist schlichtweg revolutionär für die Planungssicherheit in jedem Unternehmen. Eine Stabilität, die sogar unserer Bundesregierung als Vorbild dienen könnte.

Gerade für kleine und mittlere Unternehmen (KMU), bei denen jeder Euro im IT-Budget zählt, ist eine solche Lösung Gold wert. Oft genug sind es die unberechenbaren laufenden Kosten für IT-Dienste, die Geschäftsführern Kopfschmerzen bereiten. Mit pCloud wird diese Sorge praktisch auf null reduziert. Ihre Daten sind sicher, ohne dass Sie sich ständig Gedanken machen müssen, ob Ihr Cloud-Abo noch ins Budget passt. Und wenn Sie den Lifetime-Plan einmal abgeschlossen haben, profitieren Sie nicht nur von der Kostensicherheit, sondern auch von der Effizienz, die pCloud in der täglichen Arbeit bietet.

Hinzu kommt, dass pCloud speziell für Unternehmen, die Wert auf Datenschutz legen, ein starker Partner ist. Der Anbieter hält sich an die höchsten Sicherheitsstandards, und mit der Möglichkeit, Daten Ende-zu-Ende zu verschlüsseln, haben Sie zusätzlich die volle Kontrolle über Ihre sensiblen Informationen. Stellen Sie sich vor, Ihre gesamte Backup-Strategie wird mit einer einzigen Entscheidung zukunftssicher gemacht – und das für einen Bruchteil der Kosten, die Sie über Jahre hinweg bei einem Abo-Modell zahlen würden.

Natürlich gibt es immer ein gewisses Risiko, dass ein Anbieter irgendwann vom Markt verschwindet. Doch sehen wir der Realität ins Auge: pCloud ist nicht irgendein Newcomer, sondern ein etablierter Anbieter, der sich bereits einen Namen gemacht hat. Wenn der Dienst mindestens fünf Jahre hält – und das ist mehr als realistisch – haben Sie Ihre Investition längst amortisiert. Und wenn alles gut läuft, ist Ihre Firma für den Rest ihrer Existenz von Cloud-Abo-Kosten befreit.

Für Unternehmen, die auf langfristige Planung und solide Kostenkontrolle setzen, ist pCloud eine echte Chance. Der Lifetime-Plan bringt nicht nur Stabilität, sondern auch die Gewissheit, dass Ihre Daten sicher und zuverlässig gespeichert sind – und das, ohne dass Sie ständig die Ausgaben im Auge behalten müssen. Es ist eine Lösung, die ebenso effizient wie wirtschaftlich ist.

55. Sie sind kein EU-Bürger / Unternehmen?

Das ist kein Problem! Warum die EU trotzdem der ideale Datenstandort ist. Auch wenn Sie außerhalb der Europäischen Union leben oder Ihr Unternehmen dort ansässig ist, gibt es viele Gründe, warum Sie sich für die EU als Datenstandort entscheiden sollten. Die Vorteile europäischer Clouddienste gehen weit über geographische Grenzen hinaus – sie bieten ein Datenschutzniveau, das weltweit als Maßstab gilt, und verbinden

Sicherheit mit modernster Technologie. Kurz gesagt: Die EU ist nicht nur für ihre Bürger ein sicherer Hafen für Daten, sondern auch für alle, die Wert auf Privatsphäre und Kontrolle legen.

Der wichtigste Grund, warum die EU als Datenstandort überzeugt, ist die Datenschutz-Grundverordnung (DSGVO). Dieses Gesetz garantiert nicht nur europäischen Bürgern, sondern jedem Nutzer europäischer Dienste ein hohes Maß an Schutz. Ihre Daten werden nicht nur vor Missbrauch geschützt, sondern bleiben auch vollständig in Ihrer Kontrolle. Sie entscheiden, wie Ihre Informationen verwendet werden, und können diese Entscheidung jederzeit widerrufen. In einer globalisierten Welt, in der Daten häufig ohne klare Zustimmung verarbeitet und verkauft werden, bietet die DSGVO ein Maß an Sicherheit, das anderswo kaum zu finden ist.

Ein weiterer Vorteil sind die modernen und sicheren Rechenzentren, die europäische Anbieter betreiben. Dienste wie IONOS, STRATO, pCloud, Tuta und andere Setzen auf Infrastrukturen, die nicht nur technisch auf dem neuesten Stand sind, sondern auch physisch und rechtlich abgesichert. In Ländern wie Deutschland und der Schweiz gelten besonders strenge Datenschutzgesetze, die eine zusätzliche Schicht an Sicherheit bieten. Ihre Daten sind hier nicht nur vor Cyberangriffen geschützt, sondern auch vor rechtlichen Zugriffen, wie sie in anderen Ländern durch Gesetze wie den Patriot Act oder den Cloud Act möglich sind.

Selbst wenn Sie in den USA, Asien oder Afrika ansässig sind, profitieren Sie von den europäischen Standards. Die Wahl eines europäischen Anbieters bedeutet, dass Ihre Daten nicht ohne Ihre Zustimmung weitergegeben oder monetarisiert werden. Im Gegensatz zu vielen großen internationalen Anbietern, die Datenanalysen und Werbung in ihr Geschäftsmodell integriert haben, setzen europäische Clouddienste auf Transparenz und Datenschutz. Sie sind keine Ware, sondern ein geschätzter Kunde – ein Unterschied, der in der heutigen digitalen Welt von unschätzbarem Wert ist.

Die Entscheidung für die EU als Datenstandort ist auch eine Frage der langfristigen Sicherheit. Europäische Anbieter investieren kontinuierlich in den Ausbau ihrer Infrastruktur und die Verbesserung ihrer Sicherheitsstandards. Gleichzeitig bieten sie flexible Lösungen, die sich individuell an Ihre Bedürfnisse anpassen lassen – sei es für kleine Unternehmen, internationale Konzerne oder Privatnutzer. Von umfassenden Verschlüsselungslösungen bis hin zu maßgeschneiderten Angeboten gibt es für jeden Bedarf die passende Lösung.

Auch ethisch macht die Wahl europäischer Clouddienste Sinn. Sie unterstützen ein System, das Datenschutz und Privatsphäre in den Mittelpunkt stellt, anstatt auf Profitmaximierung durch Datenverwertung zu setzen. Indem Sie europäische Anbieter wählen, tragen Sie dazu bei, ein nachhaltiges und faires digitales Ökosystem zu fördern – ein Modell, das weltweit Nachahmer finden sollte.

Selbst wenn Sie kein EU-Bürger oder Unternehmen sind, ist die EU der perfekte Ort für Ihre Daten. Sie bietet nicht nur Sicherheit und Transparenz, sondern setzt auch Maßstäbe, die weltweit anerkannt werden. Entscheiden Sie sich für europäische Anbieter, und profitieren Sie von einem Datenschutzniveau, das keine Kompromisse macht. Denn am Ende zählt nicht, wo Sie ansässig sind – sondern wo Ihre Daten wirklich sicher sind.

Sind Sie allerdings US-Bürger oder betreiben eine Niederlassung oder ein Unternehmen in den USA, können US-Behörden unter bestimmten Umständen Zugriff auf Daten fordern, die bei europäischen Cloud-Anbietern wie IONOS gespeichert sind. Grundlage hierfür ist der US-amerikanische CLOUD Act, der es den Behörden erlaubt, von US-Personen oder Unternehmen die Herausgabe von Daten zu verlangen, unabhängig davon, wo diese physisch gespeichert sind. Dies kann auch europäische Anbieter betreffen, wenn eine Verbindung zu den USA besteht.

Für US-Bürger oder Unternehmen mit einer rechtlichen Präsenz in den USA, etwa in Form einer Niederlassung, Tochtergesellschaft oder einem Büro, greift die extraterritoriale Reichweite des CLOUD Act. Das bedeutet, dass US-Behörden nicht nur Zugriff auf Daten verlangen können, die direkt in den USA gespeichert sind, sondern auch auf solche, die sich in Rechenzentren außerhalb der USA befinden – selbst wenn diese dem Schutz der DSGVO unterliegen. Europäische Anbieter wie IONOS könnten in einem solchen Fall gezwungen sein, die Anfrage zu prüfen und unter Umständen den Zugriff zu gewähren, sofern keine rechtlichen Schutzmechanismen greifen.

Dieser Konflikt zwischen dem CLOUD Act und der DSGVO macht die Situation rechtlich komplex. Während europäische Anbieter grundsätzlich verpflichtet sind, die DSGVO zu befolgen und Daten von US-Behörden zu schützen, könnte ein entsprechender US-Gerichtsbeschluss sie in eine schwierige Lage bringen. In solchen Fällen ist es möglich, dass die Daten erst nach intensiver rechtlicher Prüfung und nur mit Zustimmung der zuständigen europäischen Datenschutzbehörden übermittelt werden.

Für Betroffene, die sowohl mit den USA als auch mit Europa verbunden sind, ist es daher ratsam, zusätzliche Sicherheitsmaßnahmen zu ergreifen. Dazu gehört beispielsweise die Nutzung von Ende-zu-Ende-Verschlüsselung, bei der nur der Nutzer selbst Zugriff auf die Daten hat. Ebenso wichtig ist die rechtliche Beratung, um mögliche Risiken zu verstehen und geeignete Schutzmechanismen einzurichten. Bedenken Sie, dass Ihre rechtliche Verbindung zu den USA entscheidend sein kann, wenn es darum geht, die Kontrolle über Ihre Daten zu behalten.

56. Meine Meinung zum Bund

Bund und Microsoft: Eine fragwürdige Entscheidung! Ich verstehe es nicht. Es geht einfach nicht in meinen Kopf. Der Bund, der mit seinen Gesetzen uns allen vorschreibt, wie wir unsere Daten zu speichern und zu schützen haben, handelt in eigener Sache völlig gegensätzlich. Während Unternehmen strenge Vorgaben zur Datensicherheit und DSGVO-Konformität erfüllen müssen, und auch Privatpersonen dazu angehalten werden, ihre digitale Sicherheit ernst zu nehmen, schließt die Bundesregierung massive Verträge mit Microsoft ab – einem Konzern, der nicht gerade für Datenunabhängigkeit steht. Wie passt das zusammen?

Im Jahr 2023 zahlte der Bund für Software-Lizenzen und IT-Leistungen an Microsoft insgesamt rund 198 Millionen Euro. Diese Zahl allein ist schon beeindruckend – oder besser gesagt erschreckend. Währenddessen hören wir Politiker ständig über Einsparungen reden. Da soll bei Bürgergeldempfängern gespart werden, Renten werden infrage gestellt, und Investitionen in Bildung oder Infrastruktur scheinen oft am Geld zu scheitern. Doch für Microsoft-Lizenzen ist Geld in Hülle und Fülle da. Wie lässt sich das erklären?

Es ist nicht so, dass es keine Alternativen gäbe. Open-Source-Lösungen wie Proxmox, LibreOffice, oder Nextcloud stehen bereit. Sie sind datenschutzfreundlich, flexibel und vor allem unabhängig. Diese Alternativen werden weltweit von Unternehmen und öffentlichen Verwaltungen erfolgreich genutzt. Länder wie Frankreich oder die Niederlande haben bereits damit begonnen, ihre Abhängigkeit von großen US-Konzernen zu reduzieren, indem sie auf Open-Source-Lösungen setzen. Doch der Bund scheint an Microsoft zu hängen wie an einer Nabelschnur. Warum? Weil es bequem ist? Weil niemand den Mut hat, die Verwaltung grundlegend zu reformieren?

Das Argument, Microsoft biete »bewährte Lösungen«, greift zu kurz. Ja, Microsoft-Produkte wie Office oder Teams sind verbreitet, aber das macht sie nicht alternativlos. Open Source bietet nicht nur vergleichbare Funktionalitäten, sondern auch die Möglichkeit, Software den eigenen Bedürfnissen anzupassen. Vor allem aber schützt Open Source vor der Abhängigkeit von einem einzigen Anbieter. Es gibt keine plötzlichen Lizenzkostensteigerungen, keine undurchsichtigen Datenschutzpraktiken und keine Gefahr, dass der Anbieter Ihnen irgendwann die Bedingungen diktiert.

Der Bund hingegen setzt mit Projekten wie der Delos-Cloud noch einen obendrauf. Diese Verwaltungscloud basiert komplett auf Microsoft Azure und Microsoft 365 und soll in Zukunft zentrale Verwaltungsaufgaben bündeln. Die Idee dahinter mag praktisch erscheinen – alle Behörden auf einer Plattform, zentral verwaltet, effizient und vernetzt. Doch in der Realität bedeutet das eine nahezu vollständige Abhängigkeit von einem einzigen Anbieter. Gleichzeitig wird damit die Einführung von Open-Source-Alternativen in der öffentlichen Verwaltung weiter erschwert. Wie passt das zu einer Politik, die eigentlich auf Open Source setzen will, wie es in den Strategiepapieren des Bundes steht?

Ein weiterer Punkt, der schwer nachvollziehbar ist, betrifft die Kosten. Fast 200 Millionen Euro pro Jahr für Microsoft-Dienste – und das in einem politischen Umfeld, das ständig über Sparmaßnahmen diskutiert. Politiker reden darüber, wie Bürger mit weniger auskommen sollen, wie die Rente zu reformieren ist oder warum die Förderung erneuerbarer Energien langsamer vorangeht, als sie sollte. Aber für Software-Lizenzen eines der reichsten Unternehmen der Welt fließt das Geld scheinbar ungehindert.

Hier zeigt sich ein eklatanter Widerspruch zwischen Worten und Taten. Wir sollen unabhängiger werden, unsere Daten schützen, europäische Lösungen fördern. Doch der Bund handelt völlig entgegengesetzt. Und es bleibt die Frage: Warum wird hier nicht gehandelt? Ist es Bequemlichkeit?

Oder geht es am Ende doch nur um die berühmten »Verbindungen«, die den Weg des geringsten Widerstands attraktiv machen?

Es ist höchste Zeit, dass die Regierung ihre Strategie hinterfragt. Die Abhängigkeit von einem Anbieter wie Microsoft ist nicht nur teuer, sondern gefährdet langfristig auch die digitale Souveränität Deutschlands. Eine Verwaltung, die unabhängig und flexibel arbeiten möchte, braucht Lösungen, die in Europa entwickelt, betrieben und kontrolliert werden. Open Source ist der Schlüssel dazu – doch dafür braucht es Mut, diese Umstellung anzustoßen.

Die Bürger haben ein Recht darauf, dass ihre Steuergelder verantwortungsvoll eingesetzt werden. Es gibt keinen Grund, Milliardenbeträge an einen amerikanischen IT-Konzern zu überweisen, wenn es kostengünstige, datenschutzfreundliche Alternativen gibt. Der Bund müsste Vorreiter sein, ein Beispiel geben, wie Datensicherheit und Effizienz auch unabhängig von Big Tech möglich sind. Doch stattdessen zeigt sich ein erschreckendes Desinteresse daran, wie die digitale Zukunft Deutschlands gestaltet wird.

Die Frage bleibt: Wann wird endlich gehandelt? Das ist nicht nur verantwortungslos, sondern brandgefährlich. Was haben meine Bürgeramtsdaten oder überhaupt alle persönlichen Daten, die der Bund über mich hat, in der Microsoft-Cloud zu suchen? Ich als Bürger gebe mir Mühe, meine Daten zu schützen, sichere sie, verschlüssele sie, achte darauf, wo ich sie speichere. Und dann kommt die Regierung und sagt sinngemäß: »Hier, Microsoft, nimm alles von Ralf-Peter, was wir haben!« Was für eine absurde Vorstellung.

Und jetzt ist Donald Trump tatsächlich wieder an der Macht. Vor einer Woche wurde er erneut zum Präsidenten gewählt. Das ist keine hypothetische Gefahr mehr – das ist Realität. Was passiert, wenn er beschließt, Sanktionen gegen Europa zu verhängen? Was, wenn politische Spannungen eskalieren und unsere Daten zur Geisel geopolitischer Konflikte werden? Plötzlich könnten ganze Teile der Verwaltung lahmgelegt sein, weil der Zugriff auf die Microsoft-Cloud eingeschränkt oder sogar gesperrt wird. Wer glaubt, dass das nicht passieren könnte, hat die letzten Jahre nicht aufgepasst.

Aber es geht nicht nur um politische Risiken. Was, wenn Microsoft Fehler macht? Was, wenn Daten verloren gehen oder gestohlen werden? Was ist mit den Daten von Unternehmen – mit sensiblen Informationen, die deutsche Firmen betreffen? Die Bundesregierung trägt nicht nur die Verantwortung für meine Daten, sondern auch für die unserer gesamten Wirtschaft. Es geht um Firmengeheimnisse, Steuerinformationen und vieles mehr. Wie kann eine Regierung, die sich der Digitalisierung verschrieben hat, so fahrlässig handeln?

Diese Entscheidungen sind nicht nur unüberlegt, sie senden ein verheerendes Signal. Warum sollte ich als Bürger noch an den Schutz meiner Daten glauben, wenn die Regierung selbst diese Prinzipien mit Füßen tritt? Datensicherheit ist nicht nur ein technisches Thema, sie ist eine Frage der Souveränität. Und diese Souveränität wird hier leichtfertig aufs Spiel gesetzt – in einer Zeit, in der Vorsicht und Unabhängigkeit wichtiger wären als je zuvor. Mir wird ganz unübel, wenn ich daran denke!

Auf der anderen Seite könnte die Wahl von Microsoft und anderen US-Clouddiensten durch den Bund auch eine strategische Dimension haben. Während die Entscheidung vordergründig auf technische und wirtschaftliche Argumente gestützt wird, gibt es eine weniger offen diskutierte, aber dennoch wichtige sicherheitspolitische Perspektive. In Deutschland und der EU haben die strengen Datenschutzgesetze – insbesondere durch die DSGVO – dazu geführt, dass der Zugriff auf Daten, selbst in sicherheitsrelevanten Fällen, stark eingeschränkt ist. Dies stellt die Strafverfolgung und die Überwachung potenzieller Straftäter und Terroristen vor erhebliche Herausforderungen.

Deutsche Behörden, darunter Polizei, Geheimdienste und andere Sicherheitsorgane, haben keinen direkten Zugriff auf viele Daten von Bürgern oder Unternehmen, selbst wenn diese für Ermittlungen oder präventive Maßnahmen von entscheidender Bedeutung sein könnten. Anders als in den USA, wo Sicherheitsbehörden unter Gesetzen wie dem Patriot Act oder dem Cloud Act weitreichende Befugnisse besitzen, um Daten auch ohne Zustimmung der Betroffenen zu beschaffen, ist der Datenschutz in der EU ein fast unüberwindbares Hindernis. Jede Datenanforderung muss sorgfältig begründet und durch richterliche Genehmigungen abgesichert werden, was oft viel Zeit und Ressourcen kostet.

Diese Einschränkungen führen dazu, dass deutsche Behörden bei der Verfolgung und Überwachung schwerwiegender Straftaten oft auf die Zusammenarbeit mit ausländischen Geheimdiensten und Sicherheitsbehörden angewiesen sind, insbesondere aus den USA. Diese verfügen nicht nur über umfangreiche technische Kapazitäten, sondern auch über deutlich geringere rechtliche Hürden, um auf Daten zuzugreifen und diese auszuwerten. In akuten Situationen, etwa bei der Verfolgung terroristischer Netzwerke, kann diese Abhängigkeit problematisch sein. Die deutschen Behörden können nur dann effizient handeln, wenn die ausländischen Partner bereit sind, relevante Informationen zu teilen.

Hier zeigt sich ein Dilemma: Einerseits schützt der Datenschutz in der EU die Grundrechte der Bürger, andererseits wird er in sicherheitsrelevanten Fällen auch zu einer Barriere, die das Leben und die Unversehrtheit der Bürger gefährden könnte. Die Wahl von US-Anbietern wie Microsoft könnte in diesem Kontext auch als ein Versuch verstanden werden, Sicherheitslücken zu schließen, indem Daten indirekt zugänglicher gemacht werden. Denn US-Dienste unterliegen anderen rechtlichen Rahmenbedingungen, die im Ernstfall eine schnellere Datenbereitstellung ermöglichen könnten – auch für deutsche Sicherheitsbehörden.

Dieses Spannungsfeld zwischen Datenschutz und öffentlicher Sicherheit ist ein kontroverses Thema. Einerseits möchte der Staat seine Bürger vor Überwachung schützen, andererseits ist es seine Pflicht, für deren Sicherheit zu sorgen. Die Balance zwischen diesen beiden Anforderungen zu finden, ist eine der größten Herausforderungen moderner Demokratien. Es stellt sich die Frage: Wo ziehen wir die Grenze zwischen Privatsphäre und Sicherheitsbedürfnissen, und wer entscheidet darüber, wann diese Grenze überschritten werden darf?

Die Wahl von US-Diensten mag kurzfristig praktikabel erscheinen, birgt jedoch auch langfristige Risiken, da sie die Abhängigkeit von außereuropäischen Technologien und Rechtsvorschriften verstärkt. Gleichzeitig zeigt sie, dass der Datenschutz nicht nur ein Grundrecht ist, sondern auch eine Herausforderung, die mit Bedacht und Weitsicht angegangen werden muss – vor allem, wenn es um die Sicherheit von Leben und Gemeinschaft geht.

57. Fazit zum Buch

In diesem Buch haben Sie gesehen, dass das Thema Cloud ein schier unendliches Feld ist – ein echtes Fass ohne Boden. Man könnte die Inhalte dieses Buches beinahe bis zum Ende seines Lebens fortschreiben, denn die Cloud entwickelt sich ständig weiter. Neue Technologien, neue Herausforderungen, neue Chancen – die Cloud bleibt in Bewegung, und mit ihr die Art und Weise, wie wir Daten speichern, kommunizieren und arbeiten.

Mein Ziel war es, Ihnen einen klaren Einblick in einige der aktuellsten und wichtigsten Möglichkeiten im Umgang mit der Cloud zu geben. Die Auswahl der Themen war dabei alles andere als einfach, denn heute scheint tatsächlich alles irgendwie in der Cloud zu sein. Ob im privaten Alltag, in der Geschäftswelt oder bei staatlichen Institutionen – die Cloud ist längst zum zentralen Nervensystem unserer digitalen Welt geworden. Doch ich habe mich bewusst auf einige Kernaspekte konzentriert, die für jeden relevant sind: Datensicherheit, Datenschutz, sichere Kommunikation sowie Backups und Datensicherung in der Cloud.

Ein besonderes Augenmerk habe ich auf die Frage gelegt, wie Sie die Cloud sinnvoll und sicher nutzen können. Denn die Cloud ist nicht nur eine praktische Lösung für Speicherprobleme, sondern auch ein mächtiges Werkzeug, um Ihre Daten zuverlässig und geschützt außerhalb Ihrer Firma oder Ihres Zuhauses zu sichern. Gerade in einer Zeit, in der Cyberangriffe zunehmen und Datenverluste gravierende Folgen haben können, ist die richtige Nutzung der Cloud essenziell.

Ich rate Ihnen, die Cloud nicht nur als Mittel zum Zweck zu betrachten, sondern als festen Bestandteil Ihrer Infrastruktur und Ihres Alltags zu integrieren. Nutzen Sie europäische Cloud-Dienste, die Ihnen durch strenge Datenschutzstandards ein Höchstmaß an Sicherheit bieten. Binden Sie diese Dienste in Ihre Datensicherungsstrategie ein, sei es durch regelmäßige Backups Ihrer sensiblen Dateien oder durch die Nutzung verschlüsselter Kommunikation. So schaffen Sie nicht nur eine robuste Basis für den Schutz Ihrer Daten, sondern auch für Ihre digitale Zukunft.

Natürlich können weder ich noch dieses Buch alle Aspekte der Cloud erschöpfend behandeln – dafür ist das Thema schlichtweg zu groß. Doch ich hoffe, dass ich Ihnen Werkzeuge und Denkanstöße an die Hand geben konnte, um die Cloud mit Weitsicht und einem klaren Fokus zu nutzen. Letztendlich ist die Cloud nur so gut wie der Nutzer, der sie einsetzt. Ihre

Entscheidungen, Ihre Vorsicht und Ihr Verständnis für die Möglichkeiten und Grenzen dieser Technologie machen den Unterschied.

Lassen Sie sich von den Möglichkeiten inspirieren, bleiben Sie wachsam bei der Wahl Ihrer Anbieter, und machen Sie die Cloud zu einem Werkzeug, das Ihr Leben bereichert, Ihre Daten schützt und Ihre Zukunft sichert. Die digitale Welt entwickelt sich rasant weiter, und die Cloud ist ein Schlüssel, um in dieser Welt nicht nur zu bestehen, sondern sie aktiv zu gestalten. Nutzen Sie diesen Schlüssel mit Bedacht – und bauen Sie eine digitale Festung, die auf Vertrauen, Sicherheit und Innovation basiert.

58. Danksagung und Schlusswort

Wie immer in meinen Büchern gilt: Es ist unmöglich, jedes Detail abzudecken. Die Welt der Cloud-Dienste ist komplex und entwickelt sich ständig weiter. Doch mein Ziel war es, Ihnen eine klare Orientierung zu bieten und dabei zu helfen, die Cloud nicht nur zu verstehen, sondern sie auch sicher und effektiv zu nutzen. Ich hoffe sehr, dass dieses Buch Ihnen nicht nur Wissen, sondern auch den Mut gegeben hat, die Cloud bewusst und verantwortungsvoll einzusetzen.

Die Cloud ist mehr als nur ein Speicherplatz. Sie ist ein Werkzeug, das, richtig genutzt, Ihren Alltag erleichtern und Ihre Daten besser schützen kann. Aber wie bei jedem Werkzeug kommt es darauf an, wie man es einsetzt. Genau hier wollte ich ansetzen: Ihnen einen Weg zeigen, wie Sie die Cloud sinnvoll integrieren und die typischen Fallstricke vermeiden können. Denn einfach nur »irgendwie« einen Clouddienst nutzen, das reicht nicht. Sicherheit, Planung und ein gewisses Maß an Weitsicht sind entscheidend.

Ein herzliches Dankeschön möchte ich an dieser Stelle an all diejenigen richten, die mich bei der Entstehung dieses Buches unterstützt haben. An die Leser meiner vorherigen Bücher, deren Fragen und Anregungen mir geholfen haben, Themen noch klarer und praxisnäher zu behandeln. An meine Familie, die immer Verständnis zeigt, wenn ich stundenlang vor dem Bildschirm sitze und schreibe. Und natürlich an die Menschen, die in der IT-Branche unermüdlich daran arbeiten, Technologien wie die Cloud sicherer und benutzerfreundlicher zu machen.

Mein besonderer Dank gilt Tuta und pCloud, deren lehrreiche und freundliche Kommunikation mir nicht nur einen tiefen Einblick hinter die technischen Kulissen ermöglicht hat, sondern mich auch darin bestärkt hat, dieses Buch zu schreiben. Die Möglichkeit, diese Dienste ausgiebig zu testen und dabei jederzeit auf kompetente Ansprechpartner zurückgreifen zu können, war eine unschätzbare Erfahrung. Es hat mir gezeigt, wie viel Einsatz und Hingabe in der täglichen Arbeit dieser Unternehmen steckt, um Daten zu schützen und zu verschlüsseln. Dass ich meine eigenen Daten bei diesen Diensten speichere, ist für mich ein klares Zeichen des Vertrauens. Und ehrlich gesagt: Ich möchte nicht, dass irgendjemand Fremdes daran herummanipuliert oder sie missbraucht.

Ein ebenso herzlicher Dank geht an IONOS und Strato. Beide Unternehmen leisten unermüdliche Arbeit, um die Daten ihrer Nutzer zu schützen und ihre Systeme kontinuierlich zu verbessern. Ihre Transparenz und ihr Engagement, insbesondere in Bezug auf den Schutz von sensiblen Informationen, verdienen höchste Anerkennung. Sie sind nicht nur Anbieter von Dienstleistungen, sondern wichtige Bausteine für die Sicherheit und Verlässlichkeit der digitalen Infrastruktur in Europa.

Darüber hinaus möchte ich auch all den Menschen danken, die mich auf diesem Weg unterstützt haben – sei es durch technische Hilfestellungen, durch anregende Gespräche oder durch die kritische Auseinandersetzung mit meinen Ideen. Besonders jene, die den Mut hatten, mir ehrliches Feedback zu geben, haben einen großen Beitrag dazu geleistet, dass dieses Buch so fundiert und praxisnah geworden ist.

Ein weiterer Dank gilt der Community aus Nutzern und Experten, die mir durch ihre Erfahrungen und Diskussionen geholfen haben, die Herausforderungen und Chancen der Cloud noch besser zu verstehen. Der Austausch mit Menschen, die genauso begeistert von Technik sind wie ich, hat mir gezeigt, dass Wissen teilen nicht nur sinnvoll, sondern auch inspirierend sein kann.

Letztlich widme ich dieses Buch auch all jenen, die sich tagtäglich mit der Cloud beschäftigen – sei es beruflich oder privat. Ihr Vertrauen in sichere, datenschutzkonforme Lösungen ist es, das Unternehmen wie Tuta, pCloud, IONOS und Strato antreibt, immer besser zu werden. Dieses Buch ist mein kleiner Beitrag dazu, diesen Anbietern und ihrem Engagement die verdiente Aufmerksamkeit zu geben und den Menschen zu zeigen, wie sie ihre Daten in sicheren Händen wissen können.

Danke, dass Sie alle Teil dieses Prozesses sind. Gemeinsam machen wir die digitale Welt ein Stück sicherer.

Ich weiß, dass die Digitalisierung viele Menschen verunsichern kann. Die ständig neuen Begriffe, die scheinbar endlosen Optionen und die allgegenwärtige Angst, etwas falsch zu machen – all das kann abschreckend wirken. Doch mit etwas Grundwissen, einem wachsamen Blick und einer klaren Strategie können Sie die Vorteile der Cloud nutzen, ohne sich in ihren Risiken zu verlieren. Mein Ziel war es, genau dieses Wissen zu vermitteln. Und ich hoffe, dass ich Ihnen damit ein Stück Klarheit und Sicherheit geben konnte.

Vielleicht ist dieses Buch nur der erste Schritt auf Ihrer Reise in die Welt der Cloud-Dienste. Vielleicht haben Sie nach der Lektüre neue Fragen oder möchten tiefer in bestimmte Themen eintauchen. Das ist gut so! Denn das Wichtigste ist, dass Sie aktiv bleiben, dass Sie Ihre Entscheidungen bewusst treffen und sich immer wieder fragen: Ist das der richtige Weg für mich? Die Cloud ist kein statisches System, sondern etwas, das sich mit Ihnen, Ihren Bedürfnissen und der Technik weiterentwickelt.

Zum Schluss bleibt mir nur zu sagen: Danke, dass Sie dieses Buch gelesen haben. Danke, dass Sie bereit sind, sich mit diesen Themen auseinanderzusetzen. Und danke, dass Sie sich dafür entscheiden, die Kontrolle über Ihre Daten und Ihre digitale Sicherheit in die Hand zu nehmen. Wenn ich Ihnen dabei ein wenig helfen konnte, dann hat dieses Buch seinen Zweck erfüllt.

Ich wünsche Ihnen viel Erfolg auf Ihrem Weg und hoffe, dass die Cloud für Sie zu einem Werkzeug wird, das Ihnen nicht nur Arbeit erleichtert, sondern auch Sicherheit gibt. Bleiben Sie neugierig, bleiben Sie kritisch – und nutzen Sie die Cloud so, wie sie Ihnen am meisten dient: sicher, effizient und bewusst.

59. Glossar: Wichtige Begriffe rund um die Cloud

Die Welt der Cloud-Dienste kann manchmal wie ein Dschungel aus Fachbegriffen wirken. Um Ihnen den Einstieg und das Verständnis zu erleichtern, habe ich hier ein kleines Glossar zusammengestellt, das die wichtigsten Begriffe rund um die Cloud erklärt. Dieses Nachschlagewerk hilft Ihnen, technologische Konzepte und Fachausdrücke schnell zu verstehen, damit Sie sicher und informiert agieren können.

Amazon-Web-Services (AWS)
Ein Marktführer im Bereich Cloud-Computing, der umfangreiche Dienste für Speicherung, Rechenleistung und Datenanalysen anbietet. AWS ist technisch fortschrittlich, steht jedoch wegen der Abhängigkeit von US-amerikanischen Gesetzen und möglicher Überwachung unter Kritik.

API (Application Programming Interface)
Eine Schnittstelle, die es verschiedenen Anwendungen ermöglicht, miteinander zu kommunizieren und Daten auszutauschen. APIs sind essenziell für die Integration von Cloud-Diensten in andere Systeme.

Backup
Eine Sicherheitskopie von Daten, die an einem separaten Ort gespeichert wird, um sie im Falle eines Verlustes oder Schadens wiederherstellen zu können. Backups können lokal, in der Cloud oder in einer hybriden Kombination gespeichert werden.

Cloud
Ein Netzwerk von Servern, die über das Internet erreichbar sind und Dienstleistungen wie Datenspeicherung, Rechenleistung und Software bereitstellen. Die Cloud ermöglicht den Zugriff auf Daten und Anwendungen von überall und auf verschiedenen Geräten.

Cloud-Anbieter
Ein Unternehmen, das Cloud-Dienste wie Speicherplatz, Rechenleistung oder Software bereitstellt. Beispiele sind Amazon-Web-Services (AWS), Microsoft Azure, Google Cloud, aber auch europäische Alternativen wie pCloud, IONOS, STRATO oder Hetzner.

Cloud-Native
Ein Konzept, bei dem Anwendungen direkt für die Cloud entwickelt werden, um deren Vorteile wie Skalierbarkeit und Agilität optimal zu nutzen.

Cloudflare
Ein US-amerikanischer Anbieter, der für seine Content Delivery Network

(CDN)-Dienste und Sicherheitslösungen bekannt ist. Cloudflare bietet Funktionen wie DNS-Dienste, DDoS-Schutz und SSL-Verschlüsselung, ist aber wegen seines US-Standorts in Bezug auf Datenschutz kritisch zu betrachten.

Containerisierung
Eine Technologie, die es ermöglicht, Anwendungen und ihre Abhängigkeiten in isolierten »Containern« zu verpacken. Container wie Docker erleichtern die Bereitstellung und Verwaltung in der Cloud.

Cyberresilienz
Die Fähigkeit eines Systems oder einer Organisation, Cyberangriffe und andere Bedrohungen zu überstehen, sich schnell davon zu erholen und kontinuierlich betriebsfähig zu bleiben. Cyberresilienz umfasst präventive Maßnahmen, schnelle Reaktionen und nachhaltige Strategien.

Datenmigration
Der Prozess, bei dem Daten von einem System oder Anbieter in ein anderes übertragen werden, z. B. beim Wechsel von einem Cloud-Dienst zu einem anderen.

DSL (Digital Subscriber Line)
Eine Technologie, die Daten über normale Telefonleitungen überträgt und schnellen Zugang zum Internet ermöglicht. DSL ist weit verbreitet, insbesondere in Wohngebieten, und bietet eine stabile Verbindung, obwohl die Geschwindigkeit von der Entfernung zum nächsten Verteiler abhängt.

DSGVO (Datenschutz-Grundverordnung)
Europäische Verordnung, die den Schutz personenbezogener Daten regelt. Sie legt fest, wie Unternehmen Daten speichern, verarbeiten und schützen müssen, und ist ein wichtiger Standard für Cloud-Dienste in Europa.

Edge Computing
Ein Konzept, bei dem Daten direkt an der Quelle oder in der Nähe des Nutzers verarbeitet werden, anstatt sie in entfernten Rechenzentren zu speichern. Es reduziert Latenzzeiten, entlastet Netzwerke und ermöglicht Echtzeitanwendungen wie autonome Fahrzeuge oder IoT-Geräte.

Ende-zu-Ende-Verschlüsselung
Eine Verschlüsselungsmethode, bei der Daten bereits auf dem Gerät des

Nutzers verschlüsselt werden und nur der Empfänger sie entschlüsseln kann. Der Cloud-Anbieter hat keinen Zugriff auf den Klartext der Daten.

Google Drive

Ein weit verbreiteter Cloud-Speicheranbieter, der tief in das Google-Ökosystem integriert ist. Google Drive bietet leistungsstarke Kollaborationstools, wird jedoch wegen seiner umfangreichen Datenanalysen und möglichen Eingriffen in die Privatsphäre häufig kritisch bewertet.

Hybrid Cloud

Eine Kombination aus einer privaten Cloud (lokale Infrastruktur) und einer öffentlichen Cloud (externe Server). Diese Mischung ermöglicht mehr Flexibilität und Sicherheit, da kritische Daten lokal bleiben können, während weniger sensible Daten in die öffentliche Cloud ausgelagert werden.

IONOS

Ein deutscher Anbieter von Cloud- und Webhosting-Diensten, der für seine hohe Datensicherheit und die Einhaltung der DSGVO bekannt ist. IONOS bietet flexible Lösungen für Privatpersonen und Unternehmen, darunter HiDrive, eine leistungsstarke Cloud-Speicherlösung, und Managed Hosting für Webseiten und Server.

Inkrementelles Backup

Ein Backup, das nur die Daten speichert, die seit dem letzten Backup verändert oder hinzugefügt wurden. Es spart Speicherplatz und Zeit im Vergleich zu vollständigen Backups.

IoT (Internet of Things)

Ein Netzwerk von physikalischen Geräten, die über das Internet verbunden sind und Daten austauschen. Dazu gehören Smart-Home-Geräte wie Thermostate, Kameras und Lautsprecher sowie industrielle Anwendungen wie Sensoren und Maschinensteuerungen. IoT-Geräte erhöhen die Vernetzung, bringen aber auch zusätzliche Sicherheitsrisiken mit sich.

LAN (Local Area Network)

Ein lokales Netzwerk, das Geräte in einem begrenzten Bereich, wie einem Büro oder zuhause, über Ethernet-Kabel verbindet. LANs bieten höhere Geschwindigkeiten und mehr Stabilität als WLAN und sind weniger anfällig für externe Angriffe.

Linux
Ein Open-Source-Betriebssystem, das sich durch Flexibilität, Stabilität und Sicherheit auszeichnet. Es wird oft für Server, Cloud-Infrastrukturen und private Cloud-Lösungen wie Nextcloud oder ownCloud genutzt.

luckycloud
Ein deutscher Cloud-Dienst, der sich durch Nachhaltigkeit und Datenschutz auszeichnet. Luckycloud speichert Daten ausschließlich auf Servern in Deutschland, verwendet Ökostrom und bietet flexible Lösungen für Privatpersonen und Unternehmen.

Microsoft OneDrive
Der Cloud-Speicherdienst von Microsoft, der nahtlos in die Office-365-Welt integriert ist. Obwohl OneDrive viele praktische Funktionen bietet, ist die Speicherung von Daten aufgrund der US-amerikanischen Gesetze und des Patriot Acts aus Datenschutzperspektive nicht immer ideal.

Mobile Geräte
Tragbare elektronische Geräte wie Smartphones, Tablets und Wearables, die für den Zugang zum Internet, die Nutzung von Apps und die Speicherung von Daten genutzt werden. Sie sind häufig mit Cloud-Diensten verbunden, um Daten zu synchronisieren und jederzeit verfügbar zu machen.

Multi-Cloud
Der Einsatz von Cloud-Diensten mehrerer Anbieter, um die Abhängigkeit von einem einzigen Anbieter zu reduzieren und von den Stärken verschiedener Plattformen zu profitieren.

Nextcloud
Eine Open-Source-Cloud-Lösung, die es ermöglicht, Dateien, Kalender, Kontakte und mehr auf einem eigenen Server zu speichern. Sie bietet hohe Anpassbarkeit und Kontrolle über Daten, ideal für datenschutzbewusste Nutzer.

ownCloud
Eine ähnliche Lösung wie Nextcloud, ebenfalls Open Source, die es Nutzern erlaubt, ihre eigene Cloud-Infrastruktur aufzubauen. Sie unterstützt Datei-Synchronisation, Zusammenarbeit und den Schutz sensibler Daten.

Proxmox
Eine Open-Source-Virtualisierungsplattform, die Servervirtualisierung und Container-Technologien kombiniert. Besonders geeignet für den Aufbau privater Cloud-Infrastrukturen und die Verwaltung von IT-Ressourcen.

pCloud
Ein Cloud-Dienst aus der Schweiz, der besonderen Wert auf Datenschutz und Sicherheit legt. Mit Funktionen wie pCloud Crypto können Nutzer ihre Daten selbst verschlüsseln, bevor sie hochgeladen werden. pCloud überzeugt durch Lifetime-Lizenzen.

Quantenkryptografie
Eine auf den Prinzipien der Quantenmechanik basierende Verschlüsselungsmethode, die in Zukunft die Sicherheit in der Cloud revolutionieren könnte, da sie extrem schwer zu knacken ist.

Router
Ein Gerät, das Netzwerkdaten zwischen verschiedenen Netzwerken weiterleitet, insbesondere zwischen einem Heimnetzwerk und dem Internet. Der Router verbindet Endgeräte wie Computer, Smartphones und Tablets mit dem Internet und bietet häufig zusätzliche Funktionen wie Firewall-Schutz oder WLAN-Bereitstellung.

RSA (Rivest-Shamir-Adleman)
Ein weit verbreitetes asymmetrisches Verschlüsselungsverfahren, das zur sicheren Übertragung von Daten genutzt wird. Es basiert auf der Faktorisierung großer Zahlen und ist ein zentraler Bestandteil moderner Kryptographie.

SecureCloud
Ein Anbieter, der auf maßgeschneiderte Cloud-Lösungen spezialisiert ist. SecureCloud kombiniert hohe Sicherheitsstandards mit flexiblen Preismodellen und richtet sich sowohl an kleine Unternehmen als auch an größere Organisationen, die besonderen Wert auf Datenschutz legen.

SSH (Secure Shell)
Ein Protokoll für den sicheren Fernzugriff auf Server. SSH ermöglicht verschlüsselte Verbindungen und wird häufig für die Verwaltung von Cloud- und Webservern verwendet.

SSL (Secure Sockets Layer)

Ein Sicherheitsprotokoll, das Daten verschlüsselt, während sie über das Internet übertragen werden. Es wird verwendet, um sichere Verbindungen zwischen Webbrowsern und Servern herzustellen. Nachfolger von SSL ist TLS (Transport Layer Security).

STRATO

Ein ebenfalls in Deutschland ansässiger Anbieter, der sich auf Cloud-Dienste, Webhosting und Domains spezialisiert hat. Mit HiDrive bietet STRATO eine kostengünstige und sichere Möglichkeit, Daten in der Cloud zu speichern und zu synchronisieren. Der Fokus auf Datenschutz und der Betrieb in deutschen Rechenzentren machen STRATO zu einer guten Wahl für datenschutzbewusste Nutzer.

Synchronisation

Der Prozess, bei dem Daten zwischen Geräten oder der Cloud abgeglichen werden, sodass sie überall in der neuesten Version verfügbar sind.

Tuta

Ein Anbieter aus Deutschland, der sichere, verschlüsselte E-Mail- und Kalenderlösungen bietet. Tuta ist bekannt für seine Post-Quanten-Verschlüsselung und Open-Source-Technologie, die maximale Transparenz und Datenschutz gewährleistet. Die Plattform richtet sich sowohl an Privatpersonen als auch an Unternehmen.

Versionierung

Eine Funktion vieler Cloud-Dienste, die es ermöglicht, frühere Versionen von Dateien wiederherzustellen. Besonders nützlich, um Änderungen rückgängig zu machen oder versehentlich gelöschte Inhalte wiederherzustellen.

Virtualisierung

Eine Technologie, die es ermöglicht, mehrere Betriebssysteme oder Anwendungen auf einem einzigen physischen Server auszuführen. Virtualisierung ist eine Kernkomponente moderner Cloud-Infrastrukturen.

WLAN (Wireless Local Area Network)

Ein kabelloses Netzwerk, das Geräte wie Laptops, Smartphones und Tablets mit einem Router oder Access Point verbindet. WLAN ermöglicht eine bequeme Verbindung zum Internet ohne Kabel, ist jedoch anfälliger für Störungen und Angriffe als kabelgebundene Netzwerke.

Zero-Knowledge-Prinzip
Ein Datenschutzkonzept, bei dem der Cloud-Anbieter keine Möglichkeit hat, auf die Inhalte der gespeicherten Daten zuzugreifen, da sie ausschließlich vom Nutzer verschlüsselt werden.

Zwei-Faktor-Authentifizierung (2FA)
Ein Sicherheitsmechanismus, der zwei verschiedene Authentifizierungsfaktoren erfordert, um Zugriff zu gewähren, z. B. ein Passwort und einen einmaligen Code aus einer App. Es erhöht die Sicherheit erheblich.

60. Hilfe und Beratung zu Cloud-Diensten

Die digitale Welt entwickelt sich rasant, und Cloud-Dienste sind ein unverzichtbarer Bestandteil moderner IT-Lösungen geworden. Ob Sie als Privatperson Ihre wertvollen Daten wie Fotos und Dokumente schützen möchten oder als Unternehmen zuverlässige Backup-Strategien einführen wollen – ich biete Ihnen professionelle Unterstützung, um Ihre Daten sicher und effizient in der Cloud zu verwalten. Mein Ziel ist es, Ihnen individuelle Lösungen anzubieten, die Ihren Bedürfnissen entsprechen und Ihre Daten optimal vor Verlust oder Diebstahl schützen.

Für Privatpersonen biete ich Beratung, die auf Ihre persönlichen Anforderungen zugeschnitten ist. Gemeinsam finden wir den passenden Cloud-Dienst und entwickeln eine Strategie, die Ihre Daten vor unerwünschtem Zugriff schützt. Dabei unterstütze ich Sie bei der Einrichtung sicherer Backup-Systeme und zeige Ihnen, wie Sie automatische Sicherungen einrichten können. Auch Datenschutz und Verschlüsselung spielen eine entscheidende Rolle. Ich helfe Ihnen, Ihre Daten so zu sichern, dass sie in der Cloud geschützt bleiben und gleichzeitig jederzeit verfügbar sind.

Für Unternehmen ist die Cloud ein wichtiger Baustein moderner IT-Strategien. Ich helfe Ihnen, Datenverluste zu verhindern, indem wir maßgeschneiderte Backup- und Wiederherstellungsstrategien entwickeln, die perfekt auf Ihre Geschäftsprozesse abgestimmt sind. In einer Zeit zunehmender Cyberangriffe unterstütze ich Sie auch dabei, Ihre Daten vor Diebstahl und Ransomware zu schützen. Dabei bringe ich meine Expertise sowohl in Windows- als auch in Linux-Umgebungen ein und finde Lösungen, die in hybriden IT-Strukturen nahtlos funktionieren.

Ich verfüge über langjährige Erfahrung in der Arbeit mit verschiedenen Systemen und Plattformen und bin geschult darin, komplexe Themen verständlich zu vermitteln. Meine Stärke liegt darin, individuell passende Lösungen zu finden, die sowohl sicher als auch praktikabel sind. Ob Anfänger oder erfahrener Nutzer, ich passe meine Beratung stets an Ihre Anforderungen an. Ziel ist es, Ihnen einen klaren Weg aufzuzeigen, wie Sie Ihre Daten zuverlässig sichern und optimal nutzen können.

Ihre Daten sind das Herzstück Ihres digitalen Lebens und verdienen es, in sicheren Händen zu sein. Lassen Sie uns gemeinsam eine Lösung entwickeln, die Sie vor Datenverlust schützt und Ihnen die Vorteile moderner Cloud-Dienste bietet. Kontaktieren Sie mich noch heute, um den ersten Schritt in Richtung einer sicheren und effizienten Datenstrategie zu machen.

Nehmen Sie gerne Kontakt zu mir auf, damit wir gemeinsam eine individuelle Lösung für Ihre Anforderungen entwickeln können. Ich freue mich darauf, Ihnen bei der Sicherung und Optimierung Ihrer Daten zu helfen.

61. Zusammengefasst

Das Buch "Cloud verstehen und nutzen 2025" erklärt umfassend, wie die Cloud funktioniert, welche Vorteile sie bietet und welche Herausforderungen damit verbunden sind. Es richtet sich an Privatpersonen und kleine bis mittlere Unternehmen (KMUs), die ihre Daten sicher und effizient in der Cloud speichern und verwalten möchten. Der Fokus liegt dabei auf europäischen Cloud-Diensten, die sich durch strenge Datenschutzstandards und die Einhaltung der DSGVO auszeichnen.

Im Buch wird die Entwicklung der Cloud-Technologie von den Anfängen bis heute beschrieben. Es wird verdeutlicht, wie wichtig die Cloud im digitalen Alltag und in der Arbeitswelt geworden ist. Neben den technischen Aspekten geht es auch um ethische Fragen, die sich aus der Nutzung von Cloud-Diensten ergeben, und darum, wie man die Cloud verantwortungsbewusst nutzt.

Ein zentraler Punkt ist der Vergleich zwischen europäischen und internationalen Anbietern. Das Buch zeigt, wie europäische Dienste wie IONOS, Strato, Tuta und pCloud durch Sicherheitsstandards und Transparenz punkten, während US-Anbieter oft durch ihre Gesetze Einschränkungen bei Datenschutz und Privatsphäre aufweisen. Die Vorteile europäischer Dienste werden anschaulich erklärt, von der DSGVO-Konformität bis hin zur regionalen Nähe und besseren Kundenunterstützung.

Neben den Vorteilen der Cloud – wie Flexibilität, Sicherheit und Kosteneffizienz – beleuchtet das Buch auch die Risiken. Es wird erklärt, wie man diese minimiert, etwa durch die bewusste Auswahl vertrauenswürdiger Anbieter, die Nutzung starker Passwörter und Zwei-Faktor-Authentifizierung sowie durch den Schutz der verwendeten Geräte.

Praktische Anleitungen und Tipps zur Datensicherung, Verschlüsselung und Nutzung der Cloud ergänzen die theoretischen Erläuterungen. Leser lernen, wie sie die Cloud für private und berufliche Zwecke optimal nutzen können, ohne sich in Abhängigkeiten oder Sicherheitsprobleme zu begeben.

Abschließend widmet sich das Buch der Frage, wie die Cloud in Zukunft gestaltet werden sollte, um ethischer und nachhaltiger zu werden. Es gibt Denkanstöße, wie sowohl Nutzer als auch Anbieter aktiv dazu beitragen können, die Cloud sicherer, transparenter und fairer zu machen. Das Buch ist damit nicht nur ein Ratgeber, sondern auch ein Appell, die digitale Welt gemeinsam verantwortungsvoll zu gestalten.

62. Haftungsausschluss

Die Informationen in diesem Buch dienen lediglich allgemeinen Informationszwecken. Ich übernehme keine Gewähr für die Richtigkeit, Vollständigkeit oder Aktualität der bereitgestellten Inhalte. Jegliche Handlungen, die aufgrund der in diesem Buch enthaltenen Informationen unternommen werden, erfolgen auf eigene Verantwortung. Ich hafte nicht für Schäden, Verluste oder Unannehmlichkeiten, die durch die Nutzung oder Nichtnutzung der Informationen in diesem Buch entstehen. Dies gilt auch für direkte, indirekte, zufällige, besondere, exemplarische oder Folgeschäden. Ich behalte mir das Recht vor, die Informationen in diesem Buch jederzeit ohne Vorankündigung zu ändern oder zu aktualisieren. Es liegt in der Verantwortung der Leser, die Aktualität der Informationen zu überprüfen.

Diese Haftungsausschlusserklärung gilt für alle Inhalte in diesem Buch, einschließlich Links zu anderen Informationsquellen, die von Dritten bereitgestellt werden. Ich habe keinen Einfluss auf den Inhalt und die Verfügbarkeit dieser externen Quellen und übernehme keine Verantwortung dafür. Die Verwendung dieses Buches erfolgt auf eigene Gefahr, und Leser sollten ihre eigenen Maßnahmen ergreifen, um sich vor Viren oder anderen schädlichen Elementen zu schützen.

Wichtiger Hinweis: Kein Ersatz für rechtliche Beratung

Dieses Buch behandelt Themen wie rechtliche Aspekte, Datenschutz und Auftragsdatenverarbeitung, die im Kontext der Cloud von großer Bedeutung sind. Bitte beachten Sie jedoch: Ich bin kein Anwalt. Alles, was Sie in diesem Buch lesen, dient ausschließlich der allgemeinen Information und der Bewusstseinsbildung. Es ist nicht meine Aufgabe – und es wäre rechtlich auch nicht erlaubt –, Ihnen eine rechtliche Beratung zu geben. Dieses Buch stellt somit keinen Ersatz für eine professionelle Rechtsberatung dar.

Sollten Sie tiefergehende oder spezifische Fragen zu rechtlichen Themen haben, empfehle ich Ihnen dringend, sich an einen Fachanwalt zu wenden. Besonders bei rechtlich komplexen Sachverhalten wie der Ausgestaltung von Auftragsverarbeitungsverträgen, der Einhaltung der DSGVO oder der Nutzung von Cloud-Diensten im internationalen Kontext ist der Rat eines Experten unverzichtbar. Ein Fachanwalt kann Ihre individuelle Situation bewerten und Sie dabei unterstützen, rechtskonforme Entscheidungen zu treffen.

Bitte betrachten Sie die in diesem Buch dargestellten Inhalte als Orientierungshilfe und nicht als rechtlich bindend. Ich habe mich bemüht, die Themen so genau und praxisnah wie möglich darzustellen, doch Gesetze und rechtliche Anforderungen können sich ändern und sind von Fall zu Fall unterschiedlich auszulegen. Ihre Verantwortung als Leserin, Leser oder Nutzer bleibt es, bei rechtlichen Unsicherheiten professionelle Hilfe in Anspruch zu nehmen.

Mit diesem Hinweis möchte ich sicherstellen, dass Sie rechtliche Fragen mit der gebotenen Sorgfalt und der richtigen Expertise behandeln. Das

Ziel dieses Buches ist es, Ihnen einen Überblick zu geben, nicht jedoch, Ihnen rechtliche Handlungsempfehlungen zu geben. Ihre rechtliche Sicherheit steht an erster Stelle – und dafür sind spezialisierte Anwälte die richtigen Ansprechpartner.

Änderungen und Irrtümer vorbehalten. 2024

Ralf-Peter Kleinert – **DIGITALeasy** – SSR-Entertainment

https://ralf-peter-kleinert.de/sicherheit-in-der-it/uebersicht-it-cyber-security.html

63. Nutzungsausschluss für KI-Systeme

Ich untersage ausdrücklich die Verwendung dieses Dokuments und der darin enthaltenen Inhalte für jegliche Art von Training, Entwicklung oder Optimierung von Künstlicher Intelligenz (KI) oder maschinellen Lernsystemen. Dieses Werk wurde mit viel Arbeit, Sorgfalt und persönlichem Einsatz erstellt und ist ausschließlich für den menschlichen Gebrauch bestimmt.

Kein Unternehmen, keine Organisation und kein Entwickler von KI-Technologien ist berechtigt, dieses Dokument oder Teile davon in Datensätzen zu verwenden, die für Trainingszwecke von KI-Modellen genutzt werden. Jegliche Zuwiderhandlung wird als Verstoß gegen die Urheberrechte und die expliziten Nutzungsbedingungen dieses Werkes betrachtet. Sollte dennoch eine solche Nutzung erfolgen, behalte ich mir das Recht vor, rechtliche Schritte einzuleiten.

Ich erlaube ausdrücklich die Indexierung dieses Dokuments durch Suchmaschinen. Ganz besonders Google, die meines Erachtens beste Suchmaschine, die der Menschheit zur Verfügung steht. Durch die Indexierung wird sichergestellt, dass Menschen dieses Dokument leicht finden und die darin enthaltenen Informationen für den vorgesehenen Zweck – die Unterstützung und Informationsvermittlung – nutzen können. Diese Erlaubnis gilt jedoch ausschließlich für die Indexierung und nicht für die Nutzung der Inhalte zu anderen Zwecken, insbesondere nicht für KI-Trainingsdaten.

Dieses Dokument soll Wissen vermitteln und Menschen unterstützen – nicht als Rohmaterial für automatisierte Systeme dienen. Respektieren Sie bitte diese Einschränkung.

64. Impressum

Verantwortlich für den Inhalt gemäß § 18 Abs. 2 MStV:

Ralf-Peter Kleinert
DIGITALeasy Germany - SSR-Entertainment
Schönfließer Straße 78
16548 Glienicke /Nordbahn
Telefon: 0163 220 492 3
E-Mail: digitaleasy@ralf-peter-kleinert.de
Verlag: DIGITALeasy
Erscheinungsjahr: 2025